지은이

GLIT(글릿)
'여성, 클래식, 이야기'
글릿의 정체성을 설명하는 세 가지 키워드다. 음악학을 전공한
이십 대 여성 두 명이 클래식 음악계에 있는 문제들을 수면 위로
드러내 해결해 보고자 만들었고, 글을 통해 메세지를 전달한다.
웹진으로 시작했으나 현재는 뉴스레터를 주 매체로 삼고 있으며,
천천히 움직이는 클래식계에서 빠르게 움직이는 뉴미디어를 사용한다.
홈페이지 glit.pw

Wolfie(볼피)
좋아하는 마음만으로는 만족하지 못하는 사람. 적당히 즐기는 것에
재능이 없어서 꼭 일을 벌린다. 노래 부르는 것을 좋아해 노래를
부를 수 있는 곳이면 어디든 찾아가던 중학생은 고등학생이
되고 성악을 공부하기 시작하지만, 음악에 관한 폭 넓은 지식이
궁금해 음악학을 전공하기로 한다. 근 몇 년은 공연기획, 연출,
음향 엔지니어 등 관심 가는 것마다 발을 대어 보며 탐닉하고 있다.
좋아하는 음악가 모차르트의 애칭에서 따온 '볼피'라는 이름으로
글릿을 운영하고 있다. 한국예술종합학교에서 음악학을 공부했다.

Shirley(셜리)
음악을 전공한 부모님 덕에 어려서부터 클래식 음악과 항상 함께했고,
4살부터 피아노를, 6살부터 바이올린을, 10살부터 플룻을 공부했다.
아빠 손을 잡고 바이올린 케이스를 등에 맨 채 서초동에 다니던 아이는
대학에 입학해 음악학을 공부하게 되었다. 연주의 대상으로 머물던
음악이 성찰의 기회를 던져 준 것은 이십 대에 들어서다. 당연하게
생각해 왔던 것들이 해결해야 할 문제로 다가왔고, 이를 나누기 위해
글릿을 만들었다. 공연이 만들어지는 과정이 궁금해 대학생활 내내
여러 음악제와 공연의 백스테이지에서 뛰어 다니며 음악활동 전반을
경험하고자 했다.
클래식 음악뿐만 아니라 음악을 둘러싼 모든 이야기들에 관심이 있다.
음악이 내게 전해 주는 이야기를 전하는 것이 음악을 하는 이유다.

하루 클래식 공부

© 글릿 2022
이 책은 저작권법에 의해 보호받는 저작물이므로
무단전재와 무단복제를 금합니다.
이 책 내용의 전부 또는 일부를 이용하려면 저작권자와
도서출판 유유의 동의를 얻어야 합니다.

하루 클래식 공부

1일 1곡, 나의 취향을 찾는 음악 감상 습관

글릿 지음

일러두기
1. 곡과 작곡가의 이름은 되도록 작곡가의 언어로 표기했지만, 라틴문자를 쓰지 않는 언어(러시아어 등)는 영어로 표기했습니다.
2. 오페라, 교향곡, 모음곡 등 여러 곡으로 이루어진 작품은 『 』로, 단곡인 경우는 「 」로 표기했습니다. 이외에도 영화, 책의 제목 등은 『 』로, 단편소설 등은 「 」로 표기했습니다.

서문

클래식을 보는 새로운 눈

어디를 가나 앞장 서는 사람들이 있다. 글릿의 두 에디터 W와 S도 이 부류의 사람들이다. 유례없는 전염병을 겪으면서도 이 상황에서 우리가 할 수 있는 것이 무엇이 있을까 고민했고, 우리가 몸담고 있는 클래식계의 부조리함을 타파해 보자고 이야기했다. 간단하게 주고받은 메신저에서 드러난 두 여자의 다짐은 꽤 단단해 바로 다음 날부터 콘텐츠를 기획할 수 있었다. 클래식 콘텐츠 플랫폼 글릿은 그렇게 시작되었다.

    클래식 음악은 예로부터 귀족의 음악이자 백인 남성의 음악이었다. 그건 옛날이야기 아니냐고? 이는 신분제가 사라졌으니 빈부격차가 해소되었다는 말과 같다. 지금까지 내가 음악사 책에서 배웠던 음악가 중에 유색인종은 손에 꼽았고, 그중에서 여성은 더욱 없었다. 내 주위를 둘러보면 나와 같은 피부색을 한 뛰어난 여성 음악가가 이렇게나 많은데, 21세기에도 '당대 사회 분위기'라는 핑계로 이들의 목소리가 지워져서는 안 되는 일이라고 생각했다. 하지만 오늘날에도 클래식계에서 여성이 타자로 인식되는 경향은 어렵지 않게 찾아볼 수 있다. 여성 연주자가 연주를 한 날이면 매스컴은 연주자의 복장이 얼마나 선정적이었는지 떠들어 대느라 바쁘다. 여성 감상자들을 두고 클래식에 대한 지식은 없고 허위 허식만을 좇는 사람이라는 수식어를 붙이기도 한다. 어쩌면 많은 사람들이 클래식 청중을 사치스러운 중년 여성으로 인식하고 있을지도 모른다.

이를 보고 자란 여성 음악가들은 음악 하기 자체에 겁을 먹을 수밖에 없었다. 남성과 경쟁을 할 때면 으레 움츠러들었고, 무대 위 나를 품평하는 것이 두려워 연주 전 식단 조절을 했다. 두 에디터도 그런 사람 중 하나였다. 그러니 잔잔하게 고여 있는 이 물웅덩이에 돌을 던지는 것만으로는 충분하지 않았다. 물길을 터 새 물로 '바꿔야만' 했다. 그리고 물이 바뀌지 않으면 클래식계는 더 이상 올바르게 지속될 수 없다고 생각했다. 한 달에 한 번은 여성 음악가의 작품을 소개하고, 젠더 사전을 만들어 '우리라도' 올바른 단어를 사용하자고 늘 되뇌었다. 여성 작곡가의 자료가 너무 적어 해외 논문을 번역해서 뉴스레터에 써야 하는 경우가 많았지만, 우리가 해야만 하는 일이라고 생각했다. 학기 중에도 새벽까지 회의하며 글을 썼고, 어떻게 하면 우리의 목소리를 전할 수 있을까 고민했다.

서문에서 독자를 한정 짓는 건 책이 갈 수 있는 여러 길을 제한하는 것 같아서 최대한 피하려 한다. 그럼에도 '공부'라는 키워드에 지레 겁먹는 독자가 없었으면 한다는 말은 꼭 하고 싶다. 가령 독자를 크게 두 부류로 나눈다면 클래식 음악과 친하지 않은 사람 그리고 클래식 음악의 매력을 이미 충분히 아는 사람으로 나눌 수 있겠다. 이 책은 어떤 사람이 읽어도 상관없도록 썼다. 각 날짜에 배정한 음악은 우리의 이야기를 전하기 위한 매개다. 그로부터 얻은 우리의 경험과 사유를 담았다.

음악을 하는 행위는 지극히 개인적이기에 몇몇 이야기는 공감보다 의아함을 자아낼 수도 있다. "나는 「파사칼리아」를 들어도 전혀 슬프지 않은데?"라며 책의 '객관성'을 의심할 수도 있다. 우리는 그 물음표를 띄우는 것까지도 책의 중요한 임무라고 생각했다. 그렇게 2차 3차로 책에 관한 감상이 퍼지면 그것도 음악을 하는 행위가 아닌가 싶다.

　클래식 음악에 관한 단편적 지식을 전달할 수도 있었다. 이 곡이 언제, 어디서, 어떻게, 왜 작곡되었는지 정도만 써도 아마 한 곡당 서너 장은 거뜬히 채우고도 남았을 것이다(심지어 짧지 않은 시간 동안 공부해 온 것을 발휘할 수 있어서 집필도 수월했을 것이다). 이미 연구된 것이라도 책이라는 형태로 독자에게 다가가 머릿속에 한 줄 더 남기는 것 또한 분명 의미 있는 일이다. 그래서인지 정보를 전달하는 알찬 책이 많이 나오고 읽힌 것으로 안다. 어쩌면 그런 것을 기대하고 이 책을 펼친 독자가 더 많을 수도 있겠다. 이 책에 담긴 365일 중 오로지 음악적인 이야기만 하는 날은 많지 않다. 대신 그런 날에는 더욱 정확하고 풍부한 정보를 담았다. 클래식을 잘 모르는 사람에게는 오밀조밀한 이야기를 따라가다 나의 감상이 생기는 경험을, 이미 잘 아는 사람에게는 이십대 여성의 눈이라는 관점을 주고 싶었다.

　옥스퍼드 사전은 클래식 음악을 "서양 음악 전통으로 쓰였으며 보통 확립된 형식을 사용하는 음악"으로 정의하고 있다. 하지만 사전마다 정의한 클래식 음악의 개념은 모두 다르다. 그 시기도 달라서, 어떤 사전은 르네상스부터 20세기 초까지로 규정하는 반면 어떤 사전은 그 시작을 고전 시대부터 보기도 한다. 이 책이 말하는 클래식 음악은 서양 음악 전통이 개입된 모든 음악이다. 그런데도 범위를 한정하자면, 작곡가의 학문적 배경이 서양 예술 음악이거나, 서양 예술 음악이 아님에도 음반사나 대중에 의해 고전이라고 불리는 것이다. 이런 기준 아래서 한스 치머의 영화음악과 윤이상의 예악, 그리고 더 코즈의 쉬붐도 책에서 소개할 수 있었다.

　책을 집필하며 가장 골머리를 앓았던 것은 어떤 음악을 어떤 날에 배정할까였다. 특정 음악은 이미 계절을 반영한다. 죽은 사람을 위한 위령미사곡인 레퀴엠을 겨울에 배치한 것이 그렇다. 1월부터 시간 순서대로 채워 나간 것이 아니라 달마다 몇 개의 곡을 미리 정해 두었다. 3월에 소개하지 않으면 안 될 것 같은 곡은 무슨 수를 써서라도 3월에 배치했다. 그 과정에서 조금 덜 3월다운 곡은 4월이나 5월로 밀려나기도 했다.

그에 앞서 곡을 선정한 나름의 기준을 소개하고자 한다.

1. 같은 작곡가의 작품은 되도록 네 번 이하로 할 것. 베를리오즈의 『환상 교향곡』과 바그너의 『니벨룽겐의 반지』를 악장이나 악극별로 소개한다거나, 쇼팽이 쓴 장르별 피아노곡 그리고 리스트의 교향시 시리즈처럼 의도된 연작을 제외하고는 규칙을 지키려 노력했다.

2. 잘 알려지지 않은 작곡가의 작품 그리고 잘 알려진 작곡가의 잘 안 알려진 작품을 최대한 활용할 것. 뉴스레터를 하다 보니 의외로 잘 모르는 작곡가와 작품 소개에 니즈가 있음을 알 수 있었다. 클래식 음악에 관심이 있는 사람에게도 낯선 곡을 고르려 노력했다.

3. 한 달에 한 번 이상은 여성 작곡가의 음악을 넣을 것. 여성 음악가의 이야기를 전하는 것 역시 이 책의 주된 임무라고 생각했다.

3-1. 여성 작곡가의 이야기를 쓸 때는 오로지 그에게 집중할 것. 누구의 아내, 누구의 누나라는 수식어는 제하려 했다.

처음부터 이런 기준을 정해 두고 시작한 터라 이에 부합하는 곡을 찾는 것은 쉽지 않은 여정이었다. 그래도 약 1년이 넘는 시간 동안 머리를 싸매며 정한 곡이 부디 독자의 마음에 가닿기를 바란다. 클래식 음악은 마냥 위대한 것이라는 생각에서 벗어나 '감히' 기호가 생기기를 바란다. 클래식에 대한 관심과 더불어 이십대 여성이 세상을 바라보는 시선으로 이 책을 봐 줬으면 한다.

에디터 W: 아직은 어리다면 어린 두 청년을 믿고 맡겨 주신 유유 편집자님, 대표님에게 감사 인사를 남긴다. 이 책의 반은 여러분이 완성했다. 책 집필 소식에 나보다 더 기뻐했던 부모님 남윤환과 강정화에게도 무한한 사랑과 감사를 보낸다. 딸의 고집에 단 한 번도 고개를 저은 적 없기에 오늘의 내가 있음을 뒤늦게 고백한다. 무엇보다 큰 마찰 없이 햇수로 2년간 글릿을 함께하고 있는 에디터 S에게, 최고의 친구이자 선배이자 파트너라고 말하고 싶다.

　　에디터 S: 내 목소리와 시선이 책의 형태로 세상에 전해진다는 것에 가슴 설레는 1년이었다. 글릿의 목소리에 단단하게 힘을 실어 주신 사공영, 김은우, 류현영 편집자님 그리고 조성웅 대표님에게 감사하고, 사업 시작부터 치열하게 고민하며 나와 동행해 준 그리고 앞으로도 함께할 W에게 말도 못 할 감사를 보낸다. 그리고 무엇보다 세상의 음악을 듣는 귀를, 음악으로 세상을 보는 눈을 만들어 준 내 인생 최고의 음악가 유금숙과 홍요섭에게 사랑을 보낸다.

2022년 2월
글릿의 W, S

1월

요한 슈트라우스 2세, 피치카토 폴카
Johann Strauss Jr., Pizzicato Polka

> 영원이 시간의 영구적 흐름이 아니라 오히려 시간이 영원에 낀 짧은 삽입구다. 영원은 예나 지금이나 한결같다. 변덕을 부리는 것은 시간이다.
> — 존 던

올해도 어김없이 새해가 밝았다. 매해 첫날, 사람들은 원하는 바를 이루고자 마음속으로 저마다의 결심을 한다. 다이어트하기, 책 백 권 읽기 같은 다소 보편적인 결심부터 사랑하는 사람의 안녕을 비는 개인적인 바람까지. 이러한 새해 다짐은 작심삼일로 끝나는 경우가 부지기수라지만, 그래도 시작에 의미를 두자. 어떤 시작은 시작만으로도 기분이 좋아진다.

오케스트라의 신년 음악회는 많은 이의 시작을 축복하는 의미를 담고 있다. 그중 빈필하모닉 신년 음악회에서는 유독 슈트라우스가家의 음악이 사랑받는데, 여기에는 두 가지 이유가 있다. 하나는 슈트라우스가의 뿌리가 빈이 위치한 오스트리아이기 때문이고, 다른 하나는 '왈츠의 명가'라는 슈트라우스가의 수식어답게 파티 분위기를 내기에 제격이기 때문이다. 악기의 줄을 손으로 뜯는 피치카토 주법. 그 소리는 윷놀이할 때 윷끼리 부딪치는 소리 같기도 하고, 통통 뛰는 심장박동 소리 같기도 하다. 새로운 1년, 새로운 하루 그리고 새로운 다짐에 앞선 설렘을 이보다 더 잘 표현하는 곡이 또 있을까!

루트비히 판 베토벤, 교향곡 7번 작품92
Ludwig van Beethoven, Symphony No.7 Op.92

> 최고의 형식에 의한 무용. (……) 이 굉장한 음악은 키스와 포옹으로 끝난다. — 바그너

교향곡 7번을 초연할 즈음 베토벤은 이미 청력을 거의 잃은 상태였다. 베토벤은 그의 지휘하에 진행된 교향곡 7번의 초연을 성공적으로 마쳤고, 어렴풋한 진동으로 체감했을 청중의 박수 소리를 뒤돌아 눈으로 확인했을 터다. 베토벤은 교향곡 7번을 체코의 휴양도시 테플리체에서 작곡했다. 건강 악화와 전쟁으로 인해 피폐해진 정신을 회복하고자 휴가차 떠난 것인데, 그래서인지 이 곡은 베토벤의 엄숙하고 진중한 이미지와 달리 밝은 느낌을 담고 있다. 바그너는 이 곡이 마치 춤과 같다고 이야기한 바 있다.

귄터 반트의 지휘로 즐겨 듣던 교향곡 7번을 처음 실황으로 마주한 것은 2020년 여름이었다. 휴가차 평창 대관령음악제를 찾은 그날 대관령에는 추적추적 비가 내렸다. 조금 특이하게도 교향곡 7번을 지휘자 없이 악장과 협연자가 호흡을 이끌어 나가는 방식으로 연주했는데, 음반을 고를 때 지휘자를 가장 우선으로 보는 나에게 지휘자의 부재는 신선한 충격으로 다가왔다. 소리를 듣지 못하는 지휘자 베토벤과 지휘자가 아닌 서로를 보며 연주하는 단원. 이 둘 사이에는 표면적으로 드러나지 않는 어떤 공통점이 있는 듯하다.

로베르트 슈만, 유머레스크 작품20
Robert Schumann, Humoreske Op.20

유머라는 단어는 완전히 독일의 국민성에 아주 깊이 뿌리내렸기 때문입니다. ― 슈만

불편하지 않을 정도의 적당한 유머는 인간관계에서 꽤 중요한 부분을 차지한다. 여기서 포인트는 불편하지 않아야 한다는 것인데, 가끔 분위기가 싸해지면 "그냥 웃자고 한 이야기야"라며 마무리 짓는 상사를 두고 유머러스하다고 하지 않듯이 뭐든 지나치면 독이 된다. 유머는 센스의 차원이다.

슈만은 그의 곡을 좋아했던 프랑스의 지주에게 "독일인의 '유머레스크'라는 단어를 프랑스인은 이해할 수 없을 것입니다. 정서적인 것과 탐닉과 재치를 적절하게 융합한 유머라는 단어는 완전히 독일의 국민성에 아주 깊이 뿌리내렸기 때문입니다"라는 내용의 편지를 보낸 적이 있다.* 슈만에게 유머란 단순히 웃음을 주는 무언가가 아닌 복합적인 감정이었다. 『유머레스크』를 구성하는 다섯 악장은 각각 '단순한' '성급한' '친밀한' 등으로, 아마 그가 생각한 유머의 모습이지 않을까 싶다. 슈만은 유머를 작품 제목에 넣은 최초의 작곡가다. 제목만 보고 우스꽝스러운 화음이나 선율을 기대했을 청자를 역으로 비웃듯 이 작품은 대단히 진중하고 아름답다.

---

* 음악지우사, 『슈만』(작곡가별 명곡해설 라이브러리), 음악세계, 2002, 208쪽.

● **프란체스코 스키라, 나는 꿈을 꾸었네**
Francesco Schira, Sognai

> 나는 꿈속에서 리자와 있었네. 그녀의 입에 입을 맞추었지. ―「나는 꿈을 꾸었네」

성악 공부를 했던 때를 되짚어 보면 이 곡을 굉장히 좋아했던 기억이 난다. 마치 실크가 펼쳐지듯 하행하는 도입부는 소프라노의 목소리와 아주 잘 어울렸고, 감정이 점점 고조되는 부분은 불꽃놀이 같았다. 비록 너무 어려서 사랑하는 이를 꿈속에서 그리지는 못했지만, 누군가를 꿈에서라도 만나고 싶은 간절함은 어렴풋이 짐작할 수 있었다. 음악을 듣는 행위와 꿈을 꾸는 행위가 크게 다르지 않다는 것 역시 그즈음 알게 된 것 같다.

이토록 아름다운 스키라의 곡이 조금 더 많은 곳에서 연주되었으면 하는 바람이 있다. 조금 더 정확히 이야기하자면 가곡이 더 많은 사람에게 닿았으면 한다. 외국어이기에 가사를 알아듣지 못하겠지만 프로그램북만 눈으로 슥 훑어도 그 감정에서 완전히 빗겨 나가지는 않을 것이다. 오히려 가사를 모르고 듣는다면 더 자유로운 감상을 할 수 있지 않을까. 이 음악을 들은 날이면 오래 그리워한 누군가를 꿈속에서 만날 기대를 품는다.

카를 닐센, 플루트협주곡 작품42
Carl Nielsen, Flute Concerto CNW.42

> 나는 방대한 침묵의 표면을 좋아한다. 그리고 그것을 깨는 것이 가장 큰 기쁨이다. ― 닐센

클래식 음악에 얽힌 이야기를 듣다 보면 유독 다른 이에게 헌정된 음악을 자주 만나게 된다. 헌정이라는 말이 꽤 로맨틱하다고 생각한 적이 있다. 누구에게 선물로 '주었다'보다는 '헌정했다'가 더 있어 보이는 것도 어감이 주는 효과인 것 같다. 모르긴 해도 열과 성의를 담은 음악을 소중한 이에게 헌정한다는 것은 웬만한 결심 없이는 어려운 일일 테다.

닐센은 자신이 작곡한 목관오중주를 초연한 다섯 단원에게 감사의 표시로 각각 한 곡씩 헌정하기로 한다. 클라리넷협주곡과 플루트협주곡은 그런 배경에서 탄생했는데, 이 두 곡만 완성한 채 나머지 세 곡은 쓰지 않았다. 심지어 플루트협주곡은 원래 헌정하려고 했던 플루티스트 파울 하게만이 아닌 다른 사람에게 헌정했다고 하니, 결국 다섯 명 중 한 명하고만 약속을 지킨 꼴이 되었다. 그럴 거면 처음부터 약속을 말든가! 어쩌면 곡이 다른 연주자에게 헌정되었을 때 단원들은 머리끝까지 화가 났을지도 모른다. 닐센의 곡이 실패하기를 바랐을 수도 있다! 그들에게는 안된 일이지만 닐센의 플루트협주곡은 플루티스트의 필수 레퍼토리로 꼽힌다. 플루트를 위한 협주곡인 것도 모자라, 플루트와 비슷한 음색을 가진 악기를 빼는 등 플루트에 온전한 주인공 자리를 준 이 곡을 플루티스트가 싫어할 리 없다.

● 에르뇌 도흐나니, 육중주 작품37
Ernö Dohnányi, Sextet Op.37

> 피아노 앞에서 5시간을 보내는 이는 회사에서 1시간 동안 일하는 사람만큼의 성취를 얻진 못하지만 오로지 피아노에 전심을 다한다. — 도흐나니

음악대학을 다니면 친구들에게서 의외의 모습을 보게 되는 순간이 있다. 나와 똑같이 밥을 먹고 연습실에서 고함을 지르던 친구들이 악기만 잡으면 딴사람으로 돌변하는 것이다. 평소와 사뭇 다른 모습에 어색하다가도, 연주에 몰입한 모습을 보면 어색함은 사라지고 나도 몰입하게 되었다. 이 순간의 모습에 속아 평소에 관심도 없던 동기에게 호감을 느꼈다는 친구의 고민을 종종 들었던 기억이 있으니, 나만 그랬던 건 아닌 듯하다.

음악가가 아니더라도 누구든 열정과 진심을 다하는 모습을 보면 매력적으로 다가온다. 도흐나니에게 관심을 갖게 된 계기도 비슷하다. 20세기 음악사에 관한 책을 읽다가 접한 작곡가 도흐나니의 문구가 마음을 사로잡았다. 마음을 바쳐 피아노를 연주하는 음악가라니, 어서 그의 음악을 들어 봐야겠다는 생각부터 들었고, 그때 처음 들은 음악이 그의 육중주였다.

이 곡을 작곡하던 당시 도흐나니는 혈전증으로 몸을 움직이기도 어려웠다고 한다. 힘든 시기에 작곡한 곡이니만큼 이 음악으로 도흐나니를 처음 접했다는 게 뜻깊다. 그의 음악을 향한 진심이 여기에 고스란히 담겨 있다.

잔 시벨리우스, 바이올린협주곡 작품47
Jean Sibelius, Violin Concerto Op.47

> 이 음악은 페이지마다 색다른 사고방식, 색다른 삶의 방식, 다른 풍경과 바다 경관을 불러일으킨다. ― 바츨라프 노이만, 지휘자

언젠가 바이올린을 전공한 동기에게 '너를 바이올린에 미치게 만든 음악'이 무엇이냐고 물어본 적이 있다. 어릴 적 연주회에서 시벨리우스의 바이올린협주곡을 듣고 다음 날 바로 악보를 구매해 옆에 펼쳐 두고 밤낮없이 테크닉을 연습했다는 이야기를 해 줬다. 고등학교에서 이 곡을 연주하게 되었을 때 얼마나 기뻤는지 모른다는 말과 함께. 지금은 그때의 열정을 잃고 바이올린과 권태기라고 했지만, 이 이야기를 들으니 그가 얼마나 바이올린을 사랑하는지 알 수 있었다.

작곡가가 된 후에도 실내악단 단원으로 참여할 만큼 바이올린에 애정이 남달랐던 시벨리우스는 그의 유일한 바이올린협주곡을 공개하고 극심한 악평에 시달렸다. 새로움을 갈망하며 오케스트라의 규모를 확장하던 당대에 고전적인 편성을 썼다는 것. 그러나 유행에 편승하지 않고 자신만의 신념으로 음악을 작곡했다고 봐야 하지 않을까. 그의 신념으로 적어도 한 명의 바이올리니스트는 인생이 바뀌었으니, 나는 그의 음악이 혁신을 넘어선 가치가 있다고 생각한다.

카롤 시마노프스키, 마스크 작품34
Karol Szymanowski, Masques Op.34

음색은 컬러풀하지만 드뷔시보다 훨씬 드라마틱해요. 듣다 보면 계속 생각 나는 음악이에요. — 조성진

특정 곡을 처음 만난 경로는 음악감상에 꽤 큰 영향을 미친다. 내가 좋아하는 연주자를 통해 곡을 처음 접한 경우 익숙한 음악이 아니더라도 귀를 사로잡는다. 내가 처음 시마노프스키의 음악을 접한 것은 피아니스트 조성진의 리사이틀에서였다. 그것도 바로 이 곡으로.

음악을 공부한다면서 모르는 작곡가가 있다니, 스스로의 무지를 자책하며 시마노프스키에 관해 찾아보다 그가 한국은 물론 유럽에서도 자주 연주되는 작곡가가 아니라는 사실을 알았다. 어찌나 안도가 되던지!

시마노프스키의 음악은 '폴란드의 드뷔시'라는 별명에 걸맞게 서정적이고 독특한 음색이 특징이다. 「셰에라자드」「어릿광대 탄트리스」「돈 후안의 세레나데」, 총 세 개의 짧은 곡으로 구성된 이 모음곡은 서양의 유명 신화와 거기에서 연상되는 선율을 담았다. 자꾸만 열어 보고 다시 읽어 보고픈 동화를 보듯 계속 생각나는 음악이다.

클로드 드뷔시, 목신의 오후에의 전주곡
Claude Debussy, Prélude à l'Après-Midi d'un Faune

> 현대시가 보들레르의 시 안에서 확고하게 뿌리를 내린 것과 같이 현대음악은 이 곡과 함께 잠에서 깨어났다고 해도 좋다. — 피에르 불레즈, 작곡가·지휘자

SNS의 프로필 음악을 보면 친구가 요즘 즐겨 듣는 음악을 알 수 있다. 뿐만 아니라 최근 감정 상태를 프로필 음악으로 표현하는 경우도 있다. 언젠가 친구가 「목신의 오후에의 전주곡」을 프로필 음악으로 설정해 놓은 적이 있다. 클래식에 전혀 관심이 없던 친구라, 어떻게 이 곡을 좋아하게 되었냐고 물었다. 드뷔시라는 작곡가조차 알지 못했던 친구는 전시회에 갔다 배경음악으로 깔린 이 음악이 몽환적인 분위기의 전시와 너무 잘 어울려서 음악을 들으며 작품을 감상하는 게 마치 꿈속의 일인 것 같았다고, 그래서 검색해 보았다고 얘기했다.

생각보다 섬세한 친구의 감상에 놀라 이 곡의 배경 이야기를 들려줬다. 늘 피리를 들고 요정이나 미소년을 쫓아다니는 목신이 잠결에 느낀 감정이라며, 어쩜 그렇게 정확하게 곡을 파악했냐고 감탄하며 말이다.

프랑스 상징주의 시인 말라르메의 시 「목신의 오후」를 회화적으로 표현한 이 곡은 오늘날 드뷔시의 명성을 가능케 한 곡이자 20세기 근현대음악의 문을 연 작품으로 평가받는다. 당대에는 낯선 화성을 사용해 엄청난 극찬과 악평을 동시에 받았다고 하지만, 뭐 어떤가. 그의 음악으로 적어도 한 명은 목신의 꿈속을 경험해 보지 않았는가.

이고리 스트라빈스키, 페트루슈카
Igor Stravinsky, Petrushka

> 불쌍한 인형은 슬픈 탄식 속에 허물어지고 소란이 가라앉는다. ― 스트라빈스키가 곡의 착상 단계에서 쓴 메모

해외를 여행할 때 기념품 가게에 들르기를 좋아한다. 전형적이긴 하지만 파리에서는 에펠탑 굿즈, 뉴욕에서는 자유의여신상 자석 등 그 지역을 대표하는 기념품을 고르는 것은 소소한 재미다. 러시아에 다녀온 지인이 항상 선물하는 기념품이 있으니, 인형 속에 또 인형이 들어 있는 마트료시카다. 페트루슈카는 이 인형의 남자 버전이다. 스트라빈스키의 발레 음악『페트루슈카』는 인형극이라는 장치를 통해 당시 러시아 농민의 불안과 비극을 표현했다.

피아노곡으로 편곡되면서 세계 3대 난곡이라는 별명을 얻어 피아노곡이라는 오해를 사지만, 사실『불새』『봄의 제전』과 함께 스트라빈스키의 3대 발레 음악으로 꼽힌다.『페트루슈카』는 고전 발레의 시대를 끝내고 안무가의 감정 표현을 극적으로 끌어낸 모던발레의 첫 단추 같은 작품으로, 과거 낭만주의 시대의 지나친 세련에 반하여 등장했다.

간략하게 줄거리를 소개하자면, 무어인의 연인인 발레리나를 짝사랑하게 된 인형 페트루슈카는 무어인과 발레리나 사이를 방해하다 무어인의 칼에 찔려 죽게 되고, 약장수는 관중에게 인형일 뿐이라며 안심시킨다.

에르네스트 블로흐, 플루트와 비올라를 위한 협주곡 Ernest Bloch, Concertino for Flute and Viola

> 나는 유대 정신에 매료되었는데 그것은 복잡하고 빛나며 흥분된 영혼이다. (……) 나의 내면에서 듣고자 애쓰는 것, 내 음악에서 기록하기를 원하는 것이 바로 그것이다. ― 블로흐가 직접 쓴 안내서

'쓸데없는 고집'이라는 말에 익숙해서인지 '고집'이라는 말의 어감은 마냥 긍정적이지 않다. "저희는 국내산 새우젓만 사용해요"와 같은 김치 장인의 다짐처럼 때로 긍정적인 고집도 있긴 하지만!

블로흐의 음악을 듣다 보면 고집이라는 키워드가 떠오른다. 엄격한 유대인 집안에서 태어난 블로흐는 음악에서 자신의 정체성을 꾸준히 드러냈다. 유대인 음악가는 많지만, 이렇게 뚝심 있게 유대인임을 내세운 작곡가는 없다. 그는 음악과 실제 삶의 간극을 최대한 좁히고 어릴 적부터 경험한 유대인의 무언가를 음악으로 표현했다. 오늘의 협주곡은 그가 나치를 피해 미국으로 건너간 지 약 10년이 지난 1950년에 작곡했다. 자신의 정체성을 숨겨야 했던 시기이지만 음악이라는 추상 속에서 그의 고집은 더 빛을 발한다.

가브리엘 포레, 3개의 노래 작품7 1번 꿈을 꾼 후에 Gabriel Fauré, 3 Songs Op.7 No.1 Après un rêve

예술, 특히 음악은 실재 그 너머로 우리를 데리고 가는 것이다. — 포레

프랑스어를 배우기 한참 전 이미 이 음악에 매료된 나는 레슨실에 앉아서 대학생 언니가 부르는 「꿈을 꾼 후에」를 소리 나는 대로 옮겨 적었다. '당장 소메이 께샤르메또니 마쥬' 뭐 대충 이런 식이었는데 다시 보니 얼추 맞는 것이 듣는 귀는 있었나 보다. 프랑스 가곡을 배우기 전이라 선생님에게 레슨받을 엄두는 안 나고, 결국 엉뚱한 가곡 독음본을 들고 혼자 한참을 연습했다. 그러다 대학에 들어가서야 이 곡의 레슨을 받을 수 있었는데, 엉터리 발음이 입에 붙어 제대로 발음할 수 있게 되기까지 시간이 걸렸다. 지금은 맞는 발음으로 기억하고 있다는 게 천만다행이다.

특이하게 이 곡은 원곡이 아니라 첼로 버전 편곡이 더 인기가 많다. 심지어 이 가곡을 그렇게 좋아했던 나도 요즘에는 첼로 버전에 더 손이 간다. 문득 성악곡이 기악곡으로 편곡되어 연주되는 것에 대해 작곡가는 어떻게 생각할까 의문이 든다. 자신이 만든 선율이 사랑받는 것에 즐거울까, 아니면 가사에 맞춰 심어 놓은 음의 의미가 사라지는 것이 못내 아쉬울까.

매들린 드링, 플루트, 오보에, 피아노를 위한 삼중주 Madeleine Dring, Trio for Flute, Oboe and Piano

음악은 감정의 속기다. — 톨스토이

청자가 상상의 나래를 펼칠 수 있게 돕는 음악이 있다. 내게는 드링의 『플루트, 오보에, 피아노를 위한 삼중주』가 그러한데, 이러한 상상은 보통 내가 20여 년간 쌓아 온 데이터베이스 안에서 이루어진다. 이 곡의 1악장을 들으면 『이상한 나라의 앨리스』에 나오는 모자장수의 티타임이 생각난다. 예컨대 엉뚱한 존재들의 모임, 엄마가 오기 전까지 마음껏 장난감을 흐트러뜨려 놓는 어린아이의 모습이 이와 관련한 단상이다. 2악장을 들으면 제2차세계대전 중 한 여인이 마을을 점령한 독일군과 사랑에 빠지는 내용의 영화 『스윗 프랑세즈』의 한 장면이 떠오르고, 마지막 3악장을 들으면 영화 『작은 아씨들』(1994)의 조가 런던에 막 상경한 시점이 그려진다. 여러분도 곡을 들으며 상상의 나래를 펼쳐 보라! 이처럼 세세한 상상을 하게 해 주는 이 곡에는 어떤 비밀이 숨어 있을까?

드링은 뛰어난 작곡가이자 동시에 배우였다. 그래서 연극을 위한 곡을 다수 작곡했고, 심지어 무대에서 직접 피아노를 치며 노래하는 역할을 맡기도 했다. 오보이스트였던 남편을 위한 몇 개의 오보에곡과 실내악이 대표곡이지만, 소규모의 실내악을 통해 거대한 상상에 도달할 수 있는 까닭은 어쩌면 음악과 연기의 연관성 때문일지도 모른다. 드링은 예술을 통해 자신의 이야기를 써 나갔을 것이다.

● 장 필리프 라모, 모음곡 7번 작품5 가보트와 6개의 변주곡 Jean Philippe Rameau, Suite No.7 RCT.5 Gavotte et Six Doubles

> 은방울을 굴리는 듯한 그 18세기의 프랑스 음악이 송조의 청자나 정교한 칠기, 그 너머에 있는 연못 등의 우아함과 마치 손이라도 잡듯이 조화를 이루고 있는 것 같았다. ― 제임스 힐턴, 『잃어버린 지평선』

오케스트라로 편성된 대부분의 악기가 서로 잘 어우러질 수 있는 부드러운 음색을 가졌다면, 클라브생은 어디 내놔도 홀로 돋보이는 강렬한 음색이 특징이다. 이전에 누가 클라브생은 고집만 센 몰락한 귀족 같다고 이야기한 적이 있다. 그 말을 듣고 한참을 웃었는데, 이젠 피아노에 비해 별로 연주되지 않는 악기이지만 여전히 독보적인 음색으로 콧대를 높인 모습이 꽤 닮았다.

그래서인지 클라브생 음악은 과거의 음악처럼 사용되는 것 같다. 영원히 시간이 멈춰 버린 샹그릴라에서도 클라브생이 연주된다. 영국 소설가 제임스 힐턴이 1933년에 쓴 소설 『잃어버린 지평선』은 시간이 멈춘 상상의 도시 샹그릴라를 배경으로 한다. 여느 모험소설처럼 비행기 사고로 조난당한 주인공은 티베트 소녀와 사랑에 빠지지만, 그곳을 벗어나자마자 소녀는 육십대 노인으로 변하고 마는 비극적인 결말을 맞이한다. 소녀는 클라브생 연주를 즐겼고, 어쩌면 라모의 이 곡을 연주했을지도 모른다. 은방울을 굴리는 듯한 클라브생의 소리가 방 안에 울려 퍼진다.

니콜로 파가니니, 그랜드 소나타 1번 작품3 기타 Niccolò Paganini, Grande Sonata No.1 MS.3 Guitar

니콜로 파가니니의 삶은 기이한 우여곡절로 가득하다. 그는 숭배를 받기도 비방을 받기도 했으며, 그의 이전에도 이후에도 이렇게 엄청난 갈채를 받은 예술가는 없었다. (……) 파가니니는 네 살 때 산 채로 매장당할 뻔했다가까스로 살아난 적도 있다. ― 스티븐 S. 스트라튼, 『니콜로 파가니니의 삶과 예술』

웬만큼 실력을 인정받은 작곡가는 살아생전 음악뿐만 아니라 이미지 관리에도 많은 신경을 써야 했다. 자신이 곧 음악이었기 때문이다. 파가니니는 스타성 있는 작곡가 중 가히 최강자였다. 그는 물론 작곡가로서도 뛰어났지만 연주자로서 더욱 인정받았고, 무대에서 보여 주는 뛰어난 퍼포먼스에 그를 숭배하는 극성팬도 상당했다.

세기의 바이올리니스트가 사랑했던 또 다른 악기는 바로 기타다. 바이올리니스트 파가니니의 삶은 짧고 자극적이라면, 기타리스트 파가니니의 삶은 사랑과 자유로 가득 차 있다. 파가니니는 여행을 떠날 때마다 기타를 동반했다고 하는데, 얼핏 생각해도 기타와 여행은 꽤 잘 어울린다. 기타와 길, 기타와 자유, 기타와 방랑의 합도 만만치 않게 좋다. 파가니니는 기타의 음색과 화음 그리고 느낌 등 기타의 모든 속성을 사랑했다. 그래서인지 파가니니의 명성을 완성한 바이올린 주법 중에는 기타 주법과 유사한 것이 보인다. 대표적으로 왼손 피치카토나 더블스토핑 하모닉스 등이 그렇다. 파가니니의「그랜드 소나타 1번 기타」에서는 군데군데 묻어 있는 기타에 대한 애정을 발견할 수 있다.

엑토르 베를리오즈, 이탈리아의 해럴드 작품16 Hector Berlioz, Harold en Italie Op.16

> 내 영혼의 불빛은 깜박인다, 희미해진다, 꺼져 간다. — 바이런, 「차일드 해럴드의 순례」

우리에게 『환상 교향곡』으로 잘 알려진 베를리오즈는 일반적인 틀에서 벗어난 작곡으로 유명하다. 이 곡도 그중 하나인데, 비올라를 위한 협주곡인지 교향곡인지 모호한 이 곡은 본래 파가니니의 부탁으로 작곡했다. 하지만 연주자의 기량이 드러나는 곡을 원했던 파가니니는 이 곡을 받고 "쉬는 부분이 너무 많다"고 불평했다고 전해진다. 결국 파가니니는 돈을 지급했음에도 곡을 포기했고, 베를리오즈는 이를 교향곡으로 편곡하며 사람들이 기존 교향곡과 협주곡에 갖던 기대를 완전히 깨 버렸다.

영국 시인 바이런의 시 「차일드 해럴드의 순례」에서 영감을 받은 이 곡에서 주인공 해럴드는 비올라 선율로 표현된다. 염세적인 삶의 태도를 보이는 몽상가 해럴드, 그를 음악으로 표현해 낼 생각을 베를리오즈 외에 누가 할 수 있었을까.

프란츠 슈미트, 교향곡 4번
Franz Schmidt, Symphony No.4

장황하거나 화려해 보이지 않는 이 연설의 긴 숨결은 특별한 즐거움을 줍니다. — 파울 슈테판, 음악평론가

작곡가의 인기와 영향력이 국경을 넘지 못하는 경우가 있다. 슈미트가 그 대표적인 예로, 오스트리아에서는 사랑받는 작곡가이지만 타국에서는 그의 음악을 듣기 어렵다. 그는 다양한 음악 분야를 섭렵했는데, 어머니에게 배운 덕에 피아노를 유능하게 다뤘고 학창 시절에는 트럼펫을, 이후에는 지휘와 작곡을 공부했다. 빈필하모닉에서는 말러의 총애를 받는 첼리스트로도 활동했으니, 그의 음악적 배경은 더 설명하지 않아도 될 듯하다.

슈미트의 곡 중에서 자주 연주되는 교향곡 4번은 그의 마지막 교향곡이다. 트럼펫이 이끄는 첫 부분과 첼로의 선율이 돋보이는 아다지오에서는 그가 경험한 여러 악기의 흔적을 군데군데 엿볼 수 있다. 딸의 죽음을 기리며 작곡한 레퀴엠이기도 한 이 곡은 20세기 최고의 교향곡이라는 평을 받는다. 비교적 느린 아다지오 부분을 작곡할 때는 자신의 죽음을 예감했다고 하니, 그가 죽음을 맞이하는 감정이 느껴지는 듯하다.

리하르트 슈트라우스, 오보에협주곡 작품292 Richard Strauss, Oboe Concerto TrV.292

> 나는 왜 다시 살아났는지 나 자신에게 다시 물어보곤 한다. — 슈트라우스

전쟁이 났을 때 가장 안전한 직업이 음악가와 의사라는 말을 들은 적이 있다. 영화 『피아니스트』에는 연주에 감명을 받아 적국의 음악가를 풀어 주는 장면이 나온다. 이처럼 음악가라는 이유로 전쟁 중에 특별한 대우를 받은 경우가 종종 있었는데, 슈트라우스도 그 중 한 명이다. 제2차세계대전에서 독일이 패한 이후 슈트라우스는 별장을 점거하기 위해 찾아온 미군에게 침착하게 자신이 『장미의 기사』와 『살로메』의 작곡가라고 소개했고, 클래식 애호가였던 미군은 슈트라우스의 별장을 남겨 주었다. 이후 미군은 슈트라우스의 별장에서 식사를 하게 되고, 슈트라우스는 그들 중 필라델피아 오케스트라의 수석 오보이스트였던 존 드 랜시에게 오보에곡을 부탁받는다.

여든두 살에 심문을 피해 방문한 스위스에서 곡을 완성한 뒤 이듬해에 정식 출판한 슈트라우스. 혹독한 추위가 찾아오기 전 잠깐 따뜻해지는 시기를 '인디언서머'라고 한다. 비평가 사이에서 이 곡은 슈트라우스의 말년을 장식한 인디언서머로 불린다.

게오르크 필리프 텔레만, 서곡 모음곡 작품55:B2 아리아 4악장 사라반드 Georg Philipp Telemann, Overture—Suite TWV.55:B2 Aria 4. Sarabande

> 음악은 언제나 내 상상력을 자극한다. 나는 글을 쓸 때 바흐의 실내악이나 텔레만 같은 바로크 작곡가의 음악을 얕게 틀어 놓곤 한다. — 무라카미 하루키

바로크 시대 하면 단번에 떠오르는 작곡가는 바흐, 헨델, 더 나아가면 비발디 정도다. 그러나 당시에 이들보다 훨씬 더 큰 인기를 끈 작곡가가 있다. 바로 텔레만이다.

    그의 음악은 바흐의 곡보다 생소하게 느껴지지만, 텔레만은 기네스북에도 등재된 '다작 작곡가'다. 생전에 약 800곡이 당시 사람들에게 인정받았다고 전해지며, 3천 곡 이상을 작곡한 것으로 추정된다. 그러나 역사에 중요하게 기록되지 않고 기억되는 작품도 거의 없어 조롱을 당하곤 한다. 당대에 가장 많이 연주되었다고 해서 시대를 대표하는 작곡가로 역사에 기록되는 건 아닌가 보다. 여담이지만 텔레만은 다른 바로크 작곡가와도 교류가 활발했는데, 특히 바흐와는 그의 아들 카를 필리프 에마누엘 바흐의 대부가 될 정도로 깊은 우정을 나누었다.

    이 곡은 악장 제목에서도 알 수 있듯이 춤곡 형식을 따르고 있다. '느리고 우아한 스페인 춤곡'이라는 뜻인 사라반드는 보통의 춤곡처럼 쿵짝짝 3박자로 구성되며 두 번째 박자가 강조된다. 그 덕에 두 번째 박자가 길어지는 경향이 있으며, 이것이 곡 전체에 여유를 준다. 다소 느린 듯한 속도감에 멜랑콜리함과 안정감을 동시에 주는 텔레만의 사라반드. 바로크 시대의 전형적인 사라반드를 느끼기에 더할 나위 없이 좋은 곡이다.

● **막스 브루흐, 바이올린협주곡 1번 작품26 3악장 Max Bruch, Violin Concerto No.1 Op.26 3. Finale: Allegro energico**

> 우리 독일인은 바이올린협주곡을 네 곡 가지고 있다. (……) 그중 가장 풍부하면서도 가장 매혹적인 곡은 막스 브루흐의 곡이다. — 요제프 요아힘

편집을 거치지 않고 아티스트의 퍼포먼스를 그대로 담은 영상을 흔히 '입덕직캠'이라고 부른다. 입덕직캠을 통해 잊혔던 음악이 재조명되기도 하고, 누군가는 아티스트의 팬이 되기도 한다. 나에게도 어린 날의 입덕직캠이 있다. 브루흐의 바이올린협주곡 1번 영상은 내가 엄마를 졸라 곧바로 바이올린학원을 등록하게 만들었는데, 사라 장이 진녹색 드레스를 입고 파워풀하게 바이올린을 연주하는 모습을 보고 음악가의 길을 걸으리라 다짐하게 된 것이다.

작곡가로서 전 세계에 이름을 알리게 해 줬다는 점에서 브루흐에게도 바이올린협주곡 1번은 큰 의미를 지닌다. 그러나 한 곡의 히트작은 예술가에게 양날의 검이다. 이 곡으로 명성과 경제적 이득을 얻지만, 이후 창작물이 이를 넘어서야 한다는 부담감을 안을 수밖에 없기 때문이다. 심지어 브루흐는 이 곡의 성공을 예상하지 못했기에 저작권을 헐값에 팔아넘겼다. 말년에는 생활고 때문에 악보까지 팔아야 했던 브루흐. 심지어 악보 값도 사망 후에 받았다니, 참으로 안타까운 예술가의 말년이다.

알렉산드르 스크랴빈, 피아노협주곡 작품20
Aleksandr Skryabin, Piano Concerto Op.20

> 나는 영원을 밝히는 순간이며 긍정이며 엑스터시다. — 스크랴빈

클래식 관련 글을 자주 쓰면서 나와 음악가 사이의 접점을 찾는 지독한 취미가 생겼다. 열심히 찾아본 결과 스크랴빈과 나의 공통점은 딱 하나다. 바로 알아주는 쇼팽의 팬이라는 것. 스크랴빈은 쇼팽을 롤 모델로 삼았다. 그의 곡명, 예컨대 마주르카, 에튀드, 프렐류드 역시 쇼팽의 곡명과 같으며, 음악을 들어 봐도 쇼팽의 느낌이 한껏 묻어난다. 심지어 쇼팽의 악보를 베개 아래에 두고 잤다고 하니, 자존심 상하지만 아무래도 덕심에서는 제대로 밀린 것 같다.

그래서 나처럼 쇼팽 음악에 두 손 두 발 다 든 사람이 스크랴빈을 좋아하지 않기란 무척 어렵다. 물론 스크랴빈의 초기 곡에 한해서. 특정 시기를 콕 집은 데는 명백한 이유가 있다. 스크랴빈은 세상을 떠나기 약 10년 전부터 급작스레 신지학을 접하고 신비주의자가 되었다. 급기야는 자신을 신이라 주장했는데, 이때 음악은 내 취향과 다소 거리가 있다. 후기 음악에서 스크랴빈의 정체성이 더 잘 보인다며 좋아하는 사람도 있다. 나는 어쩌면 쇼팽을 따라 하는 스크랴빈이 좋았던 것일지도 모르겠다.

● **미하일 글린카, 루슬란과 류드밀라—서곡**
Mikhail Glinka, Ruslan and
Lyudmila—Overture

음악은 국가에 의해 만들어지고 작곡가의 손에 편곡된다. — 글린카

얼마 전 유튜브에서 개그맨 김현철이 『루슬란과 류드밀라』의 서곡을 지휘하는 영상을 보았다. 같은 곡을 지휘한 다른 영상이 있는 것으로 보아 김현철의 고정 레퍼토리인 것 같다. 영상을 보기 전까지는 음악적인 부분을 제대로 해낼 수 있을지 의구심이 앞섰다. 악기 연주도 아니고 오케스트라 지휘를 비전공자가 해낼 수 있을지……

연주를 듣는 순간 눈이 휘둥그레졌다. 열정적인 지휘에 놀란 것은 둘째 치고, 단원들이 그의 디렉팅을 완전히 믿고 따르는 모습은 감동적이기까지 했다.

보다 보니 김현철이 왜 이 곡을 고정 레퍼토리로 삼았는지 알 것 같았다. 밝고 활기찬 것이 그와 퍽 잘 어울렸다. 게다가 오페라의 주제를 함축한 듯한 이 곡은 적어도 김현철에게 자신을 둘러싼 편견을 물리치는 필살기가 되는 것 같았다. "잘 봐라, 나도 지휘자다!"

누구나 음악을 만들고 연주할 수 있지만, 누구나 전문 음악가가 될 수 있는 것은 아니다. 그렇다고 제3자가 왈가왈부할 문제도 아닌 것이다. 그러니 지휘자여, 계속 연주해 주길!

티에리 드 메이, 테이블 뮤직
Thierry de Mey, Table Music

드러머에게 어떤 제스처를 해 달라고 부탁했다. 그러니까 그들은 음악가임과 동시에 댄서다. — 드 메이

지금 책상에 앉아 책을 읽고 있다면 손을 움직여 책상을 두들겨 보자. 세게도 두드리고 손톱으로 긁어도 보자. 음악이 느껴지는가? 아니면 그저 시끄럽고 거슬리는 소음으로 여겨지는가. 어떤 것을 음악으로 정의할지에 정답은 없다. 음악을 음악으로 만드는 절대적인 기준이란 존재하지 않기 때문이다. 소음과 음악의 구분이 모호해진 지 오래인 현대음악에서 이제「테이블 뮤직」이 음악인지 아닌지 가리는 것은 낡은 이야기일지도 모른다.

포털사이트에 '티에리 드 메이'를 치면 작곡가가 아닌 영화감독으로 소개되는 것을 확인할 수 있다. 벨기에 태생인 그는 영상을 전공했지만 후에 음악에 관심이 생겨 작곡을 공부했고, 나아가 무용가와의 협업을 즐기는 등 지금은 말 그대로 종합예술가의 삶을 살고 있다. 이 작품에는 무려 악보가 있어서 연주자는 앞에 놓인 테이블을 악보에 맞춰 연주한다.

● 오토리노 레스피기, 피아노를 위한 6개의 소품 Ottorino Respighi, 6 Pieces for Piano

> 최고의 시대이자 최악의 시대요, 지혜의 시절이자 어리석음의 시절이었으며, 믿음의 세월이자 회의의 세월이요, 빛의 계절이자 어둠의 계절이었고, 희망의 봄이자 절망의 겨울이었다. ― 찰스 디킨스,『두 도시 이야기』

레스피기가 살던 20세기 초반 음악계는 어느 때보다 혼란한 시기를 맞이하고 있었다. 한쪽에는 조성에 구애받지 않겠다는 후기낭만주의 음악이 있었고, 다른 쪽에는 조성 체계를 다 부숴 버리겠다는 무조음악이 있었다. 그리고 그 가운데에 왜 이 아름다운 것을 미워하느냐며 예전으로 돌아가자는 신고전주의가 있었다. 레스피기는 신고전주의 노선을 택했고, 그 덕에 부담 없이 들을 수 있다는 장점이 있다. 신고전주의는 말 그대로 새로운 고전주의, 즉 고전주의 예술을 다시 되살리는 것을 의미한다. 단, 여기서 고전주의란 하이든이나 모차르트가 살던 고전주의 시대를 일컫기보다 르네상스와 바로크처럼 그 이전 음악을 의미하는 폭넓은 개념으로 쓰인다.

체감상 레스피기는 굉장히 마니악한 작곡가다. 어디 숨어 있는지 모를 레스피기 팬들은 가끔씩 등장해 조용히 기뻐하곤 한다. 언젠가『피아노를 위한 6개의 소품』을 내 SNS 프로필 음악으로 설정해 놓은 적이 있는데, 몇 년간 연락이 끊겼던 고등학교 친구에게 "나도 레스피기 좋아하는데, 반갑다!"라며 뜬금없이 연락이 오기도 했다. 공통된 취향은 잊고 지내던 친구를 다시 내 삶의 일부로 끌어들이기도 한다. 레스피기를 사랑하는 사람들의 모임이라도 만들어야 하나.

키스 재럿, 쾰른 콘서트 파트 1
Keith Jarrett, The Köln Concert Pt.I

나는 무대에서 내 음악을 관찰하는 가장 무자비한 비평가가 된다. ― 키스 재럿

턴테이블을 구매한 직후 어떤 음반을 들을까 고민하면서 회현역 지하상가를 돌아다녔다. 그때 집으로 데리고 온 판이 몇 개 있는데, 그중 하나가 키스 재럿의 『쾰른 콘서트』였다. 중고라 그런지 소리가 튀고 음질이 다소 떨어졌지만, 이 음반만큼은 낮은 음질로 듣는 것이 더 잘 어울렸다. 지지직거리는 잡음이 이 곡이 최초로 연주되었던 1975년을 연상케 했다.

키스 재럿은 재즈 피아니스트로, 비록 재즈라는 장르에 몸담고 있지만 클래식 앨범도 꽤 발매하고 인상주의의 영향을 받는 등 클래식 음악과 제법 가까운 사이다. 그는 즉흥연주의 대가로 불리곤 하는데, 그 명성에 부응하듯 『쾰른 콘서트』 역시 66분간의 즉흥연주가 담긴 음반이다. 그러니까 이 꼭지는 음악 소개이자 음반 소개다. 쾰른에 도착한 키스 재럿은 기획자의 실수로 낡은 피아노가 준비된 것을 보고 고개를 젓는다. 이 피아노로는 예정된 연주가 불가능하다고 판단했기 때문이다. 그러나 기획자의 간곡한 부탁으로 어쩔 수 없이 무대에 올랐고, 연주가 시작되자 사람들은 힘이 실린 거친 사운드에 열광했다. 음반을 들으며 전설을 만든 실수를 생각한다.

● **요제피네 랑, 환영**
Josephine Lang, Traumbild

> 어머니가 나를 무릎에 앉히고, 애정을 가득 담아 피아노에서 손가락을 들썩이게 하고, 동요를 부르며 소곡을 연주하는 법을 가르쳐 주었을 때가 나의 가장 큰 기쁨이었다. ― 요제피네 랑

역사가 주목하지 않았던 여성 음악가를 소개하며 느낀 아쉬움을 말하라면 며칠 밤을 새워야 할 정도다. 자료가 부족한 것은 물론이고, 그들을 묘사하는 방식은 일생을 나열하거나 칭송하는 것이 대부분이다. 그들의 작품은 비판의 대상이 되기보다 늘 소개의 대상으로만 머무른다. 음악의 가치는 창작 과정 자체에도 있지만, 그것이 만들어 낸 파장에도 있다. 한 작품을 비판적으로 바라보고 그를 통해 담론이 형성된다면, 작품으로서 최고의 명예가 아닐까.

그런 의미에서 요제피네 랑은 이전 여성 작곡가보다 조금 더 많은 것을 누렸다고 할 수 있겠다. 요제피네 랑은 낭만주의 시대 여성 작곡가 가운데 가장 많은 작품을 출판했고, 슈만이 발행하던 음악 잡지에서 그의 작품을 조명하고 논평할 만큼 상당한 주목을 받았다.

오늘은 그가 작곡한 백여 곡의 가곡 중 하나인 「환영」을 소개한다. 어릴 때부터 뛰어난 재능으로 주목받았고 명성 있는 음악가들과 교류했지만 쓸쓸하고 괴로운 말년을 보낸 요제피네 랑. 그가 본 환영은 어떤 것이었을까.

카를 첼러, 탄광등 왈츠
Carl Zeller, Grubenlichter—Walzer

> 읽고 춤추자. 이 두 가지 즐거움은 결코 세상에 해를 끼치지 않을 것이다.
> ― 볼테르

빈은 여행 상품에도 '음악회 관람하기'가 있을 만큼 음악의 도시로 명성이 높다. 음악 애호가라면 빈에 방문할 때 어떤 공연이 있는지 확인하기 마련인데, 그중에서도 죽기 전에 꼭 관람하고 싶은 꿈의 공연이 있다면 '빈필하모닉 오케스트라 신년 음악회'일 것이다. 티켓 구매 대기가 대를 잇는다는 이 공연은 전 세계 음악인에게 새해를 알리는 역할을 하는데, 음악회에서 어떤 곡을 연주하는지도 화제가 된다.

제목이 재미있는 『탄광등 왈츠』는 2021년 빈필하모닉 신년 음악회의 프로그램으로 구성되어 주목받았다. 카를 첼러는 오페레타를 주로 작곡한 빈 출신 작곡가로, 『새 장수』라는 오페레타 외에는 알려진 곡이 거의 없었다. 빈필하모닉은 공연에서 연주만큼이나 중요한 것이 쉽게 접하지 못하는 음악을 발굴해 들려주는 것이라고 밝힌 만큼 곡 선정에 심혈을 기울인다. 『탄광등 왈츠』를 찾아낸 것에서도 그들의 자세를 엿볼 수 있다.

모리스 라벨, 치간
Maurice Ravel, Tzigane

> 우리는 항상 감수성과 감정이 예술 작품의 진정한 내용을 만든다는 것을 기억해야 한다. ― 라벨

'악마의'라는 수식어가 붙은 곡은 엄청난 기교를 요구하는 경우가 많다. 바이올린은 파가니니, 피아노는 리스트 등 악기별로 유명한 악마가 있는데, 이처럼 악마의 재능으로 기교를 뽐내는 연주자를 '비르투오소'라고 부른다. 파가니니나 리스트를 작곡가로만 알고 있는 이들은 조금 놀랄지도 모르겠으나, 이들은 당대에 악마와 영혼을 거래했다는 소문이 돌 정도로 테크닉이 뛰어난 연주자였다.

비르투오소가 작곡한 음악은 지금까지도 전문 연주가에게 정복의 대상이며, 라벨의 「치간」 또한 그중 하나다. 라벨은 이 곡을 바이올린 전공자의 원망을 사는 파가니니의 『24개의 카프리스』에 들어 있는 기교적인 부분을 참고해 작곡했다고 하니, 과연 악마의 곡답다. 제목인 '치간'은 프랑스어로 '집시'를 뜻하며, 루마니아에 뿌리를 둔 헝가리 집시음악을 프랑스 근대음악과 결합했다고 한다.

이 곡을 작곡한 후 그는 "소수의 대가 아니면 연주하지 못하겠다"는 악평을 들었지만, 이를 호평으로 받아 "더 잘되었네요. 아마추어 연주자가 저를 죽이려 들지는 않을 테니까요"라고 답했다고 전해진다.

토마 엔코, 불꽃 춤
Thomas Enhco, Fire Dance

> 미래는 여기 있다. 아직 널리 퍼지지 않았을 뿐이다. — 윌리엄 깁슨

'클래식 음악'은 이름에서부터 고전적임을 강조하기 때문일까, 이 단어를 듣고 요즘 시대 음악을 떠올리기란 쉽지 않다. 실제로 우리가 배운 클래식 작곡가들은 수백 년 전에 생을 마감했으며, 이는 클래식 음악이 미술관에 걸린 작품처럼 역사 속에 머물러 있다는 느낌을 준다. 그러나 '클래식 음악'으로 정의되는 음악은 지금도 작곡되고 있으며, 클래식 연주회장도 다양한 범주의 음악을 무대에 올림으로써 변화하고 있다.

오늘의 작곡가는 활발한 인스타그래머이자 개인 웹사이트에 작품을 아카이빙하는 동시대 아티스트다. 1988년 파리 출생인 작곡가 토마 엔코는 클래식 음악가이자 재즈 음악가이며, 피아니스트와 바이올리니스트로도 활동하고 있다.

그가 2020년에 발표한 타악기와 피아노를 위한 곡「불꽃 춤」은 반복해서 등장하는 타악기 소리와 피아노 선율이 이야기를 주고받는 듯하다. 이따금씩 등장하는 재즈 피아노 같은 선율은 재즈인지 클래식인지 모호하게 하지만, 이러한 특징은 동시대 클래식 음악의 위치를 확인하는 계기를 마련한다. 음악 장르 사이의 경계를 지우며 과거의 이미지에서 벗어나고 있는 클래식 음악의 변화가 반갑다.

● 요한 제바스티안 바흐, 바이올린협주곡 2번 작품1042 1악장 Johann Sebastian Bach, Violin Concerto No.2 BWV. 1042 1. Allegro

사람은 젊을 때 배우고, 늙어서 이해한다. ― 바흐

우리는 요한 제바스티안 바흐를 '음악의 아버지'라고 부르며 클래식 음악에서 빠질 수 없는 작곡가로 여기지만, 사실 바흐가 이런 위상을 갖기까지는 꽤 오랜 시간이 필요했다. 음악사학자 요한 포르켈과 멘델스존, 슈만이 발굴하지 않았다면 지금만큼 알려지지 못했을 정도로 음악가로서 바흐의 정체성은 짙지 않았다. 그러나 그의 음악이 주목받지 못했던 때에도 자주 연주된 곡이 있다. 바로 바이올린협주곡 2번이다.

바흐가 당대 뛰어난 건반악기 연주자였다는 사실을 아는 이들은 "건반음악이나 교회음악도 아니고 왜 하필 바이올린곡이야?"라며 의문을 품을 수도 있겠다. 그러나 바흐는 오르가니스트였을 뿐만 아니라 바이올리니스트이자 비올리스트였고, 바로크 시대에는 건반악기보다 현악기가 대중적으로 연주되었다. 바흐를 딱딱한 교회음악 작곡가로만 생각했다면, 이 곡이 기존 바흐의 음악에 대한 이미지를 넓히는 데 도움을 줄 것이다.

안토닌 드보르자크, 교향곡 9번 작품95 신세계로부터 Antonín Dvořák, Symphony No.9 Op.95 From the New World

이것은 체코 음악이고, 영원히 그러할 것이다. — 드보르자크

약 100여 년 전 드보르자크는 미국행에 나섰다. 4년간 미국 국립음악원 원장으로 재직하기 위해서. 기계들이 여기저기에서 입을 벌리고, 눈 대신 빠른 발걸음을 맞추는 사람들 속에서 드보르자크는 어떤 감정을 느꼈을까. 「신세계로부터」에는 미국이란 나라에 대한 그의 감상이 담겨 있다. 그에게 미국은 진정 신세계였다.

잠시 내 경험을 끼워 넣자면, 처음이자 마지막으로 미국에 가 본 것은 열세 살 때였다. 신종플루로 온 나라가 떠들썩했던 시기에 우리 부모님은 겁도 없이 나와 친구만 달랑 비행기에 실어 보냈다. 로스앤젤레스 공항에 내렸을 때 우리만 따로 어른들의 인솔을 받았는데, 지금 생각해 보니 뒤에서 힘 좀 쓴 모양이었다. 어린 나이에 경험한 미국은 온갖 신기한 것투성이였다. 요구르트 토핑을 골라 담는 것이 신기해서 하루에 몇 번이나 요구르트 가게를 찾았고, 층간소음 걱정 없이 친구 집에서 목청 높여 서바이버의 「호랑이의 눈」을 불렀다. 그래서 나는 드보르자크의 심정을 십분 아니 백분 이해할 수 있다. 미국은 정말 신세계였다!

2월

● 잔 시벨리우스, 6개의 즉흥곡 작품5
Jean Sibelius, 6 Impromptus Op.5

시대의 선택을 받은 자는 무리의 선택을 받은 자다. 이제 그가 선택할 행동은 시대가 선택했다는 이유로 허영과 낭비에 빠지지 않도록, 무리가 선택했다고 죄를 저지르지 않도록, 자신의 시간과 자신을 버리고 영원의 거래 장부로 돌아가는 것이다. ― 제러미 테일러, 『거룩한 삶의 규칙과 실천』

바야흐로 스트리밍의 시대, 소수의 음반 수집가를 제외하고는 음반을 잘 사지 않는다. 음반을 사는 행위는 어찌 되었든 물성으로 존재하는 것을 소유하는 것이다. 내가 좋아하는 음악을 소유하는 매력적인 취미는 한 번쯤 권할 만하다. 인테리어용 말고, 정말 사지 않으면 죽을 것만 같은 음반을 구매해 보자. 순식간에 음반으로 책장이 꽉 찰지도 모른다.

　소수의 음반 수집가로서 갖고 싶은 음반이 어디에도 없으면 눈이 뒤집힌다. 피아니스트 타테노 이즈미가 연주한 시벨리우스의 『6개의 즉흥곡』을 사러 갔을 때 단골 음반 가게 사장님은 "정말 피아노곡이 맞아? 바이올린곡이 아니고?"라는 물음을 계속 던졌다(아무래도 시벨리우스 하면 바이올린이 떠오르는 것은 어쩔 수 없나 보다). 마음먹고 갔는데 빈손으로 오긴 그래서 결국 빅토리아 물로바의 연주 버전 음반을 구입했다. 회현역 지하상가에서 음반을 구입할 때 팁을 하나 주자면, 음반 가게에 앉아 커피를 마시는 어르신을 주의하자. 영업하는 솜씨가 보통이 아니다. 사장님한테 커미션이라도 받는지 의심스럽다.

● **아널드 쇤베르크, 목관오중주 작품26**
Arnold Schönberg, Wind Quintet Op.26

국가를 다룰 때 기억해야 할 점은 국가의 제도가 국민보다 먼저 태어났다 해도 원주민 같은 게 아니라는 것. 모든 법과 그 용도는 누군가의 특정한 필요를 충족시키려는 특정인의 방편이었다는 것, 이것들은 모두 모방할 수 있고 변화시킬 수도 있다는 것, 그만큼 훌륭하거나 더 훌륭한 제도를 만들 수도 있다는 것. ― 랠프 월도 에머슨, 「정치」

여기 다장조 음악이 있다고 해 보자. 이 음악의 왕(으뜸음)은 '도'다. 그리고 5도 위의 '솔'은 '도'의 충직한 신하(딸림음)가 된다. 적어도 이 조성에서만큼은 이 둘이 등장하는 순간 음악이 매우 평화롭거나 안정적이 된다. 다른 음은 불안정한 존재이며 왕도, 신하도 될 수 없다. 무조음악은 이러한 조성 체계에서 벗어나 한 옥타브를 이루는 피아노 건반 열두 개에 동등한 지위를 주었다. 12음 모두가 불안한 무조음악 개념을 만들어 낸 쇤베르크는 '듣기 힘든 음악'으로 정평이 나 있다. 작곡가 입장에서 그런 평을 들으면 어떤 기분일지 모르겠지만, 쇤베르크는 그런 평가와 자신의 명성을 맞바꿨다.

오히려 너무 듣기 편하면 가치가 절하되는 것이 클래식계에서는 흔한 일이다. 다른 작곡가의 아류 혹은 이미 있는 음악 같다는 것이 그 이유다. 편안하고 싶을 때마다 클래식을 찾는 이기적인 청자로서 쇤베르크의 음악을 찾아 듣는 편은 아니지만 가끔 손이 가는 묘한 매력이 있다. 수직적인 조성 구조의 빈자리는 쇤베르크에게 무대가 된다.

● 릴리 불랑제, 바이올린과 피아노를 위한 2개의 소품 1번 녹턴 Lili Boulanger, 2 Pieces for Violin and Piano No.1 Nocturne

내 상념은 봄의 한가운데에 있고, 봄의 꽃이 나한테서 빼앗기는 것은 없다. 그리고 비록 내 생명의 숨을 내뱉는 그 순간에도 나는 절대로 죽는 것이 아니다. 나는 시간으로부터 밖으로 나갈 뿐이다. ― 에쿠샤르 르브룅, 「늙음의 장점」

오늘날 불랑제에 관해 이야기할 때 그의 음악보다는 짧았던 생의 아쉬움을 한탄한다. '요절한 천재' '잊힌 여성 음악가'에 그칠 뿐 음악에 관한 심층 연구는 부족한 실정이며, "그래서 무슨 곡을 작곡했는데?"라고 되물으면 머뭇거리기 일쑤다. 최근(2011년) 소실되었다고 여겨졌던 릴리의 작품이 새로 발견되면서 작품 연구와 출판이 비교적 활발해지기는 했으나 여전히 '요절 음악가'라는 수식어가 음악에 대한 관심보다 앞서는 것은 사실이다.

일주일에 한 번 클래식 음악 뉴스레터를 보내면서 가장 신경 쓰는 것은 여성 음악가의 배치다. 마음 같아서는 여성 음악가로만 채우고 싶지만, 구독자가 기대하는 음악은 따로 있기에 한 달에 한 번 정도만 다룬다(대중에게 익숙한 클래식 음악을 한 달에 한 번씩 넣는 것도 비슷한 이유에서다). 게다가 여성 음악가에 관한 자료는 거의 전무한 수준이라 외국 논문까지 뒤져야 겨우 한두 줄 나올까 말까인데, 그때마다 '남성 작곡가를 했으면 훨씬 수월했을 텐데'라는 생각이 들기도 한다. 언젠가는 여성 음악가를 발굴하는 프로젝트를 진행해 보고 싶은 바람이 있다. 시간과 품이 많이 드는 작업이겠지만 지금 내가 아니면 할 수 없다고 다짐해 본다.

구스타프 말러, 어린이의 이상한 뿔피리
Gustav Mahler, Des Knaben Wunderhorn

"기다려라, 잠자코 기다려라 아가야! 내일 곧 빵을 굽는단다!" 그리고 빵이 다 구워졌지만, 아이는 죽어서 관에 누워 있네. ―『어린이의 이상한 뿔피리』중 「지상에서의 삶」

초등학교에 다닐 때 엄마들이 돌아가면서 재미있는 동화책을 읽어 주었다. 우리 엄마가 읽어 줄 차례가 돌아오면 아침부터 신이 났다. 엄마가 고른 책이 친구들에게 인기가 있으면 뿌듯했고, 반응이 안 좋으면 엄마한테 다른 책을 읽지 그랬냐며 짜증을 내기도 했다. 엄마와 아이 모두에게 부담스러운 행사였음은 확실하다. 그때 동화책에 대한 관심이 최고조였는데, 특히 좋아하던 장르는 환상동화였다. 환상동화를 구현해 보는 놀이가 재미있었기 때문이다. 동화의 내용에 따라 하루는 마녀가, 하루는 시골 처녀가 되었다. 그때『어린이의 이상한 뿔피리』를 읽었다면 소재가 무궁무진했을 것이다.

말러 역시 이 책을 매우 아꼈는데, 그래서인지 수록된 시를 주제로 많은 곡을 썼다. 오늘 소개한 가곡집뿐만 아니라 교향곡에도 사용했을 정도이니 말이다. 대문호 괴테는 이 시집을 "집집마다 있어야 할 책"이라고 했다. 하지만 시의 내용은 교훈적이기보다 유머러스하거나 유머가 지나친 나머지 괴기스러운데, 괴테가 어떤 의도에서 시집의 중요성을 강조했는지 잘 모르겠다. 예컨대 가곡집 중「지상에서의 삶」은 아이를 위해 정성 들여 겨우 음식을 만들어 내주었는데 그동안 아이가 굶어 죽었다는 내용이다.

카미유 생상스, 교향곡 3번 작품78 오르간
Camille Saint-Saëns, Symphony No.3 Op.78 Organ

> 나는 이 작품에 내가 할 수 있는 모든 것을 바쳤다. 이 작품에서 성취한 것 이상을 다시는 할 수 없을 것이다. — 생상스

교향곡의 표제가 '오르간'이라니, 의아하게 생각할 수 있다. '교향곡 중간에 오르간이 등장하나? 그렇다면 왜 오르간협주곡이라고 하지 않았지?' 등 여러 질문이 머릿속에 떠오르리라. 이에 대해 나름의 답을 하자면 이 곡에서 오르간은 그저 교향곡을 이끌어 가는 도구로 활용되었을 뿐 독주 악기로서의 위상은 갖지 않는다. 베토벤의 「합창」을 교향곡이라고 부르듯 이 곡 또한 교향곡에 새로운 음향적 요소를 가미한 것뿐이다.

생소한 형식인 이 곡에 생상스가 당당하게 자신의 모든 것을 바쳤다고 말할 수 있었던 이유는 이전의 교향곡 형식에서 탈피한 것은 물론이고 자신의 음악적 관심사를 전부 끌어모아 조국의 음악계를 정상 궤도에 올려놓은 곡이기 때문이다. 당시 프랑스는 이전의 명성과 달리 유럽에서 자리를 잃어 갔는데, 이 곡은 프랑스 음악이 건재함을 보여 주기 위한 생상스의 도전이었다.

생상스는 대중이 이 곡을 좋아할까 우려하며 지휘대에 올랐다고 한다. 걱정과는 달리 관중석에서는 환호성이 터져 나왔고, 이는 그의 도전이 성공했음을 증명하는 짜릿한 순간이었다. 조국의 음악을 위해 치열하게 노력한 생상스는 그 순간 어떤 감정을 느꼈을까.

● **게오르크 프리드리히 헨델, 하프협주곡 작품4 6번** George Friedrich Händel, Harp Concerto Op.4 No.6

즐겁기만 한 음악을 작곡했다면 난 그들에게 사과해야 한다. 난 그 이상을 원한다. ― 헨델

클래식 비전공자가 클래식을 들을 때는 어떤 느낌일까 상상해 본 적이 있다. 나는 곡을 들을 때마다 '이건 내 친구 아무개가 연주한 곡이고, 이건 고등학교 때 입시 공부를 하면서 분석했던 곡이네. 이 연주는 음이 조금씩 낮고 화성이 분명하게 들리지 않네' 등 온갖 평가와 경험이 스멀스멀 머릿속에 자리 잡기 때문이다. 동시에 비전공자는 왜 클래식을 듣는 것일까 궁금해지기도 한다. 공부를 위한 감상이 아닌 감상을 위한 감상을 하면 연주를 대하는 마음과 태도가 조금 달라질까 하는 기대도 품어 본다.

헨델의 하프협주곡 6번은 아마 많은 사람이 휴게소나 방송, 지하철 등 여러 장소에서 접해 봤을 것이다. 백화점 화장실에서 이 곡을 들은 친구는 "내가 생각하는 전형적인 클래식이야. 평화롭고 안정되는 기분이 들어"라는 평을 남겼다. 이 곡이 작곡된 시기와 헨델의 음악관에 관해 상상의 나래를 펼치던 나는 친구의 평을 듣고 머리를 한 대 맞은 듯했다. 친구가 마치 '뭘 그리 어렵게 생각해?'라고 말하는 듯했기 때문이다.

이 곡은 오라토리오 중간에 무거움을 풀고 편안함을 주기 위해 작곡되었다. 아는 만큼 보인다지만, 사실 모를 때 얻을 수 있는 것도 많다. 나보다 더 정확하게 이 곡의 의도를 느끼며 감상한 내 친구처럼 말이다.

드미트리 쇼스타코비치, 피아노삼중주 1번 작품8 Dmitrii Shostakovich, Piano Trio No.1 Op.8

> 창조적인 예술가는 그전의 작품에 만족하지 않기 때문에 다음 작품을 만든다. — 쇼스타코비치

작곡가를 설명할 때 당대 사회 정치 이야기는 빼놓을 수 없는 주제다. 작곡가를 둘러싼 환경은 그의 음악 성향에 막대한 영향을 미치는데, 특히 20세기 동유럽과 러시아는 그 정도가 심했다. 조국의 음악을 발전시켜 알릴지 혹은 이전부터 있어 왔던 서양음악의 길을 걸을지 갈등하는 작곡가가 생기기도 했다.

쇼스타코비치는 이런 갈등 속에서 치열하게 고민한 음악가다. 현대음악을 경계한 20세기 소련공산당은 음악가에게 조성음악을 강요했고, 쇼스타코비치는 당이 추구하던 가치에 맞추어 음악을 변화시켰다.

하지만 1934년 사회주의리얼리즘이 도래하기 이전 쇼스타코비치의 음악은 후에 작곡한 고전주의 전통을 따르는 실내악곡보다 형식에 얽매이지 않고 자유롭다. 특히 그의 첫 번째 삼중주는 실내악곡 중에서는 유일하게 사회주의리얼리즘 이전에 쓴 것으로, 쇼스타코비치가 외부의 영향을 받지 않고 진정으로 하고 싶어 했던 음악을 엿볼 수 있다.

어떤 이들은 사회주의리얼리즘 시대의 쇼스타코비치 음악이 과거로 회귀하며 퇴보했다고 이야기한다. 그러나 그의 음악을 과연 '퇴보'라고 할 수 있을까. 음악과 연결된 여러 상황을 살펴보면 오히려 그는 자기비판과 갈등을 통해 성장했다고 보는 편이 맞지 않을까.

● **쥘 마스네, 타이스 — 명상곡**
Jules Massenet, Thaïs — Méditation

주님, 그 많은 죄로 더럽혀진 사람에게 다정한 눈길을 보내면서 언제나 당신의 율법을 준수해 온 저는 내버려 두신다는 말입니까? — 아나톨 프랑스, 『타이스』

피겨스케이팅 선수 김연아의 프로그램은 체육계뿐만 아니라 클래식 음악계에서도 매번 큰 화제가 되곤 했다. 여러 '한국 히트 클래식 음악'을 탄생시켰고, 곡은 물론 작곡가까지 한국에 이름을 알리는 계기가 되었다. 김연아 덕분에 『타이스』의 「명상곡」은 바이올린과 피아노 이중주를 위해 편곡한 버전으로 잘 알려졌지만, 사실 쥘 마스네의 오페라 『타이스』의 1막과 2막 사이에 연주되는 관현악곡이다.

서정적이고 종교적인 곡의 분위기답게 『타이스』는 향락에 빠진 무희 타이스와 그를 신앙으로 구원하고자 하는 수도사 아타나엘의 비극적인 사랑을 그린 오페라다. 아나톨 프랑스가 1890년에 발표한 소설 『타이스』를 바탕에 둔 이 작품은 인간적인 욕망과 신앙 사이에서 갈팡질팡하는 갈등이 돋보인다. 「명상곡」은 1막과 2막 사이에서 극명하게 드러나는 이 긴장을 경건하게 풀어냈다. 타이스와 아타나엘은 인간적 욕망보다 신앙을 선택한다. 「명상곡」 마지막에 그들의 선택을 암시하듯 A음이 길게 흐른다.

● **아구스틴 바리오스 망고레, 부채의 나라**
Agustín Barrios Mangoré, País de Abanico

기타의 음은 작지만 멀리 들리고, 마음속 깊이 스며든다. ― 스트라빈스키

지폐의 권종과 지폐에 들어갈 이미지는 새로운 지폐를 만들거나 바꿀 때마다 큰 화제가 되곤 한다. 지폐를 통해 각국에서 중요하게 여기는 가치와 문화의 철학을 엿볼 수 있기 때문이다. 조금은 생소할 수 있는 오늘의 작곡가 아구스틴 바리오스 망고레는 남미 원주민 출신의 기타리스트로, 그의 초상화와 악보와 기타가 파라과이 지폐에서 두 번째로 높은 권종인 50,000과라니에 그려져 있다. 파라과이 음악가, 게다가 원주민 출신이라니. 백인 중심인 서양음악사에 익숙한 독자에게는 새롭게 느껴질 수 있겠다. 실제로 망고레는 존 윌리엄스가 그의 곡을 연주한 덕에 클래식 애호가에게 이름을 알리게 되었다.

망고레는 1932년부터 자신을 '파라과이 정글에서 탄생한 기타의 파가니니'라고 불렀을 만큼 비르투오소적인 성격이 강하다. 대부분 왼손의 기교가 강조되는 그의 곡에 비해 오늘의 곡「부채의 나라」는 잔잔한 느낌이 든다. 어려서부터 시와 음악을 사랑했다는 망고레. 화려한 기교보다는 그의 서정성이 궁금해지는 곡이다.

● **로베르트 슈만, 어린이 정경 1번 작품15 미지의 나라들** Robert Schumann, Kinderszenen No.1 Op.15 Von Fremden Ländern und Menschen

나는 당신에게 어린애처럼 보일 때가 많은 것 같아요. ― 클라라가 슈만에게 보낸 편지

사극처럼 근대 이전을 배경으로 하는 드라마를 보면 종종 개똥이가 등장한다. 생각해 보면 어떻게 자식의 이름을 '개똥'으로 지을 수 있는지 의문이다. 개똥이는 그 이름을 가지고 평생을 살아갈 텐데 말이다. 아동에 대한 관심의 역사는 그리 길지 않다. 중세 때만 해도 아이들은 그저 키 작은 어른에 불과했다. 물론 잘사는 집안의 자제는 달랐겠지만, 아이들은 제대로 된 교육을 받지 못한 채 정말 키만 자라 어른이 됐다. 그런 아이들의 '순수한 시선'을 미학적으로 바라보기 시작한 것은 18세기 이후다. 낭만주의 음악, 특히 피아노곡에서 어린이의 세계를 모티브로 한 작품이 등장하기 시작했고, 슈만의 『어린이 정경』은 유년을 다룬 대표적인 피아노곡이다.*

어린이의 시선으로 본 어른과 세계는 어떨까? 우리가 살고 있는 현실이 어린이의 눈으로 보면 온통 신기하고 낯선 것투성이일 테다. 가끔 서글픈 것은 분명 그 시기를 겪었음에도 그런 시야를 기억하는 게 아니라 상상해야 한다는 것이다. 피아니스트 호로비츠의 『어린이 정경』 연주는 자신의 유년을 더듬는 듯해 금방 빠져든다.

---

* 우혜언, 「피아노 음악에서 나타난 유년(Childhood) 모티브 연구: 슈만의 『어린이 정경』을 중심으로」, 『음악이론연구』 17권, 2011, 서울대학교 서양음악연구소.

필리프 고베르, 마드리갈
Philippe Gaubert, Madrigal

미국인 부인이 창가에 서서 밖을 내다보고 있었다. 그 창문 바로 바깥에는 고양이 한 마리가 물이 뚝뚝 떨어지는 녹색 테이블 아래 웅크리고 있었다. 고양이는 떨어지는 물방울을 피하려고 몸을 잔뜩 웅크렸다. ― 헤밍웨이, 「빗속의 고양이」

이 곡은 우연히도 프랑스 파리 여행을 하다 처음 들었다. 에펠탑 앞에서 한참 동안 뭘 들을까 고민하던 나에게 이 곡은 마치 신의 계시 같았다. "그래, 이거지! 이게 프랑스 감성이지." 만약 해가 조금이라도 더 쨍하거나 비바람이 세차게 불었다면 어울리지 않았을 텐데, 적당히 우중충한 날씨라서 플루트가 적격이었다. 6월의 프랑스 날씨는 정말 최고였지만, 저녁에는 아직 쌀쌀했다. 그것도 모르고 백야라며 밤늦게까지 에펠탑 앞에서 멍을 때리다 감기에 걸린 건 바쁜 현대사회에서 몇 시간이나 풀밭을 뒹군 사람의 당연한 최후였다. 투어를 하루 미루긴 했지만 달게 감수했다.

필리프 고베르는 작곡가이자 플루티스트였다. 고베르가 직접 연주한 마드리갈의 음원은 유튜브에서 쉽게 들을 수 있다. 고베르의 숨결에서 탄생한 마드리갈은 비록 후대 연주자의 음원만큼 깔끔하진 않지만 안개가 자욱한 숲을 걷는 듯 신비로운 플루트의 장점을 충분히 발휘한다.

리하르트 바그너, 탄호이저 — 서곡 작품70
Richard Wagner, Tannhäuser — Ouvertüre WWV.70

성녀여, 나를 위해 기도해 주오! —『탄호이저』

머나먼 옛날, 유랑하며 연가를 부르던 시인이 있었다. 이름은 하인리히 폰 오프터딩엔. 그는 어느 연가 경연대회에서 그 지방 영주의 조카를 만난다. 조카는 하인리히가 부르는 아름다운 사랑 노래와 그 목소리에 심취했고, 둘은 금방 사랑에 빠진다. 그런데 얼마 안 가 하인리히가 흔적도 없이 사라졌고, 조카는 그 충격으로 다시는 경연장에 발을 들이지 않는다.

바그너의 오페라『탄호이저』의 대본은 중세 시대의 인물 하인리히와 지방 영주의 조카 이야기에서 영감을 얻어 쓰였다. 앞서 이야기했듯 하인리히(극중 탄호이저)는 영주의 조카(극중 엘리자베트)를 두고 급작스레 사라졌는데, 학자들에 의하면 십자군 전쟁에 참여했을 가능성이 크다. 긴 전쟁이었던 만큼 중세 기록에는 전쟁 관련 에피소드가 많다. 그중 어느 날 갑자기 사라진 남자들은 보통 징병된 것으로 본다. 지금 시각에서는 잘 이해되지 않지만, 10년 전에 집을 나간 아빠가 다시 돌아왔는데 알고 보니 생판 남이었던 경우도 있다. 아무리 세월과 전쟁 때문에 얼굴이 바뀌었다 해도 아빠를 못 알아본 건 너무했다.

파블로 데 사라사테, 나바라 작품33
Pablo de Sarasate, Navarra Op.33

> 천시天時는 지리地利만 못하고, 지리는 인화人和만 못하다. ―『맹자』

사라사테의 유일한 두 개의 바이올린을 위한 곡인「나바라」는 스페인의 지방 이름으로, 스페인 출신 작곡가 사라사테의 고향이며 파리 음악원에서 공부할 수 있게 장학금을 내준 곳이기도 하다. 사라사테는 이 지방 사람들이 추는 민속춤을 주제로「나바라」를 작곡했다. 지금도 나바라에는 사라사테의 업적을 기념하는 박물관이 있다. 비록 사라사테는 스페인에서 활동해 달라는 국가의 부탁에도 불구하고 끝까지 프랑스에 남았지만 말이다.

나에게는 오랜 듀엣곡 메이트가 있는데, 노래방에 가면 늘 함께 듀엣곡을 불러서 붙은 별명이다. 다른 사람과 부르면 짧은 시간 안에 파트 분배부터 화음까지 맞춰야 하는 반면 듀엣곡 메이트와는 그런 피곤함이 없어서 좋다. 척하면 척으로, 정확히 어떤 부분에서 바통을 넘겨야 하는지 둘 다 잘 안다. 쓸데없는 화음은 줄이고 꼭 필요한 엑기스만 넣는다(음감이 부족한 친구를 위해 주로 내가 코러스를 넣는다. 친구는 애드리브 담당이다). 이렇게 마음이 잘 맞는 파트너가 아니라면 호흡 맞추기가 여간 어려운 것이 아니다. 하지만 역으로 잘 맞는 사람들의 듀엣 연주를 들으면 그 감동이 배가된다.

유튜브에「나바라」를 검색하면 상단에 한국과 대만 바이올리니스트 엄단비와 폴 황의 연주 실황 영상이 뜬다. 서로 언어는 다르지만 눈을 맞추며 함께 음악을 완성해 가는 모습이 마치 같은 뿌리에서 뻗어 나온 두 가지처럼 친밀하고 안정적이다.

● **조르주 비제, 카르멘 — 세기디야**
Georges Bizet, Carmen — Seguidilla

> 네가 날 풀어 준다면 세비야 성벽 근처 내 친구네 선술집에서 세기디야를 출 거야. ―「세기디야」

스페인 여행에서 가장 기억에 남는 곳은 세비야였다. 온통 벽으로 둘러싸인 골목(알고 보니 벽이 아니라 가정집 문이었다)을 지나다 보면 내가 묵는 숙소의 넓은 뜰이 나왔다. 뜰 가운데에는 아주 오래된 작은 분수가 설치되어 있었는데, 물어보니 18세기경에 만들어졌다고 했다.

세비야는 워낙 작아서 하루 이틀이면 웬만한 곳은 다 돌아볼 수 있다. 오가며 지나쳤던 곳 중에 오페라 『카르멘』의 주인공 카르멘이 일하던 담배공장이 있다는 걸 알고 적잖이 놀랐다. 그곳은 과거 공장 태를 완전히 벗고 대학 건물로 쓰이고 있었다.

워낙 유명한 오페라라 관광객이 많을 줄 알았는데 오산이었다. 마치 이 세상에 담배공장의 카르멘을 아는 사람은 나밖에 없는 것처럼 관광객으로 보이는 사람은 나뿐이었다. 게다가 대학생들은 서성이는 내 존재가 몹시 거슬렸는지 담배 연기를 마구 내뿜었다. 얼른 가라는 건지…… 잔뜩 기가 죽은 나는 작은 오렌지나무 아래 벤치에 앉아 이어폰을 꽂았다. 여기까지 와서 「세기디야」를 안 듣고 갈 수는 없었으니까. 저녁에는 하몽을 파는 오래된 술집에 들렀다. 꼭 카르멘이 세기디야를 추던 선술집 같은 곳이었다.

막스 리히터, 수면 ― 꿈 3
Max Richter, Sleep ― Dream 3

> 『수면』은 열정적으로 돌아가는 우리 사회를 위한 저의 개인적인 자장가입니다. 저는 이 작품을 통해 잠의 과정을 탐구하고 싶었습니다. ― 리히터

언젠가 한국인 열 명 중 여섯 명 이상이 수면 부족이라는 마음 아픈 조사 결과를 본 적이 있다. 나 또한 숙면을 위한 음악과 아로마 오일을 찾아본 사람으로서 몸과 마음을 충전해 주는 잠의 필요성을 절실히 느낀다. 숙면에 도움이 되는 상품이 쏟아지는 요즘, 현대인을 위한 자장가를 작곡한 음악가가 있다. 음악으로 세상에 자신의 메시지를 전하는 작곡가 막스 리히터.

막스 리히터는 "듣는 사람이 이 음악과 함께 잠들어 다음 날 아침 눈을 뜨기를 바란다"는 소망으로 이 음악을 작곡했다. 이러한 사려 깊은 연유로 앨범 전체의 러닝타임은 8시간에 달한다.

「꿈 3」은 현대사회에 자장가를 전하고 싶었다는 그가 처음으로 들려주는 곡이다. 밤에 이 책으로 하루를 마무리하는 독자라면 이 음악을 틀어 두고 숙면을 취해 보는 건 어떨까. 몸에 긴장을 풀고 나를 위해 작곡된 자장가에 호흡을 맡기며 내일을 살아갈 힘을 얻는 좋은 방법이 될 것이다.

● **프란츠 리스트, 헝가리안 랩소디 2번**
Franz Liszt, Hungarian Rhapsody No.2

> 집시음악은 다른 어떤 음악보다 즉흥적 요소가 강한데, 즉흥성 없이 집시음악은 존재하기 어려울 것이다. ― 리스트

클래식 음악이 낯선 입문자에게 가장 익숙한 '랩소디'는 아마 퀸의 「보헤미안 랩소디」일지도 모르겠다. 랩소디란 낭만주의 시대에 생겨난 자유로운 환상곡 장르로, 앞에 민족이 붙는 것에서 알 수 있듯 민족적인 내용을 담는 경우가 많은데, 보통은 자유로운 음악을 의미한다.

어린 시절 헝가리 시골에서 자란 리스트는 농부와 집시를 통해 헝가리 민요를 가까이 접할 수 있었다. 자연스럽게 집시음악을 듣고 자란 그는 집시음악이 곧 헝가리의 민속음악이라고 생각했는데, 1859년 『헝가리의 집시와 그들의 음악』이라는 책을 낼 정도로 헝가리 집시음악에 관심이 많았다. 『헝가리안 랩소디』는 헝가리 음악의 집시음악적 요소를 활용해 작곡한 것으로, 그가 직접 수집한 헝가리 집시음악의 선율을 차용했다.

남을 의식하기보다 마음이 내키는 대로 자유롭게 춤을 추며 음악을 하는 집시. 정제되기보다 거친 매력이 있는 그들의 음악을 리스트가 해석해 내놓은 총 열아홉 개의 랩소디 중 가장 잘 알려진 2번은 아마 『톰과 제리』를 열심히 챙겨 본 이라면 "아! 이 곡이 그 곡이구나!" 하는 반응을 보일지도 모른다. 「피아노 콘서트」 에피소드에서 이 곡을 열심히 연주하는 톰을 자꾸만 방해하는 제리가 얼마나 미웠는지!

● **안토니오 비발디, 바순협주곡 작품489 1악장 Antonio Vivaldi, Bassoon Concerto RV.489 1. Allegro**

> 한 번뿐인 인생, 난 끝까지 살아 낼 것이다. 난 싸울 것이다, 그리고 결코 만족하며 살지 않을 것이다. — 비발디

클래식 입문자가 클라리넷과 오보에, 바순 등 목관악기의 음색을 소리만 듣고 구분하기란 쉽지 않다. 나 또한 플루트를 제외한 다른 목관악기와 친해지는 데에 꽤 많은 시간이 걸렸는데, 그중 가장 오래 걸린 악기가 바순이다. 클라리넷은 음악학원에서 플루트 다음으로 많이 가르치는 악기이고, 오보에는 영화 『미션』의 OST 「가브리엘의 오보에」로 나름 익숙한 반면, 바순은 대중에게 잘 알려진 곡이 많지 않기 때문이다.

프랑스어로 '낮은음'을 의미하는 'bassoon'은 실제로 목관악기 중 가장 낮은 음역대를 가지고 있다. 파곳이라 불리기도 하며, 적은 음량과 낮은 음역대 덕에 주요 멜로디를 연주하는 독주 악기보다 베이스 코드인 통주저음을 연주하는 데 자주 쓰인다. 이런 바순을 협주곡의 '독주 악기'로 끌어올린 인물이 바로 비발디다.

바로크 시대 작곡가이자 바이올리니스트, 음악 교사, 가톨릭 사제였던 비발디는 그 시대를 대표하는 여러 곡을 작곡했을 뿐만 아니라 바순을 비롯한 독주 악기로 거의 쓰이지 않던 악기의 가능성을 미리 보고 새 분야를 개척한 선구자로 음악사에서 큰 의미를 갖는 인물이다. 『사계』의 작곡가 정도로만 알았다면 이번 기회에 비발디의 선구안을 확인하고 바순의 매력에 흠뻑 빠져 보길 바란다.

● **안톤 아렌스키, 2개의 소품 작품12 1번
작은 발라드 Anton Arensky, 2 Pieces
Op.12 No.1 Petite Ballade**

> 음악이 울리거나 가라앉히지 못하는 그런 열정이 있을까? ─ 존 드라이든

계절감이 뚜렷하게 느껴지는 음악이 있다. 브람스의 음악은 가을에 듣기 좋고, 환상곡 계열은 여름에 들으면 잘 어울린다는 것이 내 나름의 기준이다. 반면 뚜렷한 계절감을 느끼기 어려운 곡도 있다. 겨울에서 조금씩 봄으로 가는 시기나 사계절에 모두 어울리는 음악이 있겠다. 그중 아렌스키의 곡은 차가운 공기가 아직 남아 있는 초봄에 잘 어울린다고 생각한다.

림스키코르사코프의 제자이자 동시에 라흐마니노프의 선생이었던 아렌스키는 음악에 있어서는 서양음악 전통을 따른 차이콥스키와 가까운 성향을 보인다. 민족적 음악을 작곡하지 않는다는 이유로 민족주의 작곡가에게 소외당했을 정도라니, 그의 음악 성향이 러시아 민족주의와 가깝지 않다는 것은 증명된 셈이다. 그런데도 민족주의 작곡가에게 없는 또 다른 '러시아스러움'이 느껴지는 것이 아렌스키의 특징인데, 마치 러시아 대륙에서 찾을 수 있는 서정성을 애틋하게 표현해 낸 느낌이다.

첼로와 피아노가 과하지 않고 적절하게 조화되어 찬바람이 불지만 점점 봄이 다가오는 러시아의 땅이 떠오르는 이 곡은 딱 이 계절에 알맞은 것 같다. '작은 발라드'라는 제목답게 간결하지만 서정성이 듬뿍 묻어나는 감성과 계절감을 참 잘 표현했다. 창밖을 보며 곡을 감상하길 바란다. 지금이라면 어떤 날씨라도 이 곡이 어울릴 테니까.

이병우, 장화, 홍련 OST — 돌이킬 수 없는 걸음 Lee Byung Woo, Epilogue

> 세상일이란 게 다 이래. 네가 그리는 대로 세상이 아주 달콤하게 돌아가는 게 아냐. — 영화 『장화, 홍련』

한국 공포영화에 한 획을 그은 『장화, 홍련』. 영화를 본 이라면 마지막 부분에 흐르는 시리도록 비극적인 현악 선율을 잊을 수 없을 것이다. 클래식 음악을 정의하는 방식이나 기준은 사람마다 상당한 차이가 있으나 영화음악, 특히 국내 영화의 OST는 많은 경우 '클래식'의 범주에 포함되지 않는다. 그러나 때에 따라 클래식의 흐름 안에 있다고 볼 수 있는 음악이 있는데, 작곡가 이병우의 곡이 그러하다. 한국인이라면 한 번쯤 들어 봤을 그의 음악은 영화 『괴물』을 비롯한 『왕의 남자』 『마더』 등 굵직한 한국영화에서 찾아볼 수 있다.

오스트리아 빈 국립음악대학에서 클래식기타를 전공하고 수석으로 졸업한 뛰어난 기타리스트이자 영화음악 작곡가인 그는 평창 동계 스페셜올림픽 개·폐막식의 예술감독까지 역임했다. 이처럼 방대한 음악 스펙트럼을 가진 그는 영화음악에서 특유의 웅장한 사운드와 언밸런스하게 사용되는 유머러스한 요소로 영화의 몰입도를 높인다.

심장이 쿵 내려앉는 영화의 마지막 장면에서 왜 이렇게 강렬한 음악을 사용했을까 의문을 가진 적이 있다. 『씨네21』과의 인터뷰에서 "내가 음악적으로 제일 표현하기 쉽고 좋아하는 것은 불안하거나 멍한 상태의 음악이다"라고 말한 것에서 이 곡에 내재한 의미를 찾을 수도 있을 것 같다. 우리는 가장 복잡한 상황에서 멍한 상태에 놓인다. 적어도 나는 그런 경험이 있다.

● 주세페 베르디, 라 트라비아타—언제나 자유롭게 Giuseppe Verdi, La Traviata—Sempre libera

언제나 자유롭게 항상 기쁨과 환락 속에서 흥겨워야 해. —「언제나 자유롭게」

 한양대 노천극장에서 오페라『라 트라비아타』를 본 적이 있다. 좋아하는 소프라노 캐슬린 킴의 육성을 직접 들을 수 있다는 사실에 가슴이 설레 친구와 함께 모히토 한잔을 원샷하고 찾아간 노천극장은 내 생각만큼 낭만적이지 못했다. 거의 3시간에 육박하는 오페라를 관람하기 위해서 앉아 있는데, 납작한 간이방석 때문에 엉덩이가 아팠고 다리를 뜯어 대는 벌레가 계속해서 화를 돋웠다. 그래도 야외에서 오페라를 감상한 경험은 자랑용으로 두고두고 꽤 써먹을 만했다.

 『라 트라비아타』의 한국어 제목은 '춘희' 즉 '동백 아가씨'다. 원작인 알렉상드르 뒤마의 소설에서 주인공 마르그리트 고티에(오페라에서는 비올레타)가 유독 동백꽃을 사랑해서 붙은 제목이다. 실제로 뒤마는 고티에의 모델인 실존 인물을 사랑했고, 먼저 죽은 그를 기리기 위해 이 소설을 썼다고 한다. 뒤마의 못 다 이룬 사랑 때문인지, 소설과 오페라 속 주인공은 신분 차이가 나는 남성을 사랑해 모든 것을 다 내주는 헌신적인 인물로 그려진다. 비록 그들의 사랑은 때 이른 죽음으로 이루어지지 못하지만, 모든 사랑은 시도만으로도 가치 있는 것이리라. 결말을 알고 난 뒤 오페라 속 비올레타가 희망에 차 부르는「언제나 자유롭게」를 들으면 마음이 아려온다.

졸탄 코다이, 바이올린과 첼로를 위한 이중주 작품7 Zoltán Kodály, Duo for Violin and Cello Op.7

음악은 모든 사람의 것이다. — 코다이

『바이올린과 첼로를 위한 이중주』는 코다이의 곡 중 가장 좋아하는 곡이다. 처음부터 극적인 것이 무엇이든 빨리빨리를 외치고 감정 기복이 큰 내 모습과 닮았다. 그러고 보면 사람은 자신과 닮은 것을 선호하는 것 같다. 얼마 전에 친구가 애인을 소개하는 자리를 마련했는데, 보고 깜짝 놀랐다. 체형부터 이목구비까지 똑 닮은 것이다. 남매라고 해도 믿을 뻔했다. "둘이 정말 닮았네요. 역시 닮은 사람한테 끌린다더니, 천생연분인가 봐." 어쩐지 둘은 이 말에 어색한 웃음을 보였다. 자리가 끝난 후 친구는 정말 내가 걔랑 닮았냐며 역정을 냈다. 애인 닮은 게 싫을 건 뭐지.

코다이는 친구인 버르토크와 함께 고국인 헝가리와 주변 국가인 체코와 불가리아의 민요를 채집했다. 그래서 작곡가보다 음악 교육학자(자체적인 음악교육 시스템인 '코다이 교육법'의 창시자이기도 하다)이자 음악인류학자로 잘 알려져 있는데, 나는 역시나 코다이를 작곡가로서 가장 좋아한다. 민속적 정취가 듬뿍 묻어나는 그의 음악에는 고국에 대한 애정과 민요에 대한 책임감이 담겨 있다.

● **카이야 사리아호, 오리온**
Kaija Saariaho, Orion

> 글쎄요, 저는 논쟁에 관여하지 않습니다. 나는 권력의 어떤 위치도 갖고 싶지 않을뿐더러 가지고 있지도 않습니다. — 사리아호

2019년 6년 만에 부활한 윤이상국제작곡상은 스위스 작곡가 홀리거와 핀란드 작곡가 카이야 사리아호에게 돌아갔다. "젊은 시절 윤이상의 음악과 철학이 자신을 감명시키고 고무시켰다"고 수상 소감을 밝힌 사리아호는 컴퓨터를 사용해 전위적인 음악을 하는 것으로 유명하다. 2016년에는 사리아호가 작곡한 오페라『이룰 수 없는 사랑』이 메트로폴리탄에서 공연되어 큰 관심을 받았는데, 여성이 쓴 오페라가 무려 113년 만에 무대에 오른 것이었다. 이처럼 카이야 사리아호의 한 걸음 한 걸음은 음악사에 궤적을 남기며 수많은 여성 작곡가에게 귀감이 되고 있다.

 2002년에 작곡한「오리온」은 클리블랜드 오케스트라에 헌정한 대규모 오케스트라곡이다. 이전부터 사리아호는 밤, 꿈, 신화 그리고 미스터리한 무언가를 작업의 주된 주제로 삼곤 했다.* 짐작건대 신화와 별자리를 아우르는 오리온은 아마 그가 찾던 적절한 테마였으리라. 오리온은 그리스신화에 나오는 사냥꾼으로, 바다의 신 포세이돈의 아들이다. 안타까운 죽음을 맞이한 오리온을 제우스가 별자리로 만들었고, 오늘날에도 오리온자리는 밤하늘을 지키고 있다.

---

* www.saariaho.org

에드바르 그리그, 서정소곡집 작품54 4번 녹턴 Edvard Grieg, Lyric Pieces Op.54 No.4 Notturno

나는 내 음악에서 대구 맛이 난다고 확신한다. — 그리그

음악에서 대구 맛이 난다니 웬 이상한 소리인가 하겠지만, 그리그는 그만큼 자신의 음악이 노르웨이적 면모가 강하다고 이야기하고 싶었던 것이다. 그는 노르웨이를 대표하는 작곡가로서 주로 노르웨이 민요와 춤곡에서 영감을 받았다. 스스로 국민적인 예술을 탄생시키고자 한다는 포부도 밝혔으니, 노르웨이의 깨끗한 자연에서 나고 자란 대구 맛이 음악에서도 느껴지길 바라는 마음이 충분히 이해가 된다.

『서정소곡집』은 그리그가 이십 대부터 오십 대까지 약 30년에 걸쳐 작곡했다. 그 세월 동안 이 작업만 했을 리 없지만, 어제 쓴 글도 오늘 보면 새롭듯 그리그는 『서정소곡집』을 끊임없이 고치고 바꾸고 덧칠했을 것이다. 누군가의 삶이 담긴 음악을 침대에서 들을 수 있다는 것은 현대 기술 발전의 가장 큰 혜택일지도 모른다.

빈첸초 벨리니, 노르마 — 정결한 여신
Vincenzo Bellini, Norma — Casta Diva

정결한 여신이여, 찬란한 은빛은 이 거룩한 고목에서 뿜어 나오네. —「정결한 여신」

얼핏 기억나는 것은 벨리니가 요절한 작곡가 순위에서 10위 안에 든다는 것이다(아마 남성 작곡가 중심의 목록이었을 테다). 벨리니는 서른네 살에 세상을 떠났음에도 꽤 많은 작품을 남겼다. 열 편이 넘는 비극 오페라를 남겼을뿐더러 그 모두가 오늘날 많은 성악가의 레퍼토리로 자리 잡았다. 그러나 대부분의 성악가는 벨리니의 음악에 불만이 많다. 벨리니가 구축한 아름다운 선율은 다른 작곡가의 아리아에 비해 특히 더 공을 들여야 하기 때문이다.

"음악에서 BC는 Before Christ가 아니라 Before Callas다"라는 말이 있을 정도로 20세기 가장 위대한 성악가로 꼽히는 마리아 칼라스는 오페라『노르마』의 노르마 역에 애착이 컸다고 한다. 노르마는 갈리아 지방의 여제사장으로, 정절을 지켜야 하는 계율을 어기고 적인 로마 총독 폴리오네와 사랑에 빠져 비밀리에 가정을 꾸린다. 그러나 곧 남편이 또 다른 사제인 아달지사와 눈이 맞은 것을 알고 신에게 자신의 바람을 담은 노래「정결한 여신」을 바친다. 하지만 계율을 어긴 자신과 부정을 저지른 폴리오네 사이에서 끝없는 딜레마를 겪다 결국 스스로 불길에 몸을 던져 삶을 마감한다.

판초 블라디게로프, 바이올린협주곡 1번 작품11 Pancho Vladigerov, Violin Concerto No.1 Op.11

> 음악은 이름 붙일 수 없는 것에 이름을 붙이고, 소통 불가능한 것과도 소통할 수 있습니다. — 번스타인

작곡가는 그가 살아온 문화와 환경에 많은 영향을 받는다. 우리는 그의 음악을 통해 잠시 다른 문화를 경험하고, 나를 둘러싼 환경과 비교하며 그와 경험을 공유하기도 한다. 그런 의미에서 생소한 국적을 가진 작곡가의 음악을 감상하는 것은 굉장히 흥미로운데, 19세기 유럽과 그 주변국 작곡가의 음악에는 각 문화권의 모습이 잘 드러나 있다.

우리가 흔히 '요구르트의 나라'로 알고 있는 불가리아 출신 작곡가 판초 블라디게로프는 스위스에서 태어났으나 일생의 대부분을 불가리아에서 살았다. 잠시 베를린에서 음악 공부를 하고 도이치 극장에서 일하기도 했지만 곧 불가리아로 돌아왔다. 그는 불가리아 민속음악을 소재로 작곡하는 것을 즐겼으며, 서양음악 문법으로 이를 풀어내곤 했다.

블라디게로프가 스물한 살에 작곡했다고 알려진 바이올린협주곡 1번은 불가리아인이 작곡한 첫 바이올린협주곡이다. 다이내믹하게 펼쳐지는 이 음악은 마치 동화를 읽는 듯 환상적이고, 마치 꿈속을 날며 여행하는 듯한 느낌을 준다.

외젠 보차, 오보에와 피아노를 위한 전원 환상곡 작품37 Eugène Bozza, Fantasie Pastorale for Oboe and Piano Op.37

> 음악은 내가 아는 것 중에서 규칙이 전혀 없는 유일한 것입니다. — 조시 옴므, 가수

학창 시절에 발표회 날이면 '내 앞 순서에 너무 뛰어난 친구가 없었으면 좋겠다'는 기도를 한 번쯤 해봤을 것이다. 더 잘해야 한다는 부담감에 앞선 친구와 차별점을 둬야겠다는 생각도 한다. 아마 낭만주의 시대 프랑스 작곡가들도 이런 순간을 겪었을 것이다. 프랑크부터 생상스, 포레, 드뷔시 등 굵직한 움직임을 만들어 낸 대선배가 즐비하니 이후의 작곡가는 꽤나 부담감을 느끼며 또 다른 변화를 만들어 내려 노력했을 터다. 외젠 보차도 그중 하나다.

1905년 프랑스 출생인 보차는 수상한 상과 커리어가 나열하기에 입이 아플 정도이며, 음악가로서 얻을 수 있는 명성을 거의 다 얻었다고 해도 과언이 아니다. 이 대단한 음악가가 이름을 알리게 된 장르는 바로 관악기를 위해 작곡한 실내악곡이다. 오늘의 곡도 그중 하나인데, 오보에와 피아노가 이끄는 이 음악은 '균형의 해체'라는 키워드로 설명된다. 통상적으로 사용되는 박자 표시 방법에서 벗어나 박자 개념을 연주자에게 맡기고 마디와 선율 또한 우리의 예상과 다른 방향으로 진행되곤 한다.

내 기대와 다르게 흘러가는 음악을 감상할 때면 잘 진행되고 있는지, 어디쯤에서 잠시 쉬어 가는지, 언제쯤 호흡을 마무리하는지 긴장된 마음으로 기다리게 된다. 자유롭게 통통 튀는 이 곡으로 그 재미를 알아 가길 바란다.

● **헨리 퍼셀, 압델라자르 모음곡 2악장 론도**
Henry Purcell, Abdelazer Suite 2. Rondeau

내가 땅에 묻힐 때 내 과오들이 네 마음에 어떠한 근심도 만들지 않기를. 날 기억해다오. 하지만 내 운명은 잊어다오. ― 퍼셀, 오페라 『디도와 아이네이아스』

영국은 클래식 음악사에서 중요한 역할을 차지하는 국가는 아니다. 그럼에도 꼭 다뤄야 하는 작곡가가 있는데, 바로 '영국 음악의 아버지'라 불리는 헨리 퍼셀이다. 아버지부터 삼촌까지 모두 음악을 하던 집안에서 자란 그는 어린 시절부터 자연스럽게 음악을 공부했고, 작곡과 오르간을 전문적으로 배웠다. 1659년 출생으로 바로크 시대 작곡가인 그는 한참 후에 에드워드 엘가와 구스타브 홀스트가 등장하기 전까지 영국 음악의 정체성을 담당했다.

「론도」는 작곡자인 헨리 퍼셀보다 더 잘 알려진 곡이다. 영화 『오만과 편견』 OST로도 쓰인 이 음악은 어디선가 들어 본 듯 익숙한 느낌이 든다. 서른여섯이라는 젊은 나이에 세상을 떠난 헨리 퍼셀. 역사에 '만약'이란 없지만, 그가 후학을 양성하고 더 많은 작품을 남겼다면 영국 음악사가 달라지지 않았을까.

● **에드워드 엘가, 2부합창곡 작품26 1번 눈**
Edward Elgar, 2 Partsongs Op.26
No.1 The Snow

> 음악은 공기 중에 있다. 세상은 음악으로 가득 차 있다. 갖고 싶은 만큼 가지면 된다. ― 엘가

엘가는 헨리 퍼셀을 잇는 또 다른 영국 작곡가다. 헨리 퍼셀은 1659년, 에드워드 엘가는 1857년 출생으로 둘 사이에는 상당한 시차가 존재하지만, 영국 클래식 음악사는 그사이가 공백기에 가깝다. 「사랑의 인사」로 잘 알려진 엘가는 20세기 전반 영국에서 가장 영향력 있는 작곡가로 꼽히며, 영국 음악의 위상을 다시금 전 세계에 알린 작곡가이기도 하다.

그는 관현악이나 오라토리오, 가곡 등 다양한 장르의 곡을 작곡했으며, 조국인 영국의 색깔을 잘 그린다는 평을 받는다. 사실 그는 민속 선율을 직접 차용하지는 않았으나, 곡 전체에서 느껴지는 영국 특유의 서정성과 억양을 잘 살려 가사를 배치한 센스 덕에 이러한 평가를 받았다. 같은 시기에 인상주의나 12음기법 등 현대음악으로 향하던 다른 유럽 대륙의 나라와 달리 고전주의와 낭만주의 음악의 담백함을 그려 냈다는 점에서 그가 지극히 '영국스러운' 음악을 했다고 이야기할 수 있다.

추위가 조금씩 누그러지는 이맘때에 엘가가 그린 눈을 만나 보길 바란다. 엘가가 「사랑의 인사」의 작곡가 정도로만 알려졌다는 사실이 안타깝게 느껴질 만큼 이 성악곡의 매력에 빠지게 될 것이다.

프란츠 슈베르트, 교향곡 8번 미완성 작품759 Franz Schubert, Symphony No.8 Unfinished D.759

> 이 곡은 양식적으로는 분명히 미완성이지만 내용으로는 결코 미완성이 아니다. — 브람스

하나의 곡이 온전한 음악으로서의 가치를 가지려면 어떤 조건이 필요할까? 완벽한 종지로 마무리되고, 창작자의 독창성이 들어가야 한다는 등 여러 가지 조건이 있을 것이다. 그러나 '미완성' 상태인 작품은 온전하지 않음에도 우리의 관심을 끈다. 일반적으로 완결되지 않은 곡에는 작품 번호를 붙이지 않는다. 그런데 절반만 작곡된 상태로 남은 곡에 작품 번호가 붙은 경우가 있다. '미완성 교향곡'이라는 제목으로 더 잘 알려진 슈베르트의 교향곡 8번이다.

곡을 완성하지 못한 이유에 대해 많은 사람이 의문을 품었는지, 나머지 두 악장의 행방과 관련해 여러 이야기가 존재한다. 다른 작곡가가 시샘하여 악보를 훔쳐 갔다는 등의 소문이 돌았지만 결국 가장 유력한 설은 슈베르트가 나머지 악장을 작곡하는 것을 잊어버렸다는 것이었다. 기존 교향곡 형식이 별로 남아 있지 않지만, 그 안에서도 균형을 갖추고 있어 하나의 작품으로 인정받는 이 곡은 슈베르트가 젊은 나이에 병으로 세상을 떠났기에 유작으로 오해를 사곤 하지만, 슈베르트는 이후에 9번 교향곡을 작곡했다.

베토벤은 자신이 죽기 전에 만난 슈베르트에게 "자네는 꼭 훌륭한 음악가가 될 걸세"라고 이야기했다고 한다. 완성된 음악이란 무엇일까? 미완성을 완성으로 만든, 불가능을 가능케 한 작곡가 슈베르트는 자신이 존경했던 베토벤의 말대로 정말 훌륭한 작곡가라고 평가받을 만하다.

3월

윤이상, 예악
Isang Yun, Reak

「예악」은 동아시아 작곡가들이 언제나 돌아가서 배워야 할 차원 높은 출발점. — 니시무라 아키라, 작곡가

같은 호스텔에 묵던 외국 친구들에게 한국 음악을 소개할 일이 있었다. 급한 마음에 "두 유 노우 BTS?"라고 던졌는데, 음악을 공부했다는 사람치고 얕은 질문에 스스로 크게 실망했다. BTS는 나중에 슬쩍 물어보고 조금 다른 뮤지션을 소개해 줄걸……

사실 한국 음악을 소개하기 모호할 때가 많다. 국악이 우리 음악인가? 현대 작곡가의 음악이 한국 음악인가? 그것도 아니라면, 케이팝이 진정한 한국 음악인가? 한국 음악을 하나로 정의하기는 어렵지만 그렇다고 계속 피할 수는 없는 노릇이다.

이는 작곡가 윤이상이 살던 시대부터 있었던 오래된 고민이다. 한국인이지만 서양음악 전통을 잇고자 했던 윤이상의 음악은 한국 음악일까 아닐까. 1966년 독일 도나우에싱겐에 처음으로 울려 퍼진 「예악」은 많은 사람에게 생각할 거리를 던져 주었다. 국악에서 음악의 시종을 알리는 박이 경쾌한 소리로 도입부를 장식한 것은 물론이고 여러 국악기와 서양 악기 그리고 지휘자의 모습이 생경한 풍경과 소리를 만들어 냈던 것이다. 육체의 고향과 자신의 음악이 맞닿는 지점을 찾고자 부단히 노력한 윤이상. 그 결과물이 「예악」이었다. 이 작품은 정답도, 이상향도 아닐지 모르지만 같은 고민을 하는 많은 작곡가에게 귀감이 되었다. 너른 들에 선을 한 줄 긋는 것만으로도 균형을 잡을 수 있다.

● **아르칸젤로 코렐리, 합주협주곡 작품6 4번**
Arcangelo Corelli, Concerto Grosso Op.6 No.4

코렐리만큼 열정적으로 바이올린을 연주하는 이를 본 적이 없다. 그의 눈은 종종 불처럼 붉게 타올랐다. ― 프랑수아 라그네,『음악과 오페라에 대한 프랑스와 이탈리아의 비교』

코렐리는 작곡가이자 바이올리니스트로, 바이올린이 새로운 악기로 등장했을 무렵 다수의 바이올린곡을 작곡해 악기사에 길이 남았다. 우리가 흔히 아는 독주 악기와 오케스트라가 합쳐진 협주곡이 아니라, 작은 악기군과 큰 악기군이 합쳐진 합주협주곡 역시 코렐리에 의해 만들어졌다. 오늘날까지도 코렐리는 전설적인 바이올리니스트 파가니니와 함께 언급되곤 한다.

현악기는 굉장히 원초적인 악기다. 원래 동물의 내장으로 만들던 현은 오늘날 나일론이나 쇠로 대체되었다. 특히 바이올린의 현은 손으로 뜯거나 활로 문지르는데, 다양한 연주법은 풍부한 음색을 낳았다. 코렐리의 바이올린곡을 들으면 이 악기의 진가를 막 알아본 사람의 모험심이 느껴진다. 이렇게 연주하면 아름다운 소리가 나고, 저렇게 연주하면 극적 표현이 가능한 악기를 그냥 두지 못했을 것이다. 현대음악에서는 바이올린을 씹고 뜯고 맛보고 즐긴다면, 합주협주곡에서는 전형적이고 오래된 전통이 처음 생겨날 때의 모습을 살펴볼 수 있다.

볼프강 아마데우스 모차르트, 플루트협주곡 1번 작품313/285c
Wolfgang Amadeus Mozart, Flute Concerto No.1 in K.313/285c

내가 싫어하는 악기를 위해 작곡하는 것은 정말 힘든 일이에요. — 모차르트가 아버지에게 보낸 편지

모차르트가 활동할 당시만 해도 플루트는 정확한 소리를 구사하기 어려운 악기여서 웬만한 목관악기의 역할은 오보에가 맡았다. 그러나 만하임으로 여행을 갔을 때 모차르트는 궁정 플루티스트인 벤들링을 비롯해 몇몇 훌륭한 연주자와 사귀게 되었고, 이를 계기로 플루트곡을 위촉받게 되었다.

모차르트가 플루트를 싫어했다는 것은 잘 알려진 사실이다. 만하임에서 벤들링을 만났을 무렵 아버지 레오폴트에게 보낸 편지에서 모차르트는 플루트에 대한 비호를 그대로 드러냈는데, 설령 모차르트가 플루트라는 악기에 부정적이었다고 하더라도 아버지에게 부린 투정과 달리 모차르트의 플루트협주곡은 상당히 아름답다. 그래서 플루티스트는 종종 딜레마에 빠진다. 모차르트가 싫어한 악기라는 오명에도 불구하고 그의 협주곡을 연주하는 상황에 놓이는 것이다.

구스타브 홀스트, 행성 모음곡 작품32
Gustav Holst, The Planets Op.32

> 하늘과 일치를 이루는 음악은 순간적인 스릴도, 시간에 구애받는 것도 아닌 영원의 조건이다. — 홀스트

당시 음악가 사이에서 점성술과 신비주의는 큰 관심사였다. 오늘의 주인공 홀스트 역시 점성술의 아버지라 불리는 앨런 레오의 저술을 읽고 점성술에 매료되었다. 이전부터 친구들에게 장난삼아 별점을 봐 주는 등 우주에 남다른 관심이 있었던 그는 본격적으로 점성술을 배우기 시작했고, 이듬해 각 행성의 특징을 음악으로 해석한 『행성』 작곡에 착수했다.

모음곡은 우리가 흔히 아는 것과 달리 화성, 수성, 금성, 토성, 천왕성, 해왕성의 순서로 되어 있다. 그러니까 과학적 배치가 아닌 점성술 배치를 채택한 것이다. 당시만 해도 명왕성이 발견되기 전이라 모음곡에는 해왕성까지만 있지만, 1930년 명왕성이 발견된 후에도 홀스트는 명왕성을 모음곡에 추가하지 않았다. 점성술의 범위에 명왕성이 포함되지 않기 때문이다. 원곡자의 고집에도 불구하고 작곡가 콜린 매슈스가 「명왕성, 새롭게 하는 자」를 작곡해 지구를 제외한 완벽한 태양계 행성을 완성하려 했으나, 2006년 명왕성이 다시 외행성으로 분류되는 바람에 결국 『행성』은 그 자체로 남게 되었다.

랠프 본 윌리엄스, 종달새의 비상
Ralph Vaughan Williams, The Lark Ascending

그는 일어나서 빙글빙글 돌기 시작한다. 은으로 된 소리의 고리를 떨어뜨리며 울고, 휘파람 불고, 비방하고, 흔들어 놓는다. —「종달새의 비상」악보 첫 장에 적힌 시구

부모님과 사는 전원주택에는 갖가지 새가 놀러 온다. 집 앞 큰 아카시아나무에는 까치 가족이 둥지를 틀었는데, 나뭇가지를 옮기며 부지런히 집을 지을 때부터 봐서인지 유독 애착이 간다. 평화로운 까치집과 우리 집의 천적은 다름 아닌 물까치다. 이놈들은 시도 때도 없이 정원의 애기사과와 블루베리를 따 먹는다. 정원을 돌아보고 있을 때 뒤통수를 날개로 치고 가는 건 기본이고(정말 퍽! 소리가 난다) 을씨년스러운 소리를 지르며 영역 표시를 하기도 한다. 정원에 찾아오는 낯선 새를 경계하기 시작한 것은 다 물까치 때문이다.

어느 겨울 새 한 마리가 굴뚝에 갇히는 사고가 발생했다. 처음에는 물까치인 줄 알고 또 말썽을 부린다며 짜증을 냈는데, 꺼내고 보니 종달새였다. 종달새는 머리 위에 달린 투구로 쉽게 알아볼 수 있다. 뾰족한 머릿깃을 흔들어 재를 털어 낸 종달새는 뒤도 돌아보지 않고 비상했다. 다시 찾아오지 않을까 했는데 한 번도 보이지 않는 것이 굴뚝이 두렵나 보다. 특이한 생김새와 경쾌한 울음소리가 특징인 종달새는 아마 예술가가 가장 사랑하는 새가 아닐까 싶다. 종달새를 소재로 한 곡은 하이든의 현악사중주「종달새」와 본 윌리엄스의「종달새의 비상」이 가장 유명한데, 본 윌리엄스가 영국 시인 조지 메러디스의 시에서 영감을 얻어 작곡한 이 곡의 바이올린 선율은 종달새의 지저귐을 연상시킨다.

올리비에 메시앙, 새의 카탈로그
Olivier Messiaen, Catalogue d'Oiseaux

> 불가능성의 매력, 즉 불가능한 것이야말로 매력이다. 불가능해야 해볼 만하다. — 메시앙

요즘을 N잡 시대라고 한다. 자신의 전문 분야 외에 여러 가지 도전을 해 보며 또 다른 업을 갖는다는 뜻이다. 사실 지금의 일자리 기준으로 보자면 과거 대부분의 클래식 작곡가는 N잡러였다. 작곡가이자 동시에 여러 악기에 뛰어난 연주자이기도 하면서 심지어 지휘에도 능했던 음악가 중에서도 특이한 이력을 가진 작곡가가 있다. '조류학자'라는 특이한 타이틀을 가진 프랑스 작곡가 올리비에 메시앙이다.

메시앙은 유년 시절에 여러 지역을 돌아다니며 다양한 새소리를 수집했고, 이를 음과 리듬으로 표현해낼 정도로 조류에 열정을 보였다. 새소리를 음형화해 음악으로 남긴 「새의 카탈로그」는 새를 향한 그의 관심을 확인할 수 있는 곡으로, 클래식 음악에서 일반적으로 사용될 법한 아름다운 새소리를 담고 있지는 않다. '프랑스 작곡가가 그린 새소리라니!' 하며 기대에 가득 차 재생 버튼을 누르지만, 이내 당황하게 된다. 새소리를 미화하기보다 녹음된 그대로 재현한 것에 가깝기 때문이다.

그러나 예상과 다르게 흐르는 것이 이 시대 음악의 아름다움이지 않을까? 음악에 대한 고정관념을 벗도록 도와주고 한 차원 넓게 대할 수 있도록 해 주니 말이다. 소음과 음악의 경계가 흐려지는 순간이다.

프란츠 슈베르트, 아름다운 물방앗간의 아가씨 작품795 17번 싫어하는 색 Franz Schubert, Die schöne Müllerin D.795 No.17 Die böse Farbe

오, 당신의 이마에서 풀어놓으시오, 그 초록, 초록색 리본을. 잘 있어요, 안녕히! 그리고 내게 내밀어 주오, 이별의 손길을! —「싫어하는 색」

'낭만주의'라는 단어를 언제 처음 접했는지 정확히 기억나지는 않지만, 아마도 내 나름대로 '듣기 좋은 아름다운 음악' 정도로 정의했던 것 같다. '낭만'의 뜻을 이해해 보고자 연상되는 이미지를 떠올렸을 때 아름다운 풀밭에서 사랑을 속삭이는 성악곡이 생각났기 때문이다.

슈베르트의 3대 연가곡집 중 하나인 『아름다운 물방앗간의 아가씨』는 한 청년의 여행과 사랑, 죽음을 담은 시를 주제로 작곡한 것이다. 아름다운 물방앗간의 아가씨를 뒤에서 흠모하던 청년은 그 여성이 다른 남성과 사랑에 빠지자 혼자 배신감과 모멸감을 느낀다.「싫어하는 색」은 그가 겪은 실연의 아픔을 담은 곡으로, 여성이 좋아하던 녹색인 잔디에 묻히고 싶어 했던 그에게 녹색은 이제 경멸의 색이다.

낭만에는 슬픔과 기쁨과 사랑 그리고 자연이 스며 있다. 그런 의미에서 슈베르트는 나에게 '낭만'의 작곡가다. 삶이 고달팠던 비운의 천재 작곡가 슈베르트, 음악과 이상을 좇으며 살았던 그조차 낭만적으로 보인다.

● **소피아 구바이둘리나, 샤콘**
Sofia Gubaidulina, Chaconne

> 우리는 이제 심연의 가장자리에 있습니다. ― 구바이둘리나

어느 날, 작곡을 공부하는 중학생이었던 나는 의문이 생겼다. 지금은 훌륭한 여성 연주자를 무대에서 만날 수 있고, 국내에도 누구나 알 만한 여성 연주자가 있으며, 드레스 외에 바지를 선택하며 복장의 자유를 선언하는 연주자가 있는데, 왜 나는 현대 여성 작곡가를 단 한 명도 들어 본 적이 없지? 여성 작곡가를 꿈꾸던 나는 작곡을 배우는 친구 중에도 여성이 많았기에 내가 배운 작곡가가 모두 남자라는 사실이 이상하게 여겨질 수밖에 없었다. 그래서 나와 같은 시대를 사는 여성 작곡가를 찾아보기 시작했고, 소피아 구바이둘리나를 발견했다.

우리와 동시대를 살아가는 소피아 구바이둘리나는 러시아를 대표하는 현대음악 작곡가로, 현대적인 작곡 기법과 자신만의 음악관으로 과거의 음악인 샤콘을 20세기에 다시 썼다. 그러나 그의 샤콘은 일반적으로 떠올릴 법한 비극적인 느낌의 샤콘과는 상당히 다르다. 박자가 일정하지 않으며 어느 부분에서는 재즈 같은 느낌도 든다.

여성의 날, 음악에 자신의 목소리를 담은 소피아 구바이둘리나의 샤콘을 감상해 보자. 이전엔 이름을 내세울 수조차 없었던 여성 음악가들이 오늘날 단단한 음악 세계로 명성을 떨친다는 사실만으로도 용기를 얻게 된다.

안토니오 살리에리, 밤의 사원을 위한 하모니 Antonio Salieri, Armonia per un Tempio della Notte

난 세상의 모든 범인凡人을 대변한다오. 내가 그들의 대변자이지. 난 그들의 수호성인이야. ― 영화『아마데우스』

영화『아마데우스』의 영향인지 많은 이가 살리에리를 모차르트의 욕심 많은 앙숙이자 모차르트에게 자리를 내준 '유행 지난 작곡가' 정도로 생각하는 경향이 있다. 그러나 그는 당대 최고 작곡가의 상징인 궁정악장이었고, 이미 유럽 음악계에 매우 큰 영향력을 끼치던 인물이었다. 모차르트를 죽였다는 소문은 사실무근으로 밝혀졌으며, 다른 뛰어난 작곡가에게 질투를 느끼기보다 투철한 봉사정신으로 후학을 양성하는 데 큰 공헌을 했다. 그러나 현대에 와서 그의 음악은 흥미롭게 들을 만한 부분이 많지 않은데, 영화에서 모차르트의 조롱을 받았던 보수적인 작곡 성향 때문일 테다.

오늘의 곡「밤의 사원을 위한 하모니」는 이러한 그의 성향을 잘 보여 주는 곡으로, 오보에, 클라리넷, 바순, 호른만 사용한 실내악곡이다. 개인적으로 관악곡은 밤에 듣기에 좋은 곡이 많다고 생각하는데, 살리에리 또한 관악기로 밤의 감성을 잘 살린 듯하다. 자극적이지 않고 예상을 벗어나지 않는 움직임으로 오히려 마음에 안정을 주는「밤의 사원을 위한 하모니」로 봄밤의 정서를 흠뻑 느껴 보길 바란다.

세르게이 라흐마니노프, 피아노협주곡 3번 작품30 Sergei Rachmaninoff, Piano Concerto No.3 Op.30

> 피아노협주곡 3번은 코끼리를 위한 곡이다. — 라흐마니노프

특정 음악이 대중에게 인기를 끌게 되는 데에는 여러 과정이 있다. 과거에는 '권력자가 인정한 음악가의 곡' 혹은 '귀족이 사랑한 작곡가의 음악'이 대중에게까지 전해졌다면, 이제는 미디어의 발달로 과거보다 비교적 수월하게 많은 사람이 음악을 접할 수 있게 되었다.

라흐마니노프의 피아노협주곡 3번은 워낙 유명하기도 하지만, 영화 『샤인』에서 '미치지 않고서는 연주할 수 없는 곡'이라는 별명으로 불려 세계적인 인기를 얻었다. 라흐마니노프에게 곡을 헌정받은 친구 요제프 호프만은 자신이 연주할 수 있는 곡이 아니라며 거절했고, 어떤 피아니스트는 "라흐마니노프가 손이 30센티미터에 달하는 자신만 연주할 수 있게 작곡한 곡"이라고 말했으니, 이 곡의 난이도는 더 이상 설명하지 않아도 되리라.

이 곡이 이렇게 연주 도전곡이 된 데에는 그의 손이 매우 컸던 탓도 있지만, 미국 데뷔 무대에서 자신의 기량을 최대한 보여 주기 위해 작곡한 곡이었기 때문이기도 하다. 이 곡으로 미국에서 성공적인 데뷔를 한 이후 곧 러시아혁명이 일어나 대지주 출신인 라흐마니노프와 그의 가족은 재산을 몰수당해 생활이 어려워졌다. 그럼에도 미국에서 계속 러시아를 그리워하고 문화적으로 미국에 동화되지 않으려 했던 라흐마니노프. 정서적으로 가장 안정적이었을 마지막 시기에 작곡한 곡이라 더욱 마음에 깊이 와닿는다.

● 에런 코플런드, 보통 사람을 위한 팡파르
Aaron Copland, Fanfare for the Common Man

> 음악을 멈추는 것은 제게 시간을 멈추라는 것과 같습니다. 믿을 수 없고 상상하기도 싫은 일이죠. ― 코플런드

세계대전 이후 많은 나라가 전쟁의 뒷수습으로 바쁠 때 미국은 산업, 예술, 과학 분야에서 눈부신 전성기를 맞이했다. 미국에서 활약하던 예술가는 대부분 나치를 피해 망명한 유대인이었고, 이에 미국은 미국인 예술가를 애타게 찾았다. 브루클린에서 태어난 미국인 에런 코플런드는 이런 상황에 아주 적합한 음악가였다.

 곡명을 확인하고 매우 당황스러웠다. 「보통 사람을 위한 팡파르」라니? 그럼 이제까지의 팡파르는 누구를 위한 것이었나. 이 곡은 신시내티 심포니오케스트라의 지휘자 유진 구센스의 요청으로 작곡되었다. 제목은 당시 미국 부통령 헨리 월리스의 연설에서 영감을 얻은 것으로, 월리스는 "보통 사람을 위한 세기의 시작"을 이야기했다. 당시 제2차세계대전이 한창이었으므로 구센스는 '군인을 위한 팡파르'라고 제목을 붙이자고 건의했으나, 코플런드는 '보통 사람을 위한 팡파르'로 명명했다. 아주 마음에 드는 제목은 아니지만, 누군가 나 같은 일반 소시민을 위해서 팡파르를 울려 준다니 은근 기분이 좋다. 정말 보통 사람에게 헌정된 팡파르니까.

● **프란츠 요제프 하이든, 첼로협주곡 1번**
Franz Joseph Haydn, Cello Concerto No.1

나는 빨리 곡을 쓰는 작곡가는 결코 아니지만 늘 대단한 신경과 노력을 기울인다. ― 하이든

하이든은 평생 두 개의 첼로협주곡을 작곡했는데, 오늘의 곡인 1번은 약 200년간 숨어 있다가 20세기 중반에야 발굴되었고, 2번은 오랫동안 다른 작곡가의 곡으로 오해받다 비로소 하이든의 곡으로 판명되었다. 하마터면 하이든이 남긴 첼로협주곡 두 곡을 모두 듣지 못할 뻔한 것이다. 첼로협주곡 1번은 바로크와 고전 사이를 넘나드는 과도기적 성향을 띤다. 여기에서 느껴지는 불확실성이 바로 이 곡의 매력이다.

하이든을 설명할 때면 늘 모차르트나 베토벤이 함께 등장한다. 하이든은 두 후배 작곡가보다 못한 작곡가로 인식되는 경향이 있는데, 어쩌면 '교향곡의 아버지'라는 별명 때문이 아닐까 싶다. 하이든을 교향곡 빼면 별 볼 일 없는 작곡가로 보이게 만든달까. '음악 신동' '악성'처럼 더 폭넓고 멋진 별명을 붙일 수도 있었을 텐데 너무 무신경했다. 교향곡의 형식을 확립했다는 업적은 분명 엄청난 것이지만, 하이든의 음악 세계를 교향곡으로 다 알 수 있다는 오만은 경계해야 한다. 들어 보면 알겠지만 첼로협주곡도 교향곡만큼이나 훌륭하다!

모리츠 모슈코프스키, 2대의 바이올린과 피아노를 위한 모음곡 작품71 Moritz Moszkowski, Suite for 2 Violins and Piano Op.71

> 모슈코프스키는 포부를 가진 신진 작곡가를 '극단주의자'라고 하면서 "모두가 같은 스타일의 음악을 작곡한다"고 불평했다. ―『뮤지컬 아메리카』

경영대학에 가기 전에 경영 이론을 줄줄이 꿰는 사람은 잘 없다. 공과대학에 입학하기 전에 유의미한 실험을 해 본 사람도 잘 없다. 하지만 음악대학 학생은 입학 전에 이미 전문 음악가로서 훈련이 되어 있다. 그러니까 평생 해 온 것을 대학에 가서 반복하는 셈이다. 그런 그들에게 유일한 변수가 있다면 바로 현대음악이다. 이제껏 듣도 보도 못한 음악을 공부하고, 작곡하고, 연주해야 한다니. 나도 쇤베르크의 곡을 음렬도표*에 정리하면서 상당히 혼란스러웠다.

그 무렵 작곡과 친구는 전자음악을 써야 하는데 죽을 맛이라고 투덜거렸다. 자기는 쇼팽처럼 낭만적인 음악이 좋은데 왜 자꾸 전자음향 가득한 음악만 쓰라는 건지 모르겠다는 이야기였다. 반대로 교단에 있던 모슈코프스키는 무조음악처럼 전위적인 음악에 관심이 많은 학생들 때문에 스트레스를 받았다. 쇼팽과 멘델스존의 영향을 강하게 받은 모슈코프스키는 당시 실험적인 음악을 하는 작곡가, 예컨대 드뷔시와 스크랴빈을 '미치광이'라고 불렀다.** 학문의 흐름을 따라가면 시야가 넓어지고, 자연스레 재미있는 것이 더 잘 보인다. 새로운 것이 항상 좋은 것은 아니지만 말이다.

---

* 12개의 음렬과 그 음렬의 전위, 역행, 역행전위의 세 변형을 나타내는 도표로, 쇤베르크가 고안했다.
** 서하영.「M. Moszkowski Etude Op.72와 F. Chopin Etude Op.10, Op.25의 테크닉 유형별 비교연구 및 연습법 고찰」, 국내 석사학위 논문, 이화여자대학교 공연예술대학원, 2016.

게오르크 프리드리히 헨델, 수상음악 모음곡 작품349 2번 알라 혼파이프 George Friedrich Händel, Water Music Suite HWV.349 No.2 Alla Hornpipe

나는 음악을 즐기기만 하는 것이 아니라 더 좋게 만들고자 한다. — 헨델

Water Music, 수상음악. 이보다 더 직관적인 제목이 있을까. 수상음악은 말 그대로 물에서 연주하는 곡으로, 조지 1세의 뱃놀이를 위해 작곡했다. 하노버 궁정악장이었던 헨델은 자신의 음악 스타일과 하노버는 어울리지 않는다고 생각했고, 과감히 영국으로 건너갔다. 그곳에서 직접 오페라단을 운영하는 등 가장 하고 싶었던 성악을 마음껏 작곡했다. 그러던 어느 날, 승승장구하던 헨델에게 강력한 변수가 생겼다. 하노버 궁정악장 시절 모셨던 게오르크 선제후가 앤 여왕의 뒤를 이어 영국의 왕위를 물려받게 된 것이다. 헨델은 조지 1세의 눈 밖에 나지 않기 위한 방법을 물색했고, 곧 왕이 뱃놀이에 나설 것이라는 정보를 입수했다.

『수상음악』은 각각 F장조, D장조, G장조 모음곡으로 이루어져 있는데, 일각에 따르면 조지 1세가 탄 배의 위치에 따라 곡이 달라졌다고 한다. 그러니까 조지 1세가 오케스트라와 가까워지면 느린 템포의 조용한 곡을, 멀어지면 빠른 템포의 강렬한 곡을 연주했다는 것이다. 어찌 되었든 뱃놀이 이후 음악에 매우 만족한 조지 1세는 헨델을 국가적 재산으로 여겼다. 아부가 제대로 먹힌 모양이다.

● 존 케이지, 풍경 속에서
John Cage, In a Landscape

> 우리가 아무것도 가지지 않았다는 것을 깨닫는 순간 보이는 시가 있다.
> — 케이지

아방가르드한 음악의 대명사로 자리 잡은 존 케이지는 1952년 『4분 33초』라는 획기적인 작품으로 세간의 이목을 집중시켰다. 그는 피아니스트가 건반을 치지 않고(당연히 소리도 안 난다) 그저 4분 33초 동안 가만히 앉아 있는 모습을 청중에게 보여 준다. '아무것도 하지 않음'이 원인이 되어 웅성거리는 소음이 생겨나고, 소음은 또 다른 원인이 되어 『4분 33초』라는 작품을 낳았다.

미니멀리즘이 돋보이는 피아노 독주곡 「풍경 속에서」는 무용에 우연기법을 도입한 무용가이자 안무가 머스 커닝햄의 안무를 위해 작곡했다. 음악에서 존 케이지가 우연에 의존했듯이 머스 커닝햄은 무용의 각기 다른 양상을 나타내는 도표를 만든 후 동전을 던져서 동작의 순서를 정했다* 흥미로운 것은 케이지와 커닝햄이 서로 따로따로 작업을 했다는 것이다. 이는 음악과 춤 사이에 공통된 유일한 것이 시간이라는 생각 때문이었다고 한다.

---

* 칼빈 톰킨스, 송숙자 옮김, 『아방가르드의 다섯 노총각들』, 현대미학사, 1993.

볼프강 아마데우스 모차르트, 마술피리— 어떻게? 어떻게? 어떻게? Wolfgang Amadeus Mozart, Die Zauberflöte —Wie? Wie? Wie?

모험을 하지 않는다면 승리도 없지! 가자, 나의 사랑스러운 종. 종을 울리자, 종을. —『마술피리』

중학교 2학년 때 담임이 성악을 전공한 음악 선생님이었다. 선생님은 다른 반에서는 하지 못하는 음악적 경험을 하게 해 주셨고, 그 덕에 우리 반은 다양한 방식으로 음악을 만날 수 있었다. 그중 가장 기억에 남는 것이『마술피리』를 직접 기획하고 의상부터 연기, 노래까지 다 준비해 공연을 올린 일인데, 음악 수업에 흥미가 없던 친구들도 이때만큼은 열정적으로 참여했다. 그때 같은 반이었던 친구들을 만나면 아직도『마술피리』의 줄거리를 꿰고 있으니, 선생님이 학생들에게 나름 좋은 방식으로 음악을 가르쳤다고 할 수 있겠다.

내 친구들도, 심지어 나도 그랬듯이 많은 이가 오페라『마술피리』를「밤의 여왕 아리아」로 접했을 것이다. 모차르트가 생을 마감하기 두 달 전에 완성한 오페라이자 여러 은유적 표현으로 프리메이슨의 요소가 가미되었다고 여겨지는『마술피리』는 신비롭고 가볍지만 어딘가 그로테스크한 분위기가 흐른다.

요하네스 브람스, 클라리넷오중주 작품115
Johannes Brahms, Clarinet Quintet Op.115

> 정말 굉장한 작품입니다. 비탄에 젖은 듯한 클라리넷이 마음을 사로잡습니다. 가슴 뭉클하게 하는 그것은 진정한 음악이며, 깊고 풍부합니다! — 클라라 슈만

클라리넷을 인성人聲과 가장 닮은 악기라고 많이들 이야기한다. 음역대가 사람의 목소리와 비슷해 편안하게 듣기 좋은 음색이라는 것인데, 그래서인지 말년에 클라리넷의 매력에 빠지는 작곡가가 많은 듯하다. 모차르트는 말년에 클라리넷 연주를 듣고 깊은 감명을 받아 클라리넷오중주를 남겼고, 브람스 또한 후반에 클라리넷 작품을 여럿 작곡했다.

1891년, 쉰일곱 살의 브람스는 현악오중주를 작곡한 후에 작곡에 대한 깊은 고민과 절망에 빠졌다. 유서까지 써 놓고 절필 선언을 했다니, 그가 음악가로서 그리고 한 인간으로서 얼마나 깊은 고민에 휩싸였는지 더 설명하지 않아도 될 듯하다. 그러나 그는 우연히 클라리넷 연주자 리하르트 뮐펠트를 만났고, 평생 애정했던 클라리넷 선율에 자극을 받았다. 바로 작곡을 시작해 뮐펠트에게 헌정한 이 곡은 브람스 특유의 심오한 분위기에 노년의 완숙미가 더해져 '브람스스러움'의 정점을 찍는 곡으로 평가된다.

인생에서 누구나 힘든 시기를 겪기 마련이다. 그러나 공이 바닥에 떨어지면 다시 튀어 오르듯, 낮아지면 다시 높아지는 순환의 고리는 어디에나 존재한다. 많은 대곡을 작곡한 브람스이지만 이 곡이야말로 '브람스답다'는 평을 받는 것처럼 말이다.

● **안토니오 비발디, 오보에협주곡 작품454**
Antonio Vivaldi, Oboe Concerto
RV.454

봄이 다가오고 있다. 새들은 축제 노래로 그녀의 귀환을 축하하고, 중얼거리는 개울물을 산들바람이 부드럽게 어루만진다. ― 비발디

보통 '협주곡' 하면 떠오르는 그림이 있다. 독주 연주자가 거대한 오케스트라를 배경으로 앞에 나와 격정적으로 연주하는 모습이다. 그런데 바로크 시대 협주곡은 굉장히 다른 그림이 눈앞에 펼쳐진다. '오케스트라가 아니라 실내악인가?'라는 생각이 들 정도로 약소한 오케스트라와 독주 위주가 아니라 오케스트라와 말을 주고받듯 진행되는 모습이 약간 생소하게 느껴진다.

바로크를 대표하는 작곡가 비발디의 오보에협주곡도 이와 같다. 이를 '합주협주곡'이라고 부르는데, 우리가 현재 아는 협주곡의 전신이다. 독주가 비교적 자유로운 고전주의와 낭만주의 시대 협주곡보다 훨씬 형식을 갖추었으며 빠르기 또한 정해져 있고, 독주를 뒷받침하는 악기 또한 움직임이 자유롭지 않다.

음악 형식의 변화는 음악 역사를 반영한다. 이 변화에는 악기나 사회상 등 여러 요소가 복합적으로 작용하기 때문이다. 우리 귀에 가장 익숙한 오보에협주곡인 엔니오 모리코네의 「가브리엘의 오보에」를 떠올려 보자. 언뜻 듣기에 같은 독주 악기를 사용하고 협주곡 형식을 취했다는 점에서 큰 차이가 느껴지지 않지만, 그 속에 존재하는 수백 년의 시간과 크고 작은 변화는 음악사가 꾸준히 변화를 겪어 왔음을 보여 준다.

퍼시 그레인저, 스트랜드가의 헨델
Percy Grainger, Handel in the Strand

> 음악이 있는 곳에 악이 있을 수 없다. — 세르반테스, 『돈키호테』

예전에 3월은 두꺼운 옷을 입고 입김을 불 만큼 추웠다. 그러나 이제는 벚꽃이 3월에 필 정도로 해마다 따뜻해지는 시기가 앞당겨지고 있다. 환경단체는 지구온난화와 기후변화 때문이라고 분석하며 모두가 지구를 위해 편리함을 양보해야 할 때라고 이야기한다. 클래식 음악가 중에도 환경운동에 일찍부터 참여한 사람이 있으니, 바로 오늘의 작곡가 퍼시 그레인저다.

    오스트레일리아 태생인 그는 연주 여행을 다닐 때면 기차를 타지 않고 두 발로 걸어서 이동하고 채식을 지향하며 자연과 가깝게 생활했다고 전해진다. 그의 음악은 심오하고 어둡기보다 밝고 경쾌하며, 20세기에는 '철 지난' 음악이라 평가받던 자연의 아름다움을 담은 낭만주의 계열이다. 화려함보다 소박함을, 명성보다 자신의 불편함을 택한 작곡가 그레인저의 음악에서 봄 내음이 물씬 풍기는 듯하다.

펠릭스 멘델스존, 바이올린협주곡 작품64
Felix Mendelssohn, Violin Concerto Op.64

> 비록 다른 것은 얕고 혐오스럽게 보일지언정 음악은 그 속의 작은 일조차도 우리를 마을과 나라와 땅과 모든 세상으로부터 멀리까지 데려다주므로 그것은 참으로 하나님의 축복이다. ― 멘델스존

초등학교 때 세계 최고의 바이올리니스트가 되겠다는 꿈을 안고 열심히 서초동으로 레슨을 다니던 시절이 있었다. 몸통보다 큰 바이올린 케이스를 등에 업고 마스터 클래스에 참여했던 어린 날의 내가 꼭 연주하겠다 다짐했던 곡은 멘델스존의 바이올린협주곡이었다. 나보다 나이가 많은, 당시로는 나의 롤 모델이었던 중학생 바이올리니스트가 콩쿠르에서 1위를 하고 힘차게 독주하던 모습을 보고 꿈을 키웠던 것이다. 그렇게 어릴 때부터 나에게 바이올린의 정체성과도 같았던 곡이 바로 이 곡이다.

바이올리니스트 요제프 요아힘이 '독일인이 마음속에 가지고 있는 네 개의 바이올린 협주곡 중 가장 보석 같은 작품'이라고 말한 멘델스존의 바이올린 협주곡. 교과서가 중요하고 다룰 만한 가치가 있는 내용으로 구성되듯 바이올린 학도가 배우는 곡에 빠지지 않고 등장한다면 분명히 역사적으로 의미 있는 곡이다.

스콧 조플린, 수월한 승리자
Scott Joplin, The Easy Winners

래그타임을 빨리 연주하는 것은 옳지 않다. — 조플린

어릴 적 피아노학원에서 배웠던 곡 중 가장 좋아했던 곡은 「고양이 춤」과 영화 『스팅』에 삽입된 「엔터테이너」였다. 집에 와서 온종일 「엔터테이너」를 연습하고 있으면 엄마가 다른 곡도 연주해 보라고 부추겼다. 그때 초등학생인 내가 자신 있게 꺼내 든 악보가 조플린의 또 다른 곡 「수월한 승리자」였다. 엄마는 바흐나 모차르트를 원했을 텐데, 눈치가 없었다.

두 곡은 모두 래그타임으로, 래그타임이란 훗날 재즈에 영향을 주는 연주 스타일이다. 경쾌한 선율과 당김음이 특징인데, 강약 조절 같은 스킬보다 연주 자체를 신나게 할 수 있어서 아이들에게 특히 인기가 많다. 래그타임의 왕이라 불리는 스콧 조플린은 어머니가 일하던 부유한 백인 가정집에서 피아노를 치곤 했다. 일곱 살에 스스로 피아노 연주법을 익힌 그를 위해 흑인 노동자였던 부모는 돈을 모았다. 어려운 환경이었음에도 조플린의 재능을 외면하지 않은 부모 덕에 오늘날 피아노를 배우는 수많은 아이들은 즐겁게 래그타임을 연주할 수 있게 되었다.

● **아람 일리치 하탸투랸, 스파르타쿠스 — 스파르타쿠스와 프리기아의 아다지오**
Aram Iliich Khatyaturyan, Spartacus — Adagio of Spartacus and Phrygia

『스파르타쿠스』는 엔터테인먼트에 필요한 모든 것을 갖추고 있다! — 스탠리 큐브릭

검투사 스파르타쿠스가 살던 로마는 포에니전쟁 이후로 번영한 사회였다. 둘 중 한 명은 반드시 죽어야 하는 극한의 오락인 검투가 유행했던 것도 당시 사회가 부유층에게 너무 많은 권력을 부여하고, 전쟁으로 차고 넘칠 만큼 노예가 많았기에 가능한 일이었다. 스파르타쿠스는 그런 무자비한 사회구조를 바꾸고자 반란을 일으켰다. 기록에 따르면 스파르타쿠스는 몇십 명의 동료 검투사와 함께 검투사 양성소를 탈출해 노예들을 모았다. 결국 반란은 실패로 돌아갔지만 스파르타쿠스는 무모할 정도의 용기로 많은 예술가에게 영감이 되었다.

하탸투랸은 1954년에 이 스토리를 바탕으로 한 그리고로비치의 대본에 음악을 입혀 3막짜리 발레『스파르타쿠스』를 선보였다. 3막에서 스파르타쿠스와 연인인 프리기아가 함께 추는 춤에 사용된「스파르타쿠스와 프리기아의 아다지오」는 BBC 방송의 드라마 주제곡으로 쓰이는 등 많은 인기를 불러 모으며 하탸투랸의 대표곡으로 자리매김했다. 평생 다른 이의 즐거움에 목숨을 걸고 봉사했던 스파르타쿠스의 사랑은 타인이 아닌 스스로를 위한 것이라는 점에서 반란과 비슷하다.

레오 들리브, 코펠리아
Léo Delibes, Coppélia

> 오, 나의 독자여! 그러면 그대는 현실의 삶보다 더 기이하고 광적인 것은 없다고 생각하게 될지도 모른다. — 호프만, 「모래 사나이」

1738년 4월, 파리 롱그빌 호텔에 설치된 기계인형은 꼭 사람처럼 생긴 데다가 사람과 똑같이 입김을 불고 손가락을 움직여 무려 열네 곡의 플루트곡을 연주했다. 이 놀라운 광경을 보기 위해 몰려온 관중은 기계가 정말 연주를 하는 것인지, 사람이 기계 시늉을 내는 건 아닌지 아주 면밀하게 살펴봤다고 한다. 자신과 닮은 기계가 스스로 움직이는 걸 처음 본 인간에게 기계인형은 큰 관심거리일 수밖에. 인간을 흉내 낸 기계인형은 곧 경외의 대상이자 두려움의 대상이 되었다.

호프만은 기계인형이라는 소재를 사용하여 환상적이고도 그로테스크한 세계관을 만들어 냈다. 기계인형 세계관은 발레는 물론 오페라로도 만들어졌다. 환상적인 이야기를 잘 쓰는 작가를 보면 평소에 어떤 생각을 하고 사는지 그렇게 궁금할 수가 없다. 끝없는 상상력과 여유는 어디에서 나올까. 나는 상상은커녕 내일 점심 메뉴를 생각하기도 벅찬데. 호프만의 소설을 바탕으로 한 발레극 『코펠리아』는 코펠리우스 박사가 만든 기계인형 코펠리아에게 반한 남자의 이야기로 시작된다. 비인간과 사랑에 빠지는 스토리가 진부하긴 해도 여전히 흥미롭다.

● **알렉산드르 글라주노프, 첼로와 오케스트라를 위한 2개의 소품 작품20**
Aleksandr Glazunov, 2 Pieces for Cello and Orchestra Op.20

> 음악은 모든 예술 중에서 가장 시적이고 정확하며 꿈처럼 모호하나 대수처럼 정확하다. ― 모파상

클래식 음악이 대중적으로 인기 있는 분야는 아니다 보니 일반인에게 인기 있는 곡을 '대중픽'이라고 따로 빼서 이야기하기도 한다. 국민 프로듀서의 선택을 받은 대표적인 작곡가로 쇼팽, 드뷔시, 차이콥스키 등이 있는데, 보통 교향곡보다는 연주 길이가 짧은 작은 소품이 인기가 많다.

아마 국민 프로듀서가 글라주노프의 음악을 듣는다면 바로 '픽'할지도 모르겠다. 낯선 이름이라 잘 알려지지 않았지만, 글라주노프의 음악도 만만치 않게 낭만적이고 민족적이며 선율이 부드럽다. 사실 글라주노프는 차이콥스키에게 자신의 교향곡 3번을 헌정하는 등 그와 가깝게 지냈다. 그래서 러시아 민족음악을 부흥하고자 한 러시아 5인조와 달리 조금 더 서유럽에 가까운 정통 클래식을 지향했지만, 러시아 작곡가의 작품에서 러시아 느낌이 전혀 안 나기란 쉽지 않다. 듣자마자 러시아 음악이라는 생각이 든다. 모든 것이 적절해서 적절한 음악. 플레이리스트에 넣어 두고 반복 재생하며 듣기 좋은 곡이다.

루트비히 판 베토벤, 아델라이데 작품46
Ludwig van Beethoven, Adelaide Op.46

> 빛나는 여울 속에도, 알프스의 눈 속에도, 해 질 무렵 황금빛 구름 속에도, 밤하늘 별밭 속에도 그대 모습은 빛나네. 아델라이데! ―「아델라이데」

시인 프리드리히 폰 마티손이 쓴 동명의 시를 가사로 작곡해 마티손에게 헌정한 베토벤의 「아델라이데」는 화자가 갈망하는 아델라이데라는 여성의 아름다움을 찬미하는 내용이다. 빛나는 여울, 알프스의 눈, 밤하늘 별밭 등 아름다운 시어는 오로지 여성의 아름다움을 묘사하기 위해 봉사한다.

특히 독일 테너 가수 프리츠 분더리히의 육성으로 듣는 「아델라이데」는 코끝이 찡할 정도로 아름다운데, 비록 의미를 모른대도 그 감정을 표현하고자 하는 분더리히의 노력이 전해지는 것만으로 충분하다. 36년의 짧은 삶을 살다 간 분더리히, 그의 일생을 담은 다큐멘터리에 의하면 젊은 청년의 목숨을 앗아 간 것은 꽉 묶지 않은 신발 끈이었다. 계단을 내려오던 분더리히는 헐거운 신발 때문에 발을 헛딛었고, 설상가상으로 난간이 고정되어 있지 않아 그대로 추락했다. 그렇게 삼십대에 멈춘 「아델라이데」의 화자는 음반 속에서 영원히 아델라이데의 아름다움을 노래한다. "언젠가 내 무덤에 재가 된 내 심장의 꽃이 피어날 거야. 그 보랏빛 꽃잎 하나하나에서 아델라이데, 네 이름이 또렷이 빛나네."

클로드 드뷔시, 렌토보다 느리게
Claude Debussy, La Plus que Lente

다른 예술에 비해 음악은 자유에 더 많은 중요성을 부여한다. 자연의 일정한 법칙에 통제받기보다는 자연과 상상 사이의 미묘한 상호작용 속에서 활동하는 자유를 나는 원한다. — 드뷔시

작곡가의 후기 작품을 보는 것은 참 흥미로운 일이다. 창작자로서 그들이 어떤 삶을 겪고 어떤 과정을 거쳐 완숙기에 이르러 어떤 음악관을 갖게 되었는지 잘 드러나기 때문이다. 드뷔시도 마찬가지다. 이 곡은 드뷔시가 마흔여덟 살에 작곡했는데, 56년이라는 길지 않은 삶을 산 그의 입장에선 후기 작품이라 볼 수 있다. 정제된 삶 혹은 전형적인 삶을 거부했던 그는 음악에서도 이러한 성향을 보였는데, 이는 그의 후기 작품에서도 찾아볼 수 있다.

「렌토보다 느리게」. '매우 느리게'라는 뜻인 렌토보다 더 느리게 치라는 제목과 달리 이 곡은 사실 느리게 연주하는 곡이 아니다. 오히려 빠르기말을 보면 느린 템포 안에서 부드럽게 속도를 조절하라고 적혀 있다. 실제로 들어 봐도 코끼리의 발소리처럼 느리기보다는 물결처럼 잠시 흐르다 멈추고, 다시 흐르다 멈추기를 반복하는 자유로운 음악에 가깝다.

드뷔시가 인상주의를 확립하고 안정적으로 자신의 음악관을 세운 시기에 작곡한 곡이라 연구자 입장에서는 딱히 색다른 지점이 없다고 볼 수도 있겠으나, 연구의 대상이거나 역사에 기록될 만한 음악이 아니더라도 우리에게 즐거움을 줄 수 있지 않은가? 음이 흐르고 멈추는 그 호흡을 연주자와 함께 느껴 보길 바란다.

● **프랑수아 쿠프랭, 클라브생 작품집 3권 14-1번 사랑의 꾀꼬리 François Couperin, Troisième Livre de Pièces de Clavecin No.14-1 Le Rossignol en amour**

> 클라브생은 다른 악기에서 거의 찾아볼 수 없는 특별함과 명료함을 가지고 있다. ─ 쿠프랭

음악을 감상하기만 해도 풍경이 떠오르는 곡이 있다. 개인적으로는 바로크 시대의 곡이 그러한데, 밝은 하늘보다 구름 낀 하늘이 떠오르고 화창한 대낮보다 해가 조금 떨어진 3시경의 들판이 떠오른다. 이러한 감각적인 면 때문에 바로크음악, 특히 그 색채가 잘 드러나는 클라브생 음악은 영화를 비롯한 미디어에서 자주 사용되곤 한다.

쿠프랭은 17세기와 18세기 사이에 활동한 프랑스 작곡가로 바흐와 헨델이 그에게 클라브생 음악을 배웠을 정도로 그 분야의 일인자로 불린다. 이쯤에서 질문이 하나 생긴다. "클라브생이라는 악기는 조금 생소한데?"

클라브생은 국가마다 명칭이 다른데, 프랑스어로는 클라브생, 영어로는 하프시코드, 이탈리아어로는 쳄발로다. 클라브생 음악을 작곡하고 연주하는 데 있어 경쟁자가 없을 만큼 뛰어났다는 쿠프랭이 출판한 클라브생 작품집 3권 14번의 첫 곡이 「사랑의 꾀꼬리」다. 연인을 찾는 밤꾀꼬리 소리. 오늘은 조금 밝고 경쾌한 바로크음악을 만나 보자.

● **에설 스미스, 페트 갈랑트**
Ethel Smyth, Fête Galante

3 • 28

아름다운 힘과 의무를 다하는 삶으로, 목소리에 귀 기울여 들으라, 따르라!
우리를 향해 손짓하는 그 목소리! 걷잡을 수 없는 시류에 크게 눈뜰지어다.
— 스미스

1918년은 오랫동안 이어져 온 영국의 여성참정권 운동이 결실을 맺어 서른 살 이상 여성에게 정치참여 권리가 주어진 해다. 여성참정권 운동에서 불린 「여성 행진곡」의 작곡가 에설 스미스는 1912년 시위에서 행진하던 중 유리창을 깨부숴 교도소에 수감될 정도로 여권 향상에 열정적인 음악가였다.

에설은 오페라에 특히 관심이 많았는데, 오늘의 곡인 오페라 『페트 갈랑트』는 그가 작곡한 여섯 편의 오페라 중 다섯 번째 작품으로, 작곡 초기에는 어려움을 겪었다. 작품을 계획한 1919년보다 훨씬 전인 1912년부터 청력 악화가 시작됐기 때문이다.

그럼에도 이 작품은 1921년 영국 국립오페라단의 정식 요청으로 완성되었다. 『페트 갈랑트』는 에설에게도 의미가 있는데, 처음으로 커미션을 받고 작곡한 곡이기 때문이다.

말년에는 청력을 잃어 자신의 곡에 환호하는 청중의 소리도 들을 수 없었다는 에설 스미스. 그럼에도 열 권의 책을 써내고 음악 활동을 한 그에게 박수를 보낸다.

호아킨 로드리고, 4대의 기타를 위한 안달루시아 협주곡 Joaquín Rodrigo, Concierto Andaluz for 4 Guitars & Orchestra

시력의 상실은 나의 정신적인 삶의 질을 발전시켰다. — 로드리고

스페인은 알수록 매력적인 나라인 것 같다. 세계적인 건축가 가우디의 작품을 만나 볼 수 있는 곳이자 피카소의 고향이기도 한 정열의 나라, 심지어 흥미로운 작곡가들의 활동지이기도 하다. 그중 한 명이 오늘의 작곡가 로드리고다. 스페인 발렌시아 지방에서 태어난 로드리고는 세 살에 시력을 잃었지만 발렌시아와 파리에서 꾸준히 음악을 공부해 스페인의 대표 작곡가로 자리매김했다.

시력을 잃은 그는 자신이 피아노를 치면 배우자가 악보를 받아 적는 식으로 작곡을 했는데, 그중에는 점자로 된 악보도 있다. 비교적 편하게 작곡할 수 있는 피아노곡이 아닌 기타곡을 작곡했다는 점에서 로드리고는 위기를 이겨 내고 자신의 음악을 해 나간 작곡가로 평가받는다. 그에게 신체적 결함은 상실이 아닌 발전의 계기가 된 것이다.

● **프랑시스 풀랑크, 플루트와 피아노를 위한 소나타 작품164 Francis Poulenc, Sonata for Flute and Piano FP.164**

내 음악은 나의 초상화다. — 풀랑크

클래식 공연 관련 회사에서 일하다 보면 가끔 연주자 대신 악보를 넘기는 '넘순이 넘돌이'를 해야 하는 상황이 생긴다. 급하게 검은 옷을 챙겨 입고 악보를 받아 들면 아는 곡도 긴장감에 생소하게 느껴진다. 한번은 옆에 있던 동료가 "풀랑크가 아닌 게 어디야!"라고 했는데, 이렇듯 풀랑크는 난해한 곡을 작곡하는 음악가로 알려져 있지만 사실 음악을 들어 보면 과장된 소문임을 알 수 있다.

풀랑크는 프랑스 6인조 중 한 명으로, 비대중에 빠져 있던 당대 낭만주의 음악을 과거 프랑스 음악 정신으로 되돌려 놓자는 신고전주의를 표방했다. 그러니까 어려운 무조음악이나 과도하게 낭만적인 음악 대신 자신만의 확고한 화성 체계로 듣기 좋은 음악을 만들자는 것인데, '난해한 음악'의 기준이 사람마다 다르다고 해도 이들이 표방한 가치를 보면 난해한 음악을 작곡했을 것 같지는 않다.

이 곡은 풀랑크의 신고전주의 특징이 잘 드러난 곡이며, 당대 최고의 플루티스트였던 장피에르 랑팔과 자신이 직접 초연을 했다. 또한 주제 선율을 곡 전체에 걸쳐 모방해 계속해서 순환하는 느낌을 준다. 한마디로 우리에게 생소한 요소가 많이 쓰이지 않았다는 것. 이 음악이 조금 색다르게 들린다면 아마 화성의 사용 때문일 것이다. 풀랑크가 '난해한 작곡가'라는 오명을 벗고 조금 더 친숙하게 다가오는 작곡가가 되기를 바라 본다.

루트비히 판 베토벤, 피아노협주곡 3번
작품37 Ludwig van Beethoven, Piano Concerto No.3 Op.37

음악은 모든 지혜와 철학을 넘어선 계시다. — 베토벤

몇 년 전 집에 놓을 블루투스 오디오를 구입하고자 음향기기 매장을 찾았다. 한참을 구경하다 마음에 드는 것을 발견했는데, 생각보다 고가라 망설여졌다. 문방구에서 파는 싸구려 이어폰만 쓰던 '막귀'에 하이엔드 오디오가 얼마만큼의 효율을 발휘할까⋯⋯ 웬 여성이 같은 자리를 맴도는 것을 보고 판매원이 테스트 차원에서 음악을 들려주겠다며 스마트폰 앱으로 베토벤의 피아노협주곡 3번을 틀었다. 매장이 순식간에 무거운 선율로 뒤덮이자 온몸이 짜릿해졌다. 공연장이 아닌 곳에서 이렇게 크고 선명하게 클래식을 들은 경험이 있었던가. 음악을 뱉어 낸 기계에 빠져 버린 건 비단 나뿐만이 아니었다. 가게에 있던 모든 사람이 한 번씩 그 오디오를 쓰다듬거나 조작해 보기 시작했다. 작곡된 지 200년이 넘은 베토벤의 피아노협주곡 3번이 여전히 사람들의 마음을 움직이고 지갑을 열게 하다니, 놀라운 일이 아닐 수 없었다.

베토벤은 평생 다섯 곡의 피아노협주곡을 남겼다. 그중 유일한 단조 협주곡인 3번은 모차르트와 하이든의 영향을 받은 앞선 두 협주곡에 비해 어둡고 웅장하며 5번 협주곡 「황제」와 더불어 가장 뛰어난 협주곡으로 불린다. 초연까지 1악장을 완성하지 못한 베토벤은 즉흥연주를 선보였고, 이후 뒷부분을 재정비해 출판했다고 한다.

4월

● 로디온 셰드린, 3개의 재미있는 소품
Rodion Shchedrin, 3 Funny Pieces

> 나는 음악은 똑똑해야 한다고 생각하는 사람이다. 물론 한 50퍼센트 정도만. 나머지 반은 멍청할 필요가 있다. ― 로디온 셰드린, 브루스 더피와의 인터뷰

학창 시절 만우절은 꽤 큰 행사였다. 고백의 결과가 좋지 않아도 위로가 되는 유일한 날이었고, 학생들과 친한 선생님은 자진해서 장난에 참여하기도 했다. 하지만 성인이 된 이후에는 만우절을 의식하는 것조차 피곤한 일이 되어 버렸다. 사회에서 만난 '비즈니스적 관계'인 사람에게 섣불리 만우절 장난을 쳤다가는 돌아갈 수 없는 강을 건너게 될지도 모른다.

로디온 셰드린의 『3개의 재미있는 소품』은 말 그대로 재미있는 작업을 담아낸 작품이다. 무대 연주자들은 여태껏 배워 왔던 모든 스킬과 악기에 대한 철학을 버린 채 마구잡이로 활을 내두른다. 때문에 곡을 아는 연주자는 재미있겠지만 청중이 보기엔 다소 당황스러운 장면이 연출되기도 한다. 그러나 그것도 잠시, 청중은 이내 곡에 몰입한다. 그 장황한 퍼포먼스에 압도된다는 것이 더 옳은 표현일지도 모르겠다. 그렇게 거짓말 같은 무대가 끝나면 기립 박수가 나온다. 나의 사회적 페르소나는 만우절을 즐기는 게 유치해 보일 수 있지만, 이어폰을 끼고 만끽하는 장난은 가면을 벗지 않아도 자유롭게 즐길 수 있다. 누구에게 민폐를 끼칠 일도, 사람들과 어색해질 일도 없다!

● **주세페 베르디, 리골레토―가신들, 천벌을 받을 놈들** Giuseppe Verdi, Rigoletto― Cortigiani, vil razza dannata

> 아, 가슴이 미어진다. 마룰로! 당신이라도 제발! ―「가신들, 천벌을 받을 놈들」

세상에 완전무결한 사람도 있을까? 짐작건대 아마 없을 것이다. 일단 나부터 수많은 죄를 지으며 살아왔다. 의도했든 의도하지 않았든 상관없다. 동생의 시선을 따돌리고 마지막 닭다리를 쟁취한 것도 죄라면 죄다. 그래서 뉴스에 나오는 범죄자를 보면서 감히 내가 누군가를 재단할 수 있나 의문이 들 때도 있다. 인간은 절대적 기준으로 분류하기에 적절하지 않은 대상이다.

베르디의 오페라 『리골레토』는 인간의 입체적 면모를 적나라하게 드러낸다. 리골레토는 만토바 공작의 충직한 광대로, 공작의 문란한 사생활을 책임진다. 어느 날 공작의 부하들이 자신의 딸 질다를 공작에게 바친 사실을 안 리골레토는 조력자에서 순식간에 아버지로 변해 딸을 유괴한 신하들에게 악에 받친 저주를 내린다. 아리아「가신들, 천벌을 받을 놈들」은 돈에 눈이 멀어 자신의 딸을 유괴한 신하들에게 눈물 젖은 호소를 하는 늙은 광대의 노래다. 무대에서 딸을 잃을지 모른다는 걱정과 무력감으로 몸부림치는 리골레토와 그를 뒤로한 신하들의 모습은 다수와 개인, 지배자와 피지배자를 연상시켜 다소 폭력적이기까지 하다. 그러나 다시 생각해 보면 이는 자신을 향한 질타이며 호소다. 이제껏 리골레토가 멍들게 했던 수많은 여성과 그 부모의 목소리다. 악과 악의 대립, 희미한 악과 차악 사이에서 뚜렷하게 보이는 희생자는 누구인가.

표트르 차이콥스키, 바이올린협주곡 작품35 Pyotr Tchaikovsky, Violin Concerto Op.35

오늘 아침 나는 불타는 영감 안에서 한없이 타올랐습니다. 내가 작곡한 이 협주곡이 심장을 파고들 만큼 강력한 음악이 될 것이라는 예감이 드는군요. ― 차이콥스키가 후원자 폰 메크 부인에게 보낸 편지

멜로디에 호불호가 갈리는 것은 정말 신기한 일이다. 장르가 아닌 음악적 요소 자체에 관한 기호니까 말이다. 지금까지 차이콥스키의 바이올린협주곡을 싫어하는 사람은 한 명도 만나 보지 못했는데(그래서 초고에는 '차이콥스키의 바이올린협주곡을 좋아하지 않는 사람을 본 적이 없다'라고 썼다), 얼마 전 곡의 주제 선율이 싫다는 사람을 만났다. 역사적인 만남이었다. 이상하게 가슴이 뛰어 대체 왜 싫으냐고 물으니, 이유는 없는데 분위기가 싫다는 추상적인 답변만 돌아왔다. 실망하지는 않았다. 나도 왜 좋으냐고 물으면 별 이유 없이 좋아서 좋은 거라고 대답할 테니까.

차이콥스키는 이 곡을 완성하고 자신의 후원자에게 은근 자랑하는 투의 편지를 보냈다. 오늘 작곡한 이 곡이 장차 엄청난 음악이 될 것이라는 내용이었다. 실제로 엄청나기는 하다. 수많은 명연주자가 이 곡을 연주했고, '들을 만한 음반'이 아니라 '들으면 황홀해지는 음반'이 널렸다. 이렇게 보편적으로 인정받는 대곡을 좋아하지 않는다고 말하는 데는 용기가 필요하다. 특히 클래식의 경우 취향을 존중받지 못하거나 듣는 귀가 없는 것으로 비춰지곤 한다. 그러니까 "감히 이 명작을 싫어해? 아직 들을 줄 모르네" 식의 질책은 그만두는 것이 피차 좋겠다. 클래식 음악이 가진 허울뿐인 권리를 내려놓는 첫걸음은 거기서 시작된다.

● 안톤 루빈시테인, 2개의 멜로디 작품3
1번 멜로디 F장조 Anton Rubinstein, 2
Mélodies Op.3 No.1 Melody in F major

> 피아니스트들은 나를 작곡가라 부르고, 작곡가들은 나를 피아니스트라 부른다. 고전주의자는 나를 미래주의자라 생각하고, 미래학자는 나를 반동분자라 부른다. ― 루빈시테인

호랑이는 죽어 가죽을 남기고 인간은 죽어 이름을 남긴다고 했다. 역사 속 수많은 사람이 자신의 이름을 후대에 전하고자 벌인 전쟁과 음모, 사투를 생각해 보자. 대체 이름이 뭐기에 이토록 많은 사람이 소중한 것을 내걸고라도 남기고자 했을까? 만약 사람의 운명이 이름과 긴밀하다면, 루빈시테인이 바로 그 예가 아닐까 싶다.

    서양음악 역사에서 우리가 만나 볼 수 있는 'Rubinstein'은 세 명이다. 한 명은 러시아 작곡가이자 피아니스트 안톤 루빈시테인, 다른 한 명은 안톤의 동생 니콜라이 루빈시테인, 마지막은 폴란드 작곡가이자 피아니스트 아르투르 루빈스타인이다. 이 셋 중 우리에게 익숙한 인물은 아르투르가 아닐까 싶다. 그리고 이는 아르투르가 눈에 띄게 뛰어나서라기보다 안톤과 니콜라이 형제가 업적에 비해 말 그대로 '이름을 남기지 못해서'다. 루빈시테인 형제는 러시아에 음악학교를 만들었고, 그 학교에서 차이콥스키, 스크랴빈, 라흐마니노프 등 저명한 작곡가가 음악을 배웠다. 이 정도면 루빈시테인 형제가 음악사에 미친 영향이 설명됐으리라 생각한다. 안톤 루빈시테인의 『2개의 멜로디』 중 첫 곡인 「멜로디 F장조」는 단순하지만 밝고 활기차다. 뉴스레터 글릿의 구독자는 원하는 음악을 신청할 수 있는데, 봄만 되면 「멜로디 F장조」가 인기다.

후고 볼프, 뫼리케 가곡집 — 봄이 왔다
Hugo Wolf, Mörike-Lieder — Er ist's

봄이여, 그래 너로구나! 너는 나를 알아보았다. —「봄이 왔다」

4월 5일이면 묘목을 사서 심는다. 잡생각이 사라지고 명상에 가까운 상태로 작업하다 보면 문득 흙과 거리를 두고 살았음을 깨닫는다. 달력에 '식목일'이라 적힌 날에야 흙냄새를 맡으며 봄과 자연을 느끼는 것이다. 봄이라는 계절에 특별함을 더하는 것은 형형색색으로 자연을 물들이는 나무와 흙 내음인 듯하다. 이처럼 떼어 놓을 수 없는 봄과 자연은 오래전부터 예술가에게 영감이 되었다.

독일 예술가곡을 최고 정점으로 끌어올린 작곡가로 평가받는 볼프는 시와 음악을 밀접하게 연결해 시의 심상을 세심하게 표현한 것으로 유명하다. 한국어로 '봄이 왔다'로 번역할 수 있는 이 가곡은 볼프가 가장 애정했던 시인 뫼리케의 시를 가사로 하며, 반음계적이고 현대적인 느낌이 드는 볼프의 다른 가곡과 달리 난해하지 않고 부드러운 선율로 봄을 맞이한다. 시의 내용처럼 봄을 느끼고, 봄과 가까워지고, 마지막에는 봄과 직접 대면하는 일련의 과정을 음악으로 자연스럽게 보여 준다.

괴팍한 성격과 고집 때문에 현재의 명성과 달리 평생을 가난하게 살았다는 작곡가 볼프. 평소 작곡 방식과 다르게 쓴 이토록 낭만적인 음악이라니! 이 곡과 함께 봄의 나무를 즐겨 보자.

● **요한 제바스티안 바흐, 협주곡 D단조 작품974 Johann Sebastian Bach, Concerto in D minor BWV.974**

나는 부지런해야만 했다. 같은 양으로 노력한 사람은 같은 정도로 성공할 것이다. ― 바흐

창작을 위한 훈련에서 가장 효과적인 방법은 좋은 작품을 그대로 따라 쓰는 것이라고 한다. 때문에 작곡을 공부하던 나는 브람스의 곡을 사보하거나 대규모 오케스트라곡을 피아노곡으로 편곡하곤 했는데, 약 350년 전에도 비슷한 방법이 사용되었다.

바흐의 협주곡 D단조는 마르첼로의 오보에협주곡 D단조를 건반악기용으로 편곡한 곡이다. 바흐는 이탈리아 작곡가의 협주곡을 건반악기를 위한 독주곡으로 편곡하며 협주곡 형식을 익혔는데, 마르첼로뿐 아니라 비발디의 곡도 편곡했다고 한다. 오늘날 서양 음악을 대표하는 협주곡 중 하나인 『브란덴부르크 협주곡』이 탄생하기까지 어떠한 노력이 있었는지 알 수 있다.

나면서부터 음악에 천재적인 재능을 보였을 것 같은 작곡가가 남긴 치열한 훈련의 흔적을 보는 건 언제나 감동이다. 바흐도 나처럼 공부하던 때가 있었다니!

죄르지 리게티, 6개의 바가텔
György Ligeti, Six Bagatelles for Wind Quintet

> 나는 지금 내 음악이 어느 방향으로 향할지 분명히 알지 못합니다. (……) 한 발 나아가면 그것은 이미 과거가 되고 다음 발걸음을 위한 여러 가능성이 생기게 되는 것이니까요. — 리게티

다들 처음 현대음악을 접했을 때 감상이 어땠을지 모르겠다. 어린 날에 나는 어느 작곡발표회에서 손가락이 아닌 팔뚝으로 피아노를 치는 모습을 보고 꽤 큰 충격을 받았는데, 익숙하지 않은 광경과 깨질 듯한 소음에 현대음악에 잠시 편견을 갖기도 했다. 현대음악도 여느 음악이 그렇듯 한 문장으로 정리하기란 불가능에 가깝지만, 시대적으로는 제2차세계대전 이후 작곡된 음악을 말한다. 20세기에 가장 활발했던 현대음악의 움직임에서 중심을 차지하는 작곡가 중 한 명이 바로 리게티다.

리게티는 헝가리 민속음악을 발굴해 이를 기반으로 작곡했지만, 이론가로서도 활발하게 연구 활동을 했다. 그의 대표곡 『무지카 리체르카타』에는 그의 다양한 음악 경험에서 온 창의성이 담겨 있다. 총 열한 곡으로 구성된 이 피아노곡은 첫 번째 곡에서는 두 음만 사용하고 두 번째 곡에서는 세 음, 세 번째 곡에서는 네 음을 사용하며 마지막 곡에서는 열두 음을 모두 사용하는 재미있는 구조로 되어 있다. 그중 여섯 곡을 선정해 목관오중주를 위해 편곡한 것이 바로 『6개의 바가텔』이다(바가텔은 가벼운 음악 소품을 통칭하는 말이다). 갈수록 사용되는 음의 수가 늘어나는 것을 가벼운 마음으로 느껴 보길 바란다. 이렇게 감상하는 것만으로도 현대음악에 한 발짝 가까워질 테니까!

● 다리우스 미요, 2대의 바이올린과 피아노를 위한 소나타 작품15 Darius Milhaud, Sonata for 2 Violins and Piano Op.15

> 우리에게 이제 필요한 것은 땅 위에 발붙이고 있는 음악, 즉 일상적 음악이다. — 장 콕토

예술가가 타인에게 갖는 감정 그리고 그 결과로 나타나는 갈등은 그가 만드는 작품에 지대한 영향을 미친다. 이러한 감정은 예술가 개인과 작품뿐 아니라 음악 사조에도 영향을 미치는데, 프랑스와 독일의 오랜 갈등이 그 예다. 이전부터 프랑스와 독일은 음악을 비롯한 예술 전반에 걸쳐 경쟁을 거듭해 왔으며, 19세기 말에 그 정도가 극에 달했다. 프랑스 음악가는 독일의 영향력에서 벗어나고자 계속해서 복잡성을 더해 가는 독일 음악계에 반기를 들었다. 이 움직임의 선두에 섰던 이들이 바로 프랑스 6인조다. 명료하고 간결한, 친숙하지만 신선한 음악을 만들기 위해 노력한 이들의 음악은 에릭 사티의 음악처럼 우리 귀에 몽롱한 휴식을 선사한다.

당찬 포부로 출발한 프랑스 6인조는 오랫동안 유지되지는 못했지만 6인조의 정신을 끝까지 지킨 미요 같은 작곡가도 있다. 프로방스에서 태어나 바이올린 전공으로 파리 음악원에 입학했으나 작곡을 비롯한 민요, 유행가, 심지어 미국 재즈에까지 관심을 가졌으며, 이를 자양분으로 오페라부터 기악곡, 발레 음악, 교향곡, 영화음악에 이르기까지 다양한 장르의 음악을 작곡했다. 하지만 그의 삶을 이해하기에 가장 좋은 곡은 주 종목이었던 바이올린곡이 아닐까 싶다. 안정적으로 흐르는 두 대의 바이올린 선율과 그것을 이끄는 물 같은 피아노 선율은 잔잔하게 흐르다가도 거친 물살을 가르는 항해를 하는 듯하다.

● 모리스 라벨, 현악사중주 F장조
Maurice Ravel, String Quartet in F major

> 예술 작업의 핵심은 인간의 예민한 감각과 감정이다. — 라벨

누군가에게 반해 그를 평생 롤 모델로 삼아 본 기억이 있는가? 라벨은 그런 순간이 있었다. 1902년 드뷔시의 『펠레아스와 멜리장드』가 파리에서 초연되었을 때, 두 인상주의 거장의 만남이 처음으로 성사되었다. 드뷔시에게 푹 빠진 라벨은 드뷔시 음악의 여러 요소를 차용해 현악사중주를 작곡했고, 이를 계기로 '드뷔시의 후계자'라는 타이틀을 얻었다.

라벨은 이 곡의 1악장을 콩쿠르에 냈지만 결국 입상에 실패한다. 그러나 이 위기는 라벨의 이름을 더욱 알리는 계기가 되는데, 라벨의 곡을 좋아했던 사람들이 목소리를 내기 시작한 것이다. 프랑스의 대문호 로맹 롤랑까지 발 벗고 나서서 라벨의 잇따른 입상 실패에 의문을 제기했을 정도로 반란이 매우 거셌다. 수사 결과 심사위원의 불공정한 심사가 밝혀졌고, 이는 '라벨 사건'이라는 이름까지 얻게 되었다. 누구에게나 인생의 전환점이 되는 순간이 있다. 라벨의 순간은 아마 이 곡에 담겨 있지 않을까?

● **프레데리크 쇼팽, 프렐류드 작품28 17번**
Frédéric Chopin, Preludes Op.28
No.17

> 절망에 빠진 사람에게 용기를 주고, 오만한 사람을 겸손케 하며 연인을 진정시키며, 증오에 찬 사람을 달래고자 할 때 음악보다 효과적인 것이 과연 어디 있을까? ― 마르틴 루터 『음악에 대한 찬사』

시험 기간에는 공부 말고 모든 게 다 재미있다. 학생 때는 내 1년 독서량 중 다수가 시험 기간에 몰려 있었다. 어려운 책도 술술 읽히는 게, 시험 기간이야말로 최고의 논술학원이지 않을까. 사실 음대생으로서 억울한 점도 있다. 분석 공부를 할 때는 어쩔 수 없이 음악을 들어야 하는데, 평소에는 귀에 들어오지도 않는 음악이 이때만 되면 어찌나 감미로운지! 1시간이 넘는 대곡을 몇 번이고 반복해 듣고는 공부니까 괜찮다면서 위로했던 것이 생각난다.

대학 1학년 2학기인가, 쇼팽의 프렐류드가 화성분석 시험으로 출제되었다. 제목을 보고 든 반가운 마음은 문제를 풀면서 금방 시들해졌다. 시험이 끝난 후 다시 복기해 보니 틀린 부분이 몇 개 떠올랐는데, 음악을 들으면 그 틀린 부분만 형광펜을 그은 것처럼 또렷하게 들려서 그걸 떨쳐 내는 데 한참이 걸렸다. 피아니스트 조성진이 쇼팽 콩쿠르에서 연주해 유명해진 이 곡은 쇼팽의 모든 프렐류드 중 가장 좋아하는 곡이다. 이 곡의 재미있는 점은 스물네 개의 음악이 각각 다른 조성으로, 즉 열두 개의 장조와 열두 개의 단조로 이루어졌다는 것인데, 그래서 골라 듣는 재미가 있다. 3분 남짓한 곡에서 뚜렷한 기승전결을 느낄 수 있다는 점도 이 곡의 매력이다. 쇼팽 음악은 궁금하지만 각 잡고 들을 시간은 없는 현대인에게 안성맞춤이랄까.

● 가에타노 도니체티, 안나 볼레나―내가 태어난 아름다운 성으로 데려가 주오
Gaetano Donizetti, Anna Bolena―Al dolce guidami castel natio

> 꽃으로 장식한 제단의 불이 켜졌어요. 빨리 순백의 드레스와 장미 화환으로 나를 꾸며 줘요. ―「내가 태어난 아름다운 성으로 데려가 주오」

2021년 영국 여왕 엘리자베스 2세의 남편 에든버러 공작 필립 공이 약 백 살의 나이로 사망했다. 작전명은 '포스 브리지', 그가 사망한 당일 비서는 총리에게 "포스 브리지가 무너졌다"라는 암호로 필립 공의 죽음을 알렸으리라. 죽음은 애도하지만, 로봇이 커피도 만들어 주는 시대에 여왕의 남편 필립 '공'의 죽음이라니! 새삼 이질적이고 흥미롭다.

 오늘날 영국 왕실은 하나의 상징이자 일종의 가십거리로 소비된다. 왕실의 수많은 인물 중 가장 많이 회자된 이는 약 500년 전 살았던 앤 불린일 것이다. 명문가 출신인 앤이 헨리 8세의 아내로 왕비가 되고 참수형으로 목숨을 잃기까지 걸린 시간은 단 천 일이기에 본명보다 '천 일의 앤'으로 더 많이 불린다. 오페라 『안나 볼레나』는 앤 불린의 이탈리아 발음으로, 이 작품은 도니체티를 스타 오페라 작곡가 반열에 올려놓았다. 극중 안나 볼레나가 부르는 아리아 「내가 태어난 아름다운 성으로 데려가 주오」는 참수형이 결정되고 정신을 놓은 채 부르는 노래다. 가사와 멜로디가 아름답지만 사실 더 귀를 기울여 보면 권력 다툼에 희생된 앤 불린의 외침이 들린다.

● **진은숙, 별들의 아이들의 노래**
Unsuk Chin, Le Chant des Enfants des Étoiles

나는 광대함으로 환히 빛난다. — 주세페 웅가레티, 「아침」

몇 해 전 작곡가 진은숙이 나온 음악 프로그램 『고전적 하루』에서 그의 작곡 노트를 보았던 기억이 있다. 빼곡한 악보 사이로 곡에 대한 단상과 각종 낙서, 곡을 설명하는 키워드가 적힌 노트를 보며 하나의 곡을 완성하기까지의 고뇌에 기함을 토했다. 그는 작곡 노트에서 『별들의 아이들의 노래』스케치를 보여 주며 무엇을 표현하려 했는지, 어떤 의미가 있는지 설명했다. 그 모습은 상당히 조심스러워 보였다. 작품에 스스로 누가 될까 망설였던 것일까.

최근 인센스에 반해서 종류별로 사 모으고 있다. 향도 향이지만 마치 피리 불듯이 바람 부는 쪽을 등지고 흘러가는 연기의 모습이 퍽 보기 좋다. 향을 피울 때는 꼭 환기를 해야 한다. 그래서 소음이 없는 새벽에 창문을 열어 놓고 경건하게 인센스에 불을 붙인다. 모든 준비가 다 되면 어울리는 음악을 재생한다. 뭘 들을까, 한참 찾다가 『별들의 아이들의 노래』를 고른다. 영속성, 시간, 우주, 인간을 다룬 이 음악만큼 분위기와 잘 어우러지는 곡도 없다. 주세페 웅가레티의 시 「아침」의 신비로움은 소년 합창단의 음색을 만나 더욱 빛을 발한다. 내 루틴에 마음을 가다듬는 의식이 하나 추가되었다고 생각하니 마음이 좋다.

헨리 퍼셀, 요정 여왕 작품629—요정을 위한 춤 Henry Purcell, The Fairy Queen Z.629—Dance for the Fairies

> 양철과 스프링 장치로 만들어지고 바깥에 태엽 감는 손잡이가 있어 태엽을 끼리릭끼리릭 감았다 놓으면 걸어가는 그런 인형. 일직선으로 걸어가다가 주변의 것들에 꽝꽝 부딪히지만, 그건 어쩔 수가 없는 일이지. 청춘이라는 건 그런 쪼끄만 기계 중의 하나와 같은 거야. — 앤서니 버지스,『시계태엽 오렌지』

퍼셀의 음악을 처음 접한 것은 영화『시계태엽 오렌지』에서였다. 비행 청소년의 일탈을 다룬 이 영화는 선정성 논란으로 개봉 약 30년 만에 국내에 수입된 문제작이다. 영화에는 클래식 음악이 몇 곡 삽입됐는데, 특히 베토벤 교향곡 9번은 주인공이 폭력성 억제를 위한 소위 '루드비코' 치료를 받을 때 계속해서 나온다. 이 영화에서 빛을 발하는 또 다른 음악이 있다면 퍼셀의 「메리 여왕을 위한 장송음악」이다. 장송음악 특유의 어두운 분위기는 영화를 한층 더 불쾌하게 만든다.

첫인상이 장송음악이었던 탓에 퍼셀은 밝고 가볍기보다 무겁고 중후한 작곡가의 이미지가 강했다. 그래서 세미 오페라『요정 여왕』을 접하고 어딘가 이질적으로 느껴졌다. 제목부터 지나치게 귀엽잖아! 셰익스피어의 희곡 「한여름 밤의 꿈」을 각색한 이 작품은 오늘날에도 꾸준히 사랑받는 스테디셀러다.『요정 여왕』의 흥미로운 점은 한 사람이 가수와 배우를 겸하는 오페라나 뮤지컬과 달리, 노래를 부르는 사람과 연기하는 사람이 따로 있다는 것이다. 공연기획을 할 때 이런 것을 참고해도 좋을 것 같다. 때론 오래된 것이 가장 새로울 수도 있지 않은가!

에이미 비치, 3개의 피아노 소품 작품128 2번 어린 자작나무 Amy Beach, 3 Piano Pieces Op.128 No.2 Young Birches

현대 여성이 위대한 일을 해내려면 기본적으로 자기 자신을 잊어버려야 한다. 그리고 이를 위해서는 먼저 진정한 자신을 찾고 이를 확신해야 한다.
— 시몬 드 보부아르

미국에는 '미국 여성작곡가협회'가 있는데, 이 협회의 존재를 알고는 문득 이런 생각이 들었다. 미국 남성작곡가협회도 있을까?

여성 작곡가의 모임이 특별하게 다뤄지는 이유는 작곡가를 남성의 영역으로 상정하기 때문이다. 미국 여성작곡가협회가 창립된 1925년 이후 많은 시간이 지났음에도 여전히 그냥 '작곡가'가 아닌 '여성 작곡가'로 불린다는 사실에서 아직도 견고한 사회의 고정관념이 여실히 드러난다.

오늘의 곡인 「어린 자작나무」는 협회를 설립한 에이미 비치의 피아노곡으로, 반복되는 음형의 오스티나토베이스가 인상적이다. 그다지 잘 알려진 비치의 곡은 아니지만 마냥 밝고 아름다운 피아노곡이 아니라서 더욱 마음에 든다. 1932년 발표된 『3개의 피아노 소품』 중 두 번째 곡이며, 필립 글래스로 이어지는 미국 미니멀리즘의 초기 모습을 보여 준다.

헨리크 비에니아프스키, 폴로네즈 1번 작품4
Henryk Wieniawski, Polonaise de Concert No.1 Op.4

> 파가니니 시대 이후로 바이올린에 이토록 완성된 예술가는 없었다. ―『뉴욕 해럴드』

클래식 전공자로서 즐겨 듣는 음악이 무엇인지, 어떤 클래식 음악을 좋아하는지 같은 질문을 종종 받는다. 사실 좋아하는 스타일이 따로 있지는 않지만, 낭만주의 시대 작곡가의 민족적 색채가 담긴 곡을 좋아하는 편이다. 이에 동유럽의 빨간 치마나 집시 이미지만 떠올리는 사람이 있다면, 클래식 음악의 전형으로 여겨지는 쇼팽도 여기에 포함된다고 이야기하고 싶다.

여기 '바이올린의 쇼팽'이라는 별명을 가진 음악가가 있다. 비에니아프스키는 폴란드 작곡가이자 비르투오소로 근대 5대 바이올리니스트에 이름을 올릴 만큼 뛰어난 바이올리니스트였다. 작곡가로 더 잘 알려져 있지만, 쇼팽도 뛰어난 연주자였던 데다 폴란드의 민속춤 폴로네즈를 처음 무대 작품으로 만들었다는 점에서 비에니아프스키에게 딱 걸맞은 별명이라 생각한다.

그의 곡은 대부분 바이올린을 위한 것이며, 연주자의 뛰어난 기교를 필요로 한다. 마치 바이올린으로 하는 서커스를 보는 듯한 이 곡은 '화려한 폴로네즈'라는 별명에 걸맞게 바이올리니스트에게 자신의 기량을 마음껏 펼칠 기회를 제공한다.

장 필리프 라모, 우아한 인도의 나라들 — 평화로운 숲 Jean Philippe Rameau, Les Indes Galantes — Forêts paisibles

> 하늘이여, 그대는 순수와 평화를 위해 저들을 만들었습니다. 도피를, 평화로운 것을 즐깁시다. —「평화로운 숲」

예로부터 서양에서 인도는 미지의 세계와 같은 곳이었다. 신비한 향신료로 가득한 이방의 상징으로서 예술가에게도 좋은 소재로 활용되었다. 오늘날에는 『오리엔탈리즘』이라는 유명 저서 덕에 이러한 고정관념은 비판받아 마땅하다고 평가되지만, 과거 서양 예술가의 시선으로 동양을 그려 낸 작품들은 서양인이 동양에 대해 어떤 이미지를 가지고 있었는지 그리고 이방의 판타지를 어떻게 예술적으로 풀어냈는지 보여 주는 흥미로운 단서가 되기도 한다.

라모의 오페라 『우아한 인도의 나라들』에는 인도가 등장하지 않는다. 여기서도 인도는 이방의 상징으로 사용된다. 터키, 페루, 페르시아, 북아메리카가 등장하며, 오페라 형식을 취하고 있지만 발레가 적극적으로 활용된다. 「평화로운 숲」은 4막 「야만인들」에 등장하는 론도로, 남녀 주인공이 함께 부르는 듀엣이다. 그들의 도피처이자 순수한 공간인 평화로운 숲. 곡에서 느껴지는 리듬감이 이들의 노래를 더욱 돋보이게 한다.

장마리 르클레르, 바이올린협주곡 작품7 3번 Jean-Marie Leclair, 6 Violin Concertos Op.7 No.3 in C major

> 르클레르는 어떤 것도 모방하지 않고 완전히 새로운 무언가를 창조해 낸 최초의 작곡가다. — 장 드 세레 드 리외, 시인

음악대학에 입학하고 다양한 음악 분야를 공부하는 사람들을 만났다. 음악학을 전공한 나는 작곡과와 특히 친했는데, 그중에 피아노를 전공하다 작곡을 공부하던 선배가 있었다. 선배는 시험 기간마다 자신의 곡을 연주해 줬고, 그의 곡을 들을 때마다 나는 "피아노 치는 사람이 쓴 곡 같다"고 이야기했다.

르클레르는 본래 무용수로, 우연히 바이올리니스트를 만나 바이올린을 배운 것을 계기로 음악가의 길을 걷게 되었다. 타고난 실력 덕에 빠르게 바이올린 연주를 익혔고, 심지어 최초의 바이올린협주곡 작곡가로 이름을 남길 만큼 바이올린곡 창작에 심혈을 기울였다. 그는 바흐가 건반악기 음악을 정리해 놓듯 열두 곡의 바이올린협주곡을 작곡해 프랑스 바이올린 악파의 시조로 기록되었다.

각 음정의 몸짓이 모여 하나의 큰 움직임을 만드는 듯한 그의 음악은 마치 무용을 음악으로 옮겨 놓은 것 같다. 어떤 순간에는 종종걸음으로, 또 다른 순간에는 자유로운 비상으로 무대를 채우는 무용수의 춤 말이다.

레너드 번스타인, 할릴: 독주 플루트, 현악합주와 타악기를 위한 녹턴 Leonard Bernstein, Halil: Nocturne for Solo Flute, String Orchestra and Percussion

음악은 이름을 붙이거나 깨닫는 것이 불가능한 것을 전달할 수 있다. ― 번스타인

지휘자이자 피아니스트, 사회운동가이자 음악교육자, 작가이자 작곡가였던 레너드 번스타인은 도전을 두려워하지 않는 사람이었다. 그는 저명한 예술가로서 그리고 사회 구성원으로서 자신이 낼 수 있는 목소리를 최대한 내고자 했다. 오늘의 곡「할릴」도 그가 낸 목소리 중 하나다. 이 곡은 1973년 욤키푸르 전쟁 중 수에즈운하에서 사망한 이스라엘 플루티스트 야딘과 그의 형제를 위해 1981년에 작곡했다. 젊은 플루티스트에게 헌정한 곡인 만큼 플루트 독주와 합주 구성을 취하고 있다.

사실 헌정곡이라고 하면 어딘가 슬프게 들리는 조성음악을 떠올리기 쉽지만, 이 곡은 조성과 비조성의 경계에 있다. 죽음을 기리기 위해 꼭 슬픈 멜로디나 조성음악을 써야 할 필요는 없다는 번스타인의 음악관이 신선하게 다가온다. 조성감이 적어 편안하게 들리지 않는 이 음악에서 번스타인의 사회적 목소리를 들을 수 있다. 어쩌면 그는 전쟁으로 세상을 떠난 젊은 음악가를 기리며 세상의 불편한 진실을 말하고 싶었는지도 모른다.

로베르트 슈만, 피아노오중주 작품44
Robert Schumann, Piano Quintet Op.44

> 예술은 부를 얻기 위한 것이 아니다. 진정한 예술가가 되기 위해 노력하라. 그러면 다른 모든 것들은 스스로 알아서 따라올 것이다. — 슈만

슈만은 참 솔직한 음악가다. 음악은 그의 삶을 투명하게 보여 주는 도구로도 활용되는데, 클라라와 결혼한 1840년에는 사랑의 속삭임을 담은 가곡을, 이듬해인 1841년에는 교향곡을 그리고 피아노오중주를 작곡한 1842년에는 베토벤의 실내악곡에 깊은 감명을 받아 많은 실내악곡을 작곡했다.

1841년에 슈만은 클라라의 연주 여행에 동행했다. 그러나 클라라를 돕는 역할만 하는 자신이 싫어져 홀로 집에 돌아와 음악 연구에 몰두했다. 피아노오중주는 슈만이 클라라에게 그의 사랑과 우정이 여전히 건재함을 증명하기 위해 작곡한 곡이다(클라라에게 헌정한 것으로 보아 연주 여행에서 일찍이 하차한 것에 내심 미안함을 느꼈던 모양이다).

슈만은 작곡가이기 이전에 피아니스트였다. 그는 평생 피아노를 사랑했고, 현악 중심의 실내악 편성에서도 피아노를 빼고 싶어 하지 않았다. 현악사중주 편성에 피아노를 더한 피아노오중주는 슈만이 처음 시도한 것으로, 지금까지도 완벽한 조화와 구성이라는 평가를 받는다. 슈만이 사랑했던 것을 모아 만든 피아노오중주. 이 곡이 지닌 특별한 아름다움은 여기에 있지 않을까?

● **조아치노 로시니, 세비야의 이발사 — 나는 마을의 만능 일꾼** Gioacchino Rossini, Il Barbiere di Siviglia — Largo al factotum

> 알마비바 백작: 누가 그렇게 너한테 호방한 철학을 가르쳐 주더냐.
> 피가로: 잊을 만하면 찾아오는 불행이지요. 눈물로 징징대는 게 싫어서 매사를 서둘러 웃어넘겨 버릇했더니. —『세비야의 이발사』

세비야에 사는 피가로는 매사에 긍정적이고 여유로운 인물이다. 마을의 만능 일꾼을 자처하며 이리저리 참견하기 좋아하는 그는 자신의 전 주인 알마비바 백작의 사랑을 도우려 한다. 그런 백작과 그의 연인 로지나를 가로막는 것은 다름 아닌 로지나의 늙은 후견인. 후견인은 하루빨리 로지나를 자신의 부인으로 맞고 싶어서 안달이 난 상태다. 과연 백작과 로지나는 후견인을 따돌리고 사랑의 결실을 맺을 수 있을까?

피가로의 아리아 「나는 마을의 만능 일꾼」은 일개 이발사인 자신을 마을 사람들이 매번 찾는다는 일종의 자기과시다. 그래서 굉장히 흥겹고 템포가 빠르다. 제목의 'Largo'가 '느리고 장중하게'라는 뜻인 점을 고려하면 음악의 전체 분위기와 하나도 맞지 않는다는 걸 알 수 있는데, 이런 충돌이 이 곡의 매력이지 않을까 싶다. 오늘과 내일 소개할 오페라는 모두 보마르셰의 희곡을 바탕으로 한 작품이라 피가로, 알마비바 백작, 로지나 등 똑같은 인물이 등장한다. 연이어 보면 인물 개인의 성격을 더 면밀히 살펴볼 수 있을 것이다.

볼프강 아마데우스 모차르트, 피가로의 결혼 작품492 — 저녁 바람이 부드럽게
Wolfgang Amadeus Mozart, Le Nozze di Figaro K.492 — Sull'aria

변덕이 죄가 될까? 큐피드에게 날개가 있는 것은 이리저리 옮겨 다니기 위함이 아니던가! —『피가로의 결혼』

로지나와 결혼할 수만 있다면 뭐라도 할 것 같던 백작이 어떻게 바람둥이가 되었는지는『피가로의 결혼』에서 알 수 있다. 피가로의 도움을 빌려 로지나와 결혼에 성공한 백작은 피가로의 연인 수잔나에게 반한다. 다른 사람도 아니고 피가로의 연인? 제3자인 우리가 봐도 손가락질할 판이니 피가로의 입장에서는 기가 차고도 남는다. 실컷 도와줬더니 애인을 건드리다니!

이번에는 로지나와 수잔나가 직접 나선다. 바람의 대상과 피해자가 합동작전을 펼치기로 한 것이다. 여자끼리 힘을 합치다니 더 흥미진진하다. 이 똑똑한 여자들은 백작을 골탕 먹일 계획을 세우는데, 그때 부르는 곡이 바로「저녁 바람이 부드럽게」다. 로지나가 백작에게 보낼 편지 내용을 읊어 주면, 수잔나가 받아 적는다. 물론 "소나무 아래에서 모월 모일에 만나요"라는 수잔나의 편지는 알마비바 백작의 바람 현장을 잡기 위한 작전이다.

결국에는 하하 호호 모두가 행복하게 막이 내리지만, 호쾌한 복수는 늘 짜릿하다.

니콜라이 카푸스틴, 에튀드 작품40
Nikolai Kapustin, Etude Op.40

> 가끔 과거를 돌아보며 내가 작곡한 음악처럼 과거도 고칠 수 있으면 좋겠다는 생각을 한다. 하지만 인생은 재즈의 즉흥연주와도 같아서 늘 자연스럽고 자유로우며 찰나에 벌어진다. ― 카푸스틴

'0897번 슬리데린 입장', '0897번 슬리데린 입장 완료'.

요즘 내가 빠진 유튜브 콘텐츠인 '해리 포터 asmr'에서는 이렇게 학생들의 출입을 관리한다. 일하거나 공부할 때 음악을 듣는 편은 절대 아닌데 이런 asmr은 화이트노이즈 역할을 해서 집중을 돕는다. 유튜브 채팅에서 매번 기숙사를 바꿔 입장하는 재미도 있다. 어제는 후플푸프였으니 오늘은 슬리데린으로 간다.

집중이 필요할 때 asmr을 즐겨 듣는다면, 조깅을 하거나 비교적 가벼운 일을 처리할 때는 플레이리스트를 듣는다. 친구들끼리 플레이리스트를 공유하는 것도 꽤 고급스러운 취미다. 최근 고등학교 동창 A가 기가 막힌 재즈 플레이리스트를 찾았다며 링크를 보내왔다. 설레는 마음으로 링크를 클릭했는데, 다름 아닌 '카푸스틴 플레이리스트'였다. 익숙한 이름을 낯선 곳에서 보니 반가웠다. 서드스트림의 대가 카푸스틴의 에튀드 작품40은 최근 피아니스트 손열음이 연주하며 국내에서 유명해졌다. 카푸스틴은 재즈가 금기시되었던 구소련 시기부터 재즈를 연구한 음악가이니 진짜 대가라 할 수 있다. 여전히 A의 최애 재즈 음악가는 카푸스틴이다.

요하네스 브람스, 바이올린협주곡 작품77
Johannes Brahms, Violin Concerto Op.77

> 그녀는 브람스의 콘체르토를 듣기 시작했다. 그녀는 첫 부분이 낭만적이라고 여겼지만, 음악 중간에는 듣는 것을 잊어버리고 말았다. 음악이 끝나고 난 다음에야 그녀는 그 사실을 깨닫고 아쉽게 생각했다. ― 프랑수아즈 사강,『브람스를 좋아하세요』

최고의 바이올린협주곡은 무엇일까? 또 최고가 되려면 어떤 조건을 만족해야 할까? 멘델스존, 브루흐, 베토벤, 브람스 그리고 차이콥스키는 최고의 바이올린협주곡 후보를 꼽을 때 늘 등장한다. 심지어 독일인이 꼽은 최고의 바이올린협주곡은 멘델스존의 곡이라는 조사 결과가 있는가 하면, 브루흐가 높은 득표를 했다는 결과도 있다(물론 조사의 신뢰도는 보장할 수 없다). 어떤 곡을 최고로 꼽느냐는 개인에 따라 다르겠지만, 3대 바이올린협주곡이라 불리는 멘델스존, 브람스, 베토벤의 곡이 많은 사람에게 깊은 인상을 남겼다는 점은 인정한다.

　브람스는 각별한 친구이자 바이올리니스트 요아힘에게 곡의 초연을 부탁했는데, 요아힘은 곡을 받아 들고 초연까지 12일밖에 안 남았는데 어떻게 연주하느냐며 은근히 불만을 토로했다. 결국 초연을 조금 미루었고, 요아힘은 성공적으로 연주를 마쳤다. 요아힘은 앞서 브루흐의 바이올린협주곡을 이야기할 때도 등장한 바 있는데, 당대 최고의 바이올리니스트답게 여기저기 영향을 미치지 않은 곳이 없을 정도다. 어떨 때는 최고 바이올린협주곡의 필수 조건이 요아힘이 아닐까 하는 생각도 든다.

● 하인리히 쉬츠, 쓸쓸한 침대에 누운 뒤
작품451 Heinrich Schütz, Nachdem ich lag in meinem öden Bette SWV.451

음울한 침대에 누워서 내 고귀한 빛을 찾아본다. 내게 사랑하는 사람이 있다면…… ―「쓸쓸한 침대에 누운 뒤」

마침 이 글을 쓰고 있는 오늘은 2021년 4월 24일이다. 오전에 잠깐 비가 왔지만 카페 통창으로 내다본 공원의 녹음 위에는 햇빛이 그득하다. 무거운 노트북을 들고 기어코 밖으로 나온 것도 날씨 때문이다. 이런 날은 어쩐지 집 안에만 있기 싫다. 제아무리 집순이여도 가끔 맑은 공기를 쐬어야 한다.

쉬츠가 살았던 17세기에도 이런 생각이 있었는지 노래를 부르는 화자는 침대에 누워 천장만 바라보고 있다. 다만 음울하고 지루하다는 것을 보니 자발적으로 누워 있는 건 아닌 듯한데, 짝사랑에 안달이 나서인지 혹은 절대적 존재에 대한 갈망 때문인지 모르겠지만 복잡한 마음인 것만은 분명하다(경험상 이런 경우 친구들과 만나 떠들썩하게 노는 것이 특효약이다). 르네상스 시기의 세속적 성악곡인 마드리갈은 짧지만 쉬츠의 음악적 역량을 알아보기에는 충분하다. 아무래도 세속적인 내용이다 보니, 마드리갈에는 가사가 재미있는 곡이 많다. 그래서 마드리갈은 되도록 가사를 알고 듣기를 추천한다. 가사와 함께 음악을 듣다 보면 시간이 흐르고 시대가 바뀌어도 변하지 않는 것이 있음을 실감한다. 특히 짝사랑하는 상대를 떠올리며 침대에서 뒹구는 건 정말 보편적인가 보다.

프란츠 슈베르트, 죽음과 소녀 작품7 3번
Franz Schubert, Der Tod und das Mädchen Op.7 No.3

아름다운 소녀여, 나에게 손을 내밀어 주렴. 나는 난폭하지 않단다. 친구로서 온 것뿐이야. 너를 괴롭히려는 것이 아니야. 내 팔 안에서 꿈결같이 편히 잠들도록 하려무나. —「죽음과 소녀」

슈베르트의 가곡이자 현악사중주인「죽음과 소녀」. 여기에서 소녀는 봄처럼 피어나는 이미지를, 죽음은 어둠의 이미지를 표현한다. 소녀와 죽음의 대화로 이루어진 이 곡의 핵심은 삶을 놓고 싶지 않은 소녀와 소녀의 손을 잡고 가려는 죽음의 관계다. 결국 죽음이 이겨 소녀를 데려가지만, 죽음에 이르는 과정과도 같은 둘 사이의 대비는 죽음보다 더 처절하다. 가사에서 잔혹함을 감추려는 죽음의 모습이 잘 표현되어 더 극적으로 다가오는 듯하다. 1817년 슈베르트가 스무 살에 작곡한 가곡「죽음과 소녀」는 후에 현악사중주의 아이디어로 활용되어 현악사중주곡으로 재탄생한다.

    김영민 교수의 저서『아침에는 죽음을 생각하는 것이 좋다』가 큰 인기를 끌었던 때가 생각난다. 상쾌하게 시작해도 모자랄 아침에 죽음을 생각하라니! 다소 신기한 제목이라 책을 집어 들었다. 봄에는 피어나는 꽃만 있는 것이 아니라 지는 꽃도 있다. 이토록 양면적이고 모순된 계절이 있을까.

● **이그나치 펠릭스 도브진스키, 피아노협주곡
작품2** Ignacy Feliks Dobrzyński, Piano
Concerto Op.2

> 이 작품은 서정적인 구절에서 '노래하는' 피아노와 화려한 구절, 음계와 형상에서 '빛나는' 피아노가 지배하고 있습니다. — 도브진스키

여느 인간의 창작물이 그러하듯 작곡도 결코 작곡자 혼자만의 결과물이 아니다. 작곡을 공부하던 과거의 나를 돌이켜 보면, 함께 공부하는 친구들이 어떤 음악을 듣는지 혹은 나를 가르치는 선생님이 누구의 음악을 좋아하는지 등 여러 요소가 나의 곡에 영향을 주었다. 물론 주변 환경에 이리저리 흔들리며 나만의 색을 찾는 것도 작곡의 과정이겠지만, 주변을 둘러싼 또 다른 음악가와 환경이 그 과정에 일조함은 분명하다.

도브진스키는 폴란드 음악가로, 쇼팽과 같은 스승을 사사한 동문이다. 이 과정에서 두 사람은 서로 음악적 영감을 주고받곤 했는데, 도브진스키의 피아노협주곡은 쇼팽이 피아노협주곡을 작곡하는 데에 영감을 주었다고 한다. 이 때문에 여러 음악학자가 두 작곡가의 협주곡을 비교하곤 한다. 열일곱이라는 어린 나이에 작곡했지만, 이 곡은 그의 생전에 연주된 적이 없다.

이 곡을 들은 쇼팽은 어떤 매력을 느껴 피아노협주곡을 작곡하게 되었을까. 마치 풀숲을 걷는 듯한 분위기가 쇼팽의 마음을 움직인 것일까.

앙드레 졸리베, 플루트협주곡
André Jolivet, Flute Concerto

> 만약 당신이 오늘을 이해하고 싶으면, 어제를 살펴보라. — 펄 벅

옛것을 지키자는 입장과 새로운 것을 받아들이자는 입장의 갈등은 우리 역사에서도, 서양 역사에서도 그리고 음악사에서도 찾아볼 수 있다. 또한 이 둘의 갈등은 경쟁과 협력의 역사를 가지고 있다. '젊은 프랑스'도 이러한 과정에서 탄생했다. 옛것을 되살리자는 신고전주의 움직임에 반해 생겨난 '젊은 프랑스'는 살아 있는, 자연스럽지만 개성 있는 현대 프랑스 음악을 추구했다. '젊은 프랑스'를 결성한 파리 출신 작곡가 앙드레 졸리베는 음악이 사람에게 위로가 되고, 기운을 회복시켜 병을 고치는 역할을 한다고 주장하며 음악과 인간의 삶을 밀접하게 연결했다.

음악학자는 졸리베의 음악관을 "토속적이고 종교적이다"라고 정리하지만, 쉽게 생각해 보면 지금 우리 세대가 가지고 있는 음악관과 크게 다르지 않은 듯하다. 여전히 많은 사람이 연주회에서 음악을 감상하며 위로를 받는다. 졸리베가 짚은 음악의 핵심은 곧 인간의 내면 깊은 곳에 음악이 자리하고 있다는 것이다. 세상의 모든 음악은 '인간'과 진하게 연결된다. 작곡가와 연주자 그리고 이 곡을 듣는 청중까지. 그의 플루트협주곡으로 마음 깊은 곳에서 떨림을 느껴 보았으면 좋겠다.

● 알레산드로 롤라, 바이올린과 비올라를 위한 이중주 Alessandro Rolla, Duo Concertante for Violin & Viola

대중에게 감동을 주기 위해서는 내가 먼저 감동해야 한다. — 파가니니

바이올린으로 서양음악에 입문하고, 지금은 음악학을 하는 사람으로서 연주자에게 깊은 존경심을 갖게 되는 순간이 있다. 오랜 시간 숙련하지 않으면 불가능한 기교를 선보일 때인데, 가끔 손을 현란하게 놀리며 연주하는 모습을 보면 나도 모르게 함께 숨을 참기도 한다. 초고난도 테크닉을 선보이는 연주자 중 대중에게 가장 잘 알려진 사람은 바이올리니스트 파가니니일 것이다. 바이올린 학도라면 입을 벌리고 감상하거나 한 번쯤 불만을 가졌을 파가니니의 현란한 바이올린 음악은 결코 혼자만의 결과물이 아니다.

이탈리아의 현악기 연주자이자 작곡가인 알레산드로 롤라는 파가니니의 스승으로도 잘 알려져 있다. 파가니니를 키운 만큼 그 또한 뛰어난 연주자였으며, 지금까지 내려오는 여러 '악마의' 기법 중 대다수를 만들어 낸 사람이기도 하다. 지금은 파가니니를 키워 낸 업적이 주목받지만, 롤라는 사실 제자 때문에 이름이 가려진 음악가다. 바이올린보다 비올라에 더 큰 흥미를 느꼈던 그는 지금까지도 비올라 주요 레퍼토리로 꼽히는 곡을 여럿 작곡했고, 과거에는 유럽 전역에서 이름을 날리는 비르투오소였다. 그의 관심사가 결합된 「바이올린과 비올라를 위한 이중주」는 초고난도의 기교는 없지만 이탈리아 음악 특유의 청명함과 화려함이 돋보인다.

베드르지흐 스메타나, 피아노삼중주 작품15
Bedřich Smetana, Piano Trio Op.15

> 가장 특출한 재능을 가졌던 첫째 딸의 죽음이 나로 하여금 이 피아노삼중주를 작곡하게 했어요. — 스메타나가 의사에게 보낸 편지

창작자와 함께 고난의 시간을 겪는 작품이 있다. 가장 힘든 시절에 작곡한 음악은 작곡가가 표현하는 깊은 고통과 슬픔을 볼 수 있는데, 스메타나의 경우 하나뿐인 피아노삼중주가 그러하다. 그가 가장 사랑했던 그리고 음악 재능이 가장 뛰어났던 첫째 딸이 세상을 떠난 후 세 달도 채 되지 않아 작곡한 이 곡은 그가 느낀 상실과 고난이 고스란히 드러난다.

이 곡은 스메타나에게 다른 고통도 안겨 주었는데, 바로 대중의 무관심과 평론가의 혹평이었다. 작곡가로서 가장 큰 시련이었을 대중의 무관심은 이 곡의 출판 기회조차 없애 버렸고, 스메타나는 큰 우울감에 빠졌다. 그러던 이 곡이 그의 대표곡으로 인정받기 시작한 건 바로 친구 리스트 덕분이었는데, 초연 이듬해에 이 곡을 감상하던 리스트는 그 우수함에 놀라 칭찬을 아끼지 않았고, 여기에서 시작된 호평 행렬이 초연 12년 후인 1879년 출판까지 가능하게 했다.

정신착란과 각종 질병 그리고 소중한 사람의 죽음으로 일생이 우울했던 스메타나. 칼로 긋는 듯한 바이올린 선율은 그의 깊은 슬픔을 대변하는 듯하다.

자크 이베르, 기항지
Jacques Ibert, Escales

> 램프 밑에서 본 세계는 얼마나 큰가! 기억 속에 더듬는 세계는 얼마나 작은가! — 보들레르, 「악의 꽃」

스물두 살, 마음먹고 유럽 배낭여행을 떠났다. 출발을 2주 앞두고 내린 결정이라 비싼 비행깃값과 숙박비를 지불해야 했지만, 결과적으로 후회 없는 여행이 되었다. 아무런 걱정 없이 혼자 돌아다니던 그 시간이 내 인생에서 가장 좋은 기억이었다고 한다면 다른 날들에 실례일까. 자크 이베르의 『기항지』는 다시 여행을 떠나고 싶게 만드는 묘한 매력이 있다. 언젠가 다시 여행을 간다면 이베르의 발자취를 따라가 보는 것도 좋을 것 같다.

로마 대상*을 받은 프랑스 작곡가 자크 이베르가 제1차세계대전의 경험을 바탕으로 쓴 이 곡은 해군으로 복무하며 다닌 여러 기항지를 묘사한다. 첫 번째 곡은 이탈리아 로마에서 남부 팔레르모로 향하는 여정으로, 도입을 알리는 플루트 선율에서 아득히 보이는 팔레르모의 항구가 떠오른다. 아프리카 튀니지의 튀니스부터 네프타까지 담아낸 두 번째 곡은 공간의 느낌이 물씬 풍기는 오보에 선율이 매력적이다. 마지막 곡에서 자크 이베르는 청자를 스페인의 항구도시 발렌시아로 데려간다. 현악기의 웅장한 도입과 캐스터네츠의 합은 절로 열정과 태양의 나라 스페인을 떠오르게 한다. 스페인을 배경으로 한 다른 곡과 마찬가지로 무곡 리듬을 적극적으로 활용한 것이 특징이다.

---

* 프랑스 최고 예술가에게 수여하는 상으로, 국가의 예술 부흥을 위해 루이 14세가 제정했다.

5월

가에타노 도니체티, 사랑의 묘약 — 받으세요, 당신은 이제 자유예요
Gaetano Donizetti, L'Elisir d'Amore—Prendi, per me sei libero

앞으로 나쁜 운명은 없을 테니, 고향에 남으세요. —「받으세요, 당신은 이제 자유예요」

사랑을 소재로 한 예술 작품은 흔하지만, 그들이 노래하는 사랑은 모두 다른 형태를 띠고 있다. 세상에 같은 사람이 없듯이 같은 마음도 없다. 그러니 어떤 사람이든 마시기만 하면 사랑에 빠진다는 신비의 묘약은 성립할 수 없다. 이 당연한 사실을 오페라 주인공들만 모른다. 아디나를 연모하는 청년 네모리노는 사랑의 묘약을 판다는 약장수(실은 사기꾼) 둘카마라에게 속아 묘약을 마신다. 비록 가짜 묘약은 통하지 않았지만 네모리노의 용기와 결단 덕에 아디나의 마음을 얻는 데 성공하는 것으로 오페라는 막을 내린다.

그러나 한때 오페라 『사랑의 묘약』을 기획해 본 기획자 그리고 청중으로서 극의 내용이 썩 유쾌하지만은 않다. 오히려 네모리노가 아주 괘씸하다는 생각이 든다. 단 한 번이라도 사랑에 간절해 본 사람이라면 알겠지만 우리는 때로 간절함에서 여러 교훈을 얻는다. 결과의 성패와 관계없이 다른 사람의 마음을 살피기 위해 최선을 다하는 자체가 바로 교훈이다. 하지만 상대방의 의지는 배제한 채 편법으로 사랑을 얻겠다는 것은 배려도, 간절함도 없는 껍데기 마음이 아닌가. 도니체티는 묘약을 파는 사기꾼 둘카마라를 등장시켜 묘약이 거짓임을 그리고 그 마음도 거짓임을 보여 주는 듯하다.

아구스틴 바리오스 망고레, 숲속의 꿈
Agustín Barrios Mangoré, Un Sueño en la Floresta

사람에게는 행복 외에도 그것과 완전히 똑같은 정도의 불행이 언제나 필요하다. ― 도스토옙스키

"언제 버릴 건데?" "아 왜 버려, 언젠간 쓰겠지." 내 방에는 골칫거리가 하나 있다. 중학생 때 잠깐 배우다 만 기타인데, 줄이 하나 끊어진 상태로 10년 넘게 방치되어 케이스에서 꺼내 보기가 두려울 지경이다. 하필 덩치도 커서 엄마의 눈엣가시가 됐다. 그러다 최근 클래식기타를 배우면서 엄마가 연습용으로 그걸 쓰면 어떻겠냐고 했다. 물론 한 귀로 듣고 한 귀로 흘렸다. 저 기타 줄을 갈아서 쓰느니 그냥 새로 사겠다!

어쨌든 서서히 잊히던 열정에 불을 지핀 것이 기타리스트 박규희의 연주회였다. 그가 망고레의 「숲속의 꿈」을 연주하는 걸 보고 다시 기타를 시작해야겠다는 결심이 섰다. 화려한 트레몰로 주법으로 청자를 홀려 마치 꿈속을 헤매는 것 같은 음악. 내 방에 있는 기타도 그런 소리를 낼 줄 알 텐데, 문득 미안해진다.

장바티스트 포르, 종려나무
Jean-Baptiste Faure, Les Rameaux

> 호산나! 주 찬양해! 우리를 구하러 오신 분을 찬양하라! ―「종려나무」

인상주의 화가 에드가르 드가의 「발레 수업」이라는 그림이 있다. 그림에서 발레를 배우는 소녀들은 삼삼오오 모여 연습을 하거나 자기 차례를 기다린다. 가운데 지팡이를 짚고 서 있는 늙은 스승의 시선은 제법 예리하다.

   이 아름다운 그림을 주문한 것은 바로 바리톤 장바티스트 포르로, 그는 파리와 런던을 넘나들며 활동한 훌륭한 음악가였다. 게다가 안목 있는 아트컬렉터이기도 했는데, 드가의 작품이 그 대표적인 예다. 전해 오는 이야기에 따르면 포르는 인상주의의 열렬한 지지자였다. 당시 학회에서 환영받지 못했던 인상주의가 성장할 수 있었던 것은 포르 같은 사람들이 있었기 때문이 아닐까.

   성악가이자 작곡가 그리고 아트컬렉터였던 그의 가장 잘 알려진 곡이 바로 「종려나무」다. 예수가 십자가에 못 박히기 일주일 전 예루살렘에 입성할 때 유대인이 흔들었다는 종려나무. 그 전통에 따라 부활하기 한 주 전 일요일인 종려주일에 교회에서는 이 음악이 울려 퍼진다.

● **에드바르 그리그, 6개의 노래 작품48 6번 꿈 Edvard Grieg, 6 Songs Op.48 No.6 Ein Traum**

그곳에서 현실은 꿈이 되었고, 꿈은 현실이 되었지요. ―「꿈」

젊고 유망한 작곡가 그리그. 소프라노 니나 하게루프는 그리그의 곡을 가장 잘 해석하기로 정평이 나 있었다. 니나는 그리그의 아내이자 사촌 동생이었는데, 가곡「꿈」이 수록된 작품집『6개의 노래』는 니나와 함께 노르웨이의 작은 마을 베르겐에 있는 집에 머무를 때 썼다. 화자는 꿈속의 여인과 봄날의 숲을 즐기는데, 멀리에서 교회 종소리가 들리고 꽃은 만개했다. 덧붙여 더욱 기쁜 사실은 그것이 꿈이 아니라 현실이었음을 알게 된 것이다. 어쩌면 아내 니나와 함께한 전원의 삶은 그리그에게 마치 꿈과 같았을지도 모른다. 그의 음악을 들으며 지고지순한 사랑도 이루어질 수 없는 사랑의 열병만큼이나 흥미로운 예술 재료라는 것을 다시금 깨닫는다.

세르게이 프로코피예프, 피터와 늑대 작품67
Sergey Prokofiev, Peter and the Wolf Op.67

> 소련에서 아이들은 예술의 가장 중요한 청중이었습니다. 그들은 나라의 미래를 이끌어 갈 희망이었으니까요. 프로코피예프는 여기에 최적화된 작곡가였습니다. 그는 아이들을 정말 사랑했어요. — 할로 로빈슨, 러시아 문화연구가

언젠가 '-린이'라는 말이 유행처럼 번진 적이 있다. 어떤 일을 시작하는 단계이거나 아직 익숙하지 않을 때 '-린이'라는 말을 붙인 것인데, '어린이'의 뒷글자를 따서 만든 단어다. 분명 어린아이를 미숙한 존재로 인식하는 부적절한 단어임에도 무분별하게 사용되곤 했다. 천대받던 어린이의 권익을 향상하기 위해 제정된 어린이날은 어린이가 귀한 오늘날에 그 의미가 더욱 크게 다가온다. 아이들을 '사회에 쓸모 있는 재원'이나 '미숙하기에 가르쳐야 하는 존재'로 여기는 요즘도 아이들의 권익 향상은 한참 먼 일로 보인다.

1934년 소련도 그랬다. 공산주의에 복무할 인력으로 키워 내기 위해 아동교육이 강조되었는데, 대중성과 사상성과 단순성이 돋보이는 작품이 이 시기에 지원을 받아 크게 성장했다. 대표적인 예인 프로코피예프의 『피터와 늑대』는 어린이를 위한 음악 동화로, 프로코피예프가 직접 대본을 작성했고 책과 만화로도 각색되었다. 이 음악 동화는 각 악기가 등장인물을 하나씩 맡고 있는데 플루트의 높은음은 새, 오보에는 오리, 무거운 호른은 늑대, 편안한 음색의 바순은 할아버지, 현악 5부는 주인공 피터, 목관과 트럼펫은 사냥꾼을 표현한다. 아이들을 대상으로 작곡했지만, 이 작품을 만들게 된 계기와 그 뒷이야기를 함께 들으면 당대 소련의 상황에 복잡한 마음이 들지도 모르겠다.

모리스 라벨, 피아노협주곡 G장조
Maurice Ravel, Piano Concerto in G major

아름다운 것, 좋은 것 그리고 위대한 것에 항상 마음을 열어 놓고 나 이외의 다른 사람들과 자연, 신으로부터 오는 메시지를 기꺼이 받아들일 수 있는 열린 가슴이 있는 한 당신은 젊음을 유지할 수 있을 것이다. ─ 더글러스 맥아더

내가 네 살이라는 어린 나이부터 피아노를 접하고 음악을 공부할 수 있었던 가장 큰 이유는 가족의 관심사에 있다. 매일 아침 클래식 음악을 배경 삼아 식사하던 우리 집의 메인 디제이는 아버지였다. 언젠가부터 플레이리스트에 빠지지 않고 등장하는 곡이 있었는데, 바로 모리스 라벨의 피아노협주곡 중 2악장이었다. 왼손의 움직임이 일정한 탓에 단순하게 들리지만 그 안에는 심오한 사연이 있는 듯한 이 음악을 듣고 온종일 선율이 머리에 맴돌았다. 나머지 악장도 궁금해져 음악을 재생한 순간 2악장과는 너무나도 다른 1악장과 3악장에 '이 작곡가는 피아니스트가 역량을 최대치로 보여 줄 수 있게끔 다채롭게 곡을 구성했구나'라는 생각이 들었다. 그래서 라벨이 이 곡을 작곡했던 시기를 검색해 봤다. 역시나 라벨이 자신의 피아노 연주 실력을 뽐내고자 작곡한 곡이었다. 1악장은 재즈를 접하고 학습한 그의 노력이 엿보이기도 한다.

라벨은 이 곡을 말년에 건강이 악화됐을 시기에 완성해 결국 직접 초연하지는 못했지만, 그가 젊지 않은 나이에도 새로운 음악 문화에 귀를 기울이고 그것을 자신의 작품으로 녹여 냈다는 점이 인상 깊게 다가온다.

샤를오귀스트 드 베리오, 바이올린이중주 작품57 1번 Charles-Auguste de Bériot, 3 Concertant Duets Op.57 No.1

> 바이올린의 진정한 사명은 인간 목소리의 억양을 모방하는 것인데, 이는 악기의 왕으로 불리는 영광을 얻은 바이올린에 주어진 고귀한 사명이다.
> ― 베리오

눈을 감으면 아직도 생생하게 기억나는 순간이 있다. 처음으로 풀사이즈 바이올린을 구매한 날은 4분의 1사이즈로 처음 바이올린을 시작한 여섯 살부터 그려 온 날이었기에 더욱 소중한 기억으로 남아 있다. 미국에서 생활하던 때라 레슨 선생님의 추천으로 보스턴의 악기점에 들렀고, 그곳은 여느 악기점처럼 송진과 나무 냄새가 가득했다. 그리고 떨리는 마음으로 바이올린을 고르기 시작했다. 소리를 테스트해 보고, 활의 촉감이나 본체의 무게감 등 확인할 것이 한둘이 아니어서 시간이 꽤 걸렸더랬다. 그렇게 바이올린을 구매하고 문을 나서는데, 악기점 주인이 "그 악기가 행운을 가져다주길 빌게요!"라고 말했다.

그렇게 평생을 함께할 바이올린이 생겼고, 바이올린을 그만둔 지금도 그 순간만큼은 특별하게 남아 있다. 언젠가 벨기에에 관한 글을 읽다 벨기에가 바이올린으로 유명하다는 구절을 보고 곰곰이 생각해 보다가 바이올린이 음악가의 '필수 악기'로 여겨지던 르네상스 시대에 부르고뉴악파가 흥한 것에 고개가 끄덕여졌다. 베리오는 그 흐름을 이어받은 음악가로, 벨기에와 프랑스의 바이올린 연주법을 고안한 인물이기도 하다. 힘차게 시작하는 그의 바이올린이중주 1번은 기교뿐 아니라 프랑스의 서정성도 보여 준다.

안토닌 드보르자크, 집시의 노래 작품55 4번 어머니가 가르쳐 주신 노래 Antonín Dvořák, Gypsy Songs Op.55 No.4 Songs My Mother Taught Me

늙은 어머니가 나에게 노래를 가르쳐 주실 때 속눈썹에 눈물이 맺히곤 했지. 이제 내 아이들에게 그 노래를 가르치는 내 뺨에도 눈물이 흘러내리네.
―「어머니가 가르쳐 주신 노래」

언젠가 어머니에게 "엄마는 나를 어떻게 키우셨어요? 한 생명을 낳고 모든 책임을 진다는 게 너무 무서웠을 것 같은데"라는 질문을 한 적이 있다. 어머니는 "무서웠지, 네가 집에 들어올 때 조금이라도 표정이 안 좋으면 머릿속이 하얘지고 오만 생각이 들었단다"라고 대답했다. 나는 이 답을 듣고 어머니와 아버지의 무게를 실감했다. 점점 나이가 들어 가면서 친구들과 "부모님이 나를 키우실 때 심정을 조금씩 이해하게 되니 아이를 낳는 게 더 겁이 난다"는 이야기를 하게 되는 걸 보면 새삼 어버이날이 감사하게 느껴진다. 평소에는 간질거려서 못 전하던 마음을 어버이날을 핑계 삼아 전할 수 있으니 말이다.

드보르자크의 『집시의 노래』 중 「어머니가 가르쳐 주신 노래」는 어머니가 나에게 가르쳐 주신 노래를 이제 내가 딸에게 들려준다는 아돌프 헤이두크의 시를 가사로 한다. 드보르자크가 자녀를 모두 하늘로 떠나보낸 후에 작곡한 이 곡은 더는 아이들에게 노래를 불러 줄 수 없는 그에게 더욱 애통하게 다가왔을 것이다. 매년 돌아오는 어버이날이다. 평소에 전하지 못한 마음을 어버이날을 핑계 삼아 전해 보는 것은 어떨까?

피우스 청, 에튀드 E단조
Pius Cheung, Etude in E minor

> 다른 사람들이 너의 음악을 어떻게 판단하는지 두려워하지 마. 마음속에 떠오르는 대로 쓰면 돼. — 에드워드 올드웰

'창작 활동'의 범주는 사람마다 다르지만, 나는 연주, 작곡, 학문적 음악 연구 모두를 창작 활동에 포함한다. 독창적으로 지어낸다는 뜻인 '창작'은 남과 다른 생각에서 시작된다는 것이 보편적 통념인데, 이 때문에 창작을 업으로 삼는 예술가는 '남과는 다르게' 대단한 작품을 써내야 한다는 압박감에 늘 시달린다. '창작의 고통'이라는 말도 있지 않은가!

오늘의 작곡가 피우스 청도 같은 고민을 했다. 타악기 연주가이자 작곡가인 그는 커티스 음악원 재학 당시 음악이론 선생님이었던 에드워드 올드웰에게 타인의 판단을 두려워하지 말고 작곡가로서 자신의 중심을 잡으라는 조언을 듣고 큰 울림을 받았다. 대단한 조언은 아니라고 생각할지도 모르지만, 창작의 고통을 겪는 이에게 같은 고통을 먼저 오랜 시간 겪어 온 선배 음악가가 이런 말을 한다면 그 울림이 훨씬 컸지 않을까? 청은 선생님의 조언을 받아들여 단순하지만 담담하게 자신의 마음을 담아 이 곡을 작곡했고, 그에게 헌정했다. 작곡가가 마음의 부담을 벗어던지고 진솔하게 써낸 이야기가 여기에 담겨 있다.

세자르 프랑크, 바이올린소나타
César Franck, Violin Sonata

첼로 연주를 할 때는 꼭 아름다운 곳을 걷는 듯한 느낌이 들어요. ― 재클린 뒤 프레

첼리스트 재클린 뒤 프레는 다발성경화증이라는 진단을 받은 뒤 점점 마비되어 가는 자신을 그저 바라볼 수밖에 없었다. 발병 초기, 이 사실을 몰랐던 남편 다니엘 바렌보임은 같은 음악가로서 재클린을 매우 다그쳤고, 비평가들은 그의 연주에 연일 난색을 표했다. 그리고 얼마 지나지 않아 재클린은 평생 몸담았던 공연장을 영원히 떠나야 했다. 비록 이른 나이에 세상을 떠났지만, 다행히 음반으로나마 우리 곁에 남을 수 있었다.

재클린의 연주 가운데 남편인 바렌보임과 함께한 프랑크의 바이올린소나타를 가장 좋아한다. 원래 바이올린을 위한 곡이지만, 첼로로 연주하면 한층 더 깊은 감정을 느낄 수 있다. 세자르 프랑크는 이 곡을 바이올리니스트이자 절친한 친구였던 외젠 이자이에게 결혼 선물로 주었다. 이자이와 바렌보임의 결혼생활은 서로 다른 결말을 맞았지만, 이 음악과 사랑 사이에 긴밀한 연관이 있음은 부정할 수 없다. 비극적인 젊은 부부의 운명을 모른 체하더라도 무척 아름다운 음악이라는 것 역시 부정할 수 없다. 쌀쌀한 5월의 밤에 턱을 괴고 앉아 프랑크의 바이올린소나타를 들어 본다.

파울 유온, 피아노삼중주 3번 작품60
Paul Juon, Piano Trio No.3 Op.60

만약 마음의 평화를 원한다면 몽트뢰로 오라. ― 프레디 머큐리

파울 유온은 러시아계 스위스인이다. 모스크바에서 태어나 유년기를 러시아에서 보냈고, 스위스 브베에서 생을 마감했다. 러시아인과 다름없었던 파울 유온에게 스위스는 제3국에 지나지 않았지만, 생의 끝 무렵 그의 발걸음은 스위스를 향했다.

몇 해 전 알프스산맥에서 전동 킥보드를 타다 넘어지는 바람에 크게 다쳤는데, 사방이 설산으로 둘러싸여 있고 시야가 닿는 곳은 온통 초록 잔디밭이었던 그 길에서 제아무리 크게 소리 질러도 듣는 이 하나 없었다. 결국 조금 소리를 질러 보다 하는 수 없이 혼자 힘으로 일어났다. 어찌나 서럽던지! 게다가 유흥이라곤 없어 (내가 몰랐던 것일 수도 있다) 프랑스에서는 밤새 놀았던 내가 8시만 되면 호스텔로 들어가 맥주 한 캔을 마신 뒤 잠에 들었다.

스위스에서 내가 방문한 주요 명소는 대부분 어느 인물의 생가였는데, 이들은 자기 죽음을 채비하기 위해 스위스로 모여들었다. 마지막 앨범 『메이드 인 헤븐』 작업을 몽트뢰에서 한 프레디 머큐리, 작은 마을 모르주에서 생을 마무리한 오드리 헵번 그리고 파울 유온과 같은 곳에 최후의 흔적을 남긴 찰리 채플린까지. 내가 알프스산맥에서 느낀 막막함은 죽음을 앞둔 이들에겐 평화와 같은 것이었을지.

● **제르맨 타유페르, 느린 왈츠**
Germaine Tailleferre, Valse Lente

제르맨 타유페르 양에 대해서는 여성 설교자에 대한 존슨 박사의 금언을 음악 용어로 바꿔 반복하기만 하면 된다. "선생, 여자가 작곡하는 것은 개가 뒷다리로 걸어 다니는 것과 마찬가지라오." — 버지니아 울프, 『자기만의 방』

재즈 바에서 피아노를 연주하는 지인이 있다. 클래식 음악가로 활동하다 잘 풀리지 않아 절충안으로 찾은 것이 재즈였다. 재즈를 사랑하는 순수한 마음보다는 돈벌이에 무게를 두고 시작한 연주 생활이지만, 요즘에는 재즈를 퍽 사랑하게 된 것 같다. 그가 클래식계를 떠날 즈음 클래식 음악이 현대사회에서 외면받는 장르가 된 이유에 대해 한참을 이야기했다. 결론은 클래식이 너무 느리고 길다는 것이었다. 클래식 음악의 좋고 나쁨을 이야기하려면 기다릴 수 있어야 한다. 음악을 기다린다는 표현이 낯설지 모르겠지만, 기다려야만 알 수 있는 클래식만의 묘한 재미가 있다. 대신 오래 기다린 만큼 성취감은 배가된다. 재즈 피아니스트는 자극적이고 빠른 것만 좇는 우리 사회에서 클래식 음악의 느린 미학은 통하지 않는다며 발길을 옮겼지만, 나는 언젠가 느림의 가치가 다시 중요해지는 날이 올 거라 믿는다.

프랑스 6인조의 음악은 한마디로 듣기 쉽다. 짧고, 편안하다. 그들은 어렵고 복잡한 음악은 거창할 뿐이라고 생각했다. 이중 유일한 여성인 타유페르의 곡은 쉴 새 없이 자극받는 감각에 피로해진 현대인에게 느림의 미학을 맛볼 수 있는 기회를 준다. 처음부터 1시간을 기다리기 힘들다면 타유페르의 곡으로 연습해 보자. 제목부터가 「느린 왈츠」이니, 충분히 믿음이 가리라 생각한다.

카를 마리아 폰 베버, 클라리넷협주곡 2번 작품74 Carl Maria von Weber, Clarinet Concerto No.2 Op.74

음악은 예술과 인류에게 사랑과 같은 존재다. — 베버

"왜 베버의 음악은 베토벤이나 모차르트의 음악에 비해 저평가받는가?"

학교 음악미학 시험에 이런 문제가 나왔던 것이 생각난다. 그래, 베버의 음악이 어떤 부분에서 모자라기에! 베버는 주로 유명한 작곡가의 비교 대상으로 언급된다. 오지선다형 시험에서 분명 답이 4번인 걸 아는데, 괜히 신경 쓰이는 3번 같은 존재랄까. 바그너는 베버야말로 진정한 독일 작곡가라고 이야기했다(그래서 런던에 묻힌 베버의 유해를 독일로 송환하는 데 힘을 쓰기도 했다).

나에게 베버는 『마탄의 사수』로 시작해 『마탄의 사수』로 끝나는 작곡가였다. 이전에 교수님조차 베버는 참 불쌍하게 살았다고, 『마탄의 사수』 외에는 다 망해 빚도 많고 안타까운 사람이라고 말씀하신 적이 있다. 그래서 클라리넷협주곡을 듣고 깜짝 놀랐다. 도저히 왜 잘 안 되었는지 모르겠어서 당황스럽기도 했다. 친구이자 클라리넷 연주자인 하인리히 베어만을 위해 작곡한 이 곡은 현란한 클라리넷 기술이 총망라되어 청중의 반응을 끌어내기 좋다. 부디 여러분이 이 곡을 계기로 베버를 사랑해 주길 바라며.

에이미 비치, 교향곡 E단조 작품32 게일
Amy Beach, Symphony in E minor Op.32 Gaelic

음악은 삶에 있어서 최상급의 경험이지만, 여성이라는 지위는 남성의 삶을 물들이는 많은 경험을 거부한다. ― 비치

미국 여성작곡가협회 설립자이기도 한 에이미 비치는 여성 최초로 교향곡을 출판했다. 이전까지 피아노 소품과 가곡 작곡에 그쳤던 여성이 남성적 장르로 여겨지는 교향곡을 작곡한 것은 상당히 이례적인 일이었다. '최초'라는 수식어와 잘 어울리는 이 교향곡은 여성 작곡가가 작곡하고 출판한 최초의 교향곡이자 보스턴 심포니 오케스트라가 역사상 최초로 연주한 여성 작곡가의 교향곡이다.

어렸을 때부터 영재성이 돋보였던 에이미 비치에게 어느 날 독일 음악원에서 공부할 기회가 찾아왔다. 그러나 부모의 반대로 좌절되었고, 결혼 후에는 남편의 반대로 정규 음악교육을 받지 못했다. 사료에 따르면 제도권 음악교육이 에이미의 독창적인 음악 세계에 해가 될까 걱정해 반대했다는데, 나의 의견은 조금 다르다. 여성의 공적 음악 활동에 대한 시대적 편견 때문이 아니었을까 싶은 것이다. 결국 에이미는 남편과 부모가 모두 세상을 떠난 뒤에야 유럽에서 경험을 쌓을 수 있었다. 누구에게나 소중한 한 번뿐인 인생에서 선택권조차 갖지 못했던 에이미 비치. 그가 비로소 유럽 땅을 밟았을 때의 감정을 감히 상상조차 할 수 없다.

나디아 불랑제, 첼로와 피아노를 위한 3개의 소품 Nadia Boulanger, 3 Pieces for Cello and Piano

> 음악을 공부하려면 법칙을 배워야만 합니다. 그러나 음악을 창조하려면 그 법칙을 몽땅 잊어야 하지요. ― 불랑제

평생 훌륭한 음악 스승을 만나는 것만큼 큰 복이 없다고 한다. 가끔 유명 음악가를 볼 때면 '저 사람을 가르친 스승은 누구일까?' 생각하게 되는데, 필립 글래스, 아스토르 피아졸라, 에런 코플랜드 등 현대음악계에서 중요한 위치를 차지하는 거장들이 거쳐 간 스승이 있다. 바로 '음악가의 음악가'라 불리는 나디아 불랑제다. 글보다 음표를 먼저 배웠다는 그는 세 살부터 피아노를 치고 열 살에 파리 음악원에 입학할 정도로 뛰어난 음악적 재능을 가졌지만, 이내 작곡을 포기했다. 여기에는 최고의 음악 동료이자 동생인 릴리 불랑제가 사망한 영향도 있겠지만, 음악 창작보다 학생을 가르치는 일이 자신에게 맞겠다는 판단이 있었기 때문이리라.

    아스토르 피아졸라와 나디아의 일화는 유명하다. 나디아는 반도네온 연주자로서의 정체성을 부끄러워하던 제자 피아졸라에게 "곡 안에서 너를 찾을 수 없다"며 그를 일깨우고 방황을 끝내게 해주었는데, 피아졸라는 이를 계기로 '누에보 탱고'라는 새 장르를 창안했다. 모든 이가 자신의 스승을 특별하게 생각하지만, 음악사에 길이 남을 '음악가의 음악가'인 나디아 불랑제는 특별한 스승이 틀림없다. 음악가에게 스승이란 곧 같은 길을 걷고 같은 고통을 경험한 선배다. 나디아의 가르침이 궁금해지고, 그의 음악이 더욱 마음에 와닿는 오늘이다.

● **알퐁스 하셀만스, 샘 작품44**
Alphonse Hasselmans, La Source Op.44

아폴론의 시대에는 시인이 음악과 의술을 함께 결합하는 데에 능했다. 의학의 공간은 인간 몸의 기이한 하프를 조율하고 그것을 화성으로 조화롭게 만드는 것에 불과하기 때문이다. ― 프랜시스 베이컨

올림포스 열두 신 중 한 명인 헤르메스는 음악의 신 아폴론에게 리라를 선물한다. 그리스신화에서 음악 하면 빠질 수 없는 오르페우스도 평생 리라를 연주했다. 이처럼 리라는 신들의 이야기에 종종 등장하며 인간과 신의 세계에 비이성과 몽환성을 선사한다. 인간이 처음 만든 악기로 알려진 리라는 오랜 시간 변화를 거듭했으며, 오늘날에는 하프로 불린다.

하프 소리를 접할 수 있는 작품을 떠올려 보자. 일단 베를리오즈의 『환상 교향곡』이 있고, 드뷔시나 타유페르 같은 프랑스 작곡가가 뒤를 이을 것이다. 이처럼 하프는 프랑스 음악의 몽환성을 나타내는 정체성 같은 악기로, 실제로 마리 앙투아네트도 즐겨 연주했다고 한다. 이런 프랑스 하프의 대부가 있으니, 바로 오늘의 작곡가 알퐁스 하셀만스다. 그는 대중적으로 잘 알려지지 않았지만, 하프 음악에서는 중요한 스승이다. 오늘의 곡인 「샘」은 하프의 주법을 성실하게 활용하면서도 그 신비함을 복잡하지 않게 풀어낸다. 점점 따듯해지는 봄날, 잠이 오는 오후에 하프 음악을 감상해 보는 건 어떨까?

프리츠 크라이슬러, 3개의 빈의 옛 춤곡 2번 사랑의 슬픔 Fritz Kreisler, 3 Old Viennese Dances No.2 Liebesleid

가장 달콤한 사랑 노래는 가장 슬픈 이야기를 전해 주는 것이다. ― 퍼시 비시 셸리

중학교 때 피아노학원에서 지독한 짝사랑을 했다. 우리는 두 달에 한 번씩 리사이틀을 했는데, 곡을 정하며 그와 하소연을 가장한 짧은 대화를 나누는 중에 그애가 연주할 곡을 「사랑의 기쁨」에서 「사랑의 슬픔」으로 바꿨다는 이야기를 했다. 「사랑의 기쁨」은 유명 개그 프로그램의 '달인' 코너 오프닝곡으로 귀에 익었지만 「사랑의 슬픔」은 있는 줄도 몰랐던 나는 그가 유머까지 갖췄다고 생각했다. 그리고 짝사랑남의 진지한 연주로 「사랑의 슬픔」을 접한 후에는 「사랑의 기쁨」보다 더 좋아하게 되었다.

    음악을 들으면 알 수 있듯 3박자 계열의 왈츠인 이 곡은 빈 지방의 민요에서 가져왔다. 다른 악기에 비해 바이올린이 가진 매력을 꼽으라면 단조의 멜랑콜리한 곡을 연주할 때 음을 더욱더 자연스럽게 끄는 것이겠다. 뛰어난 바이올리니스트였던 크라이슬러가 작곡한 「사랑의 슬픔」을 감상할 때면 역시나 그가 바이올린의 특장점을 잘 파악하고 있다는 생각이 든다. 피아노 반주와 완벽하게 맞아떨어지지 않아도 바이올린이 조금씩 속도를 늦추며 '사랑의 슬픔'을 아련하게 담아내는 엇갈림이 마음을 붕 뜨게 한다.

이루마, 사랑에 빠질 때
Yiruma, When the Love Falls

이렇듯 봄이 가고 꽃 피고 지도록, 멀리 5월의 하늘 끝에 꽃바람 다하도록, 해 기우는 분숫가에 스몄던 넋이 살아, 앙천의 눈매 되뜨는 이 짙은 5월이여, 사랑이여, 내 사랑이여. ― 노래를 찾는 사람들,「5월의 노래」

코로나19로 지쳤던 한국 음악계에 단비 같은 소식이 있었다. 이루마의 데뷔 10주년 기념 앨범이 빌보드 '클래식 앨범 차트'에서 무려 16주 동안 1위에 오른 것인데, 대중음악계뿐만 아니라 클래식 부문에서도 한국 아티스트가 굳건히 자리를 지켰다는 사실에 나도 굉장히 기뻤다. 피아노 레슨 알바를 하던 때에 드라마『겨울연가』의 OST로 잘 알려진 이루마의「사랑에 빠질 때」를 자주 들었기에 더욱 반가웠다. 단조 계열로 슬프게 느껴지는 이 곡이 아이들의 감성을 자극했는지 몇 달간 이 곡을 지도했더랬다.

이루마의 곡으로만 알았던 이 음악을 들은 부모님은 사뭇 다른 반응을 보였다. 5.18민중항쟁에서 불린 민중가요「5월의 노래」가 아니냐는 것이었다. 찾아보니 아주 유사했고, 두 곡이 공통으로 미셸 폴나레프의「누가 할머니를 죽였는가?」를 원곡으로 한다는 사실을 알았다. 비록 이루마는 5.18항쟁을 추모하는「5월의 노래」가 같은 곡을 원곡으로 했다는 사실을 알지 못했다지만, 음악은 듣는 이가 의미를 만드는 것이 아니겠는가. 비하인드 스토리를 듣고 나니 가슴이 미어지게 하는 멜로디 뒤에 어딘가 단단한 이야기가 담긴 듯 느껴진다.

● 요한 슈트라우스 2세, 박쥐 — 친애하는 후작님 Johann Strauss Jr., Die Fledermaus — Mein Herr Marquis

> 더 이상 바꿀 수 없는 것을 잊을 수 있는 사람은 행복한 사람입니다.
> ― 슈트라우스 2세

가벼운 음악과 무거운 음악 중 어느 것이 더욱 '진정한 예술의 가치'를 담는지에 관한 논쟁이 있다. 대중음악은 전자를 대표하고 후자는 클래식 음악이 차지하는데, 사실 이러한 담론은 클래식계 내에도 있다. 음악미학에서 중요하게 언급되는 경음악 논쟁은 무거운 주제를 담은 진지한 곡이 가볍고 단순한 음악보다 예술적으로 아름다운지 혹은 그 가치를 객관적으로 평가할 수 있는지 등 다양한 담론을 포함한다.

슈트라우스가의 음악은 유머러스하고 어렵지 않은 경음악의 대표 주자로, 이는 춤과 함께하는 여러 행사에서 그들의 음악을 자주 접할 수 있는 이유이기도 하다. 요한 슈트라우스 2세는 오페라보다 단순하고 대중적인 내용과 음악을 담은 오페레타를 빈에 들여와, 발랄한 춤곡을 작곡해 왔던 자신의 강점을 극음악에서도 발휘한다. 막장 드라마보다 더 막장 같은, "저게 말이 돼?"라며 깔깔 웃게 되는 상황의 연속인 『박쥐』는 현재 빈 국립 오페라하우스에서 가장 인기 있는 오페레타다.

후작 부인의 하녀인 아델레가 가면무도회에서 아내 몰래 놀러 나온 후작이 자신을 알아보는 것 같자 사람 보는 법을 더 배우라며 부르는 노래 「친애하는 후작님」. 전체적으로 유머러스한 분위기가 풍기는 이 작품에서 후작을 비웃으며 한껏 비꼬는 재미가 있는 이 곡으로 가벼운 봄날을 즐겨 보길 바란다.

레녹스 버클리, 기타 소나티네 1번 작품52
Lennox Berkeley, Guitar Sonatina No.1 Op.52

> 과연 줄리언 브림의 영향을 받지 않은 기타리스트가 이 세상에 존재할까?
> — 박규희, 『스포츠한국』 인터뷰

새로운 작곡가를 마주할 때마다 하마터면 놓쳤을 대단한 음악가와 근사한 음악이 아주 많다는 사실에 아찔해진다. 레녹스 버클리를 알고 난 후에도 그런 아찔함을 느꼈다. 그는 평생 오페라에 주력했지만, 내가 그를 처음 마주한 것은 생각지도 못했던 기타 음악에서였다.

    전 세계적으로 잘 알려진 『기타 소나티네』의 연주는 기타리스트 줄리언 브림의 음반일 것이다. 영국 출신인 줄리언 브림은 젊은 기타 비르투오소로 세계적인 명성을 얻었지만, 음주운전 사고로 손을 다쳤다. 손으로 예술을 만드는 사람에게 손 부상은 사형선고보다 더 무서운 일일지도 모른다. 몇 차례에 걸친 수술 끝에 브림의 손은 어느 정도 회복되었지만, 비평가들은 브림의 재기 연주회에서 미지근한 반응을 보였다. 그 투지는 대단하지만 연주는 실망스러웠다고 말이다. 그럼에도 브림은 기타를 놓지 않았다. 그가 전성기였던 스물일곱 살에 연주한 버클리가 압도적이긴 하지만 1984년 사고 이후의 연주 역시 다른 의미에서 와닿는다. 브림은 2020년 영원히 우리 곁을 떠났다.

클라라 요제핀 비크 & 로베르트 슈만, 뤼케르트의『사랑의 봄』에 의한 12개의 노래 작품37 Clara Josephine Wieck & Robert Schumann, Gedichte aus 'Liebesfrühling' Op.37

나는 한때 내가 창의적인 재능이 있다고 생각했다. 하지만 이런 생각을 곧 떨쳐 버렸다. 여자는 작곡해서는 안 되고 지금껏 그래 왔던 사람도 없기 때문이다. — 클라라의 일기

클라라의 아버지 프리드리히 비크는 비크 집안을 널리 알릴 사람으로 세 아들보다 클라라가 더 가능성이 있다고 생각했다. 총명한 데다 성실하기까지 했던 클라라는 어린 나이에도 매일 두 번씩 피아노 레슨을 받고 3시간씩 연습하는 등 최선을 다해 훈련했는데, 그런 그의 작곡 활동을 가로막은 것은 자기 자신이었다. 프리드리히 비크는 클라라에게 작곡을 권하곤 했지만, 정작 본인은 감히 여자가 작곡을 하는 건 매우 오만한 일이라고 여겼다. 개인이 사회의 통념을 무시하기란 쉽지 않다. 지배적인 사고를 어기는 짓은 나를 위해 그리고 모두를 위해 지양해야 한다고 배우기 때문이다. 이처럼 시대가 만든 거대한 틀에 갇혀 있던 클라라는 그것을 깨고 나오기가 두려웠던 것이다.

이 가곡집은 뤼케르트의 시에 곡을 붙인 것으로, 클라라와 남편 로베르트 슈만은 시집『사랑의 봄』에서 원하는 시를 각각 선택해 작곡했다. 그리하여 탄생한 악보집은 결혼 일주년을 기념해 공동 출판되었고, 서로에게 주는 기념 선물이 되었다. 부부의 날, 사랑하는 사람과 함께 들어 보자!

● **외젠 이자이, 6개의 무반주 바이올린소나타 작품27 4번 Eugène Ysaÿe, 6 Sonatas for Solo Violin Op.27 No.4**

이자이를 연주할 때에는 바이올린이 보여 줄 수 있는 모든 기술을 총동원해도 부족하다. — 막심 벤게로프, 바이올리니스트

혹 이자이 바이올린학원을 본 적이 있는가. 리스트 피아노학원, 모차르트 음악학원만큼이나 흔한 이자이 바이올린학원. 어릴 적 다세대주택이나 아파트의 가정집을 학원으로 꾸민 이자이 바이올린학원을 보고 '원장님 이름이 이자이인가?' 얼핏 생각했다. 의외로(?) 이자이는 벨기에의 바이올리니스트이자 작곡가였다.

그의 『6개의 무반주 바이올린소나타』에 수록된 여섯 곡은 각각 다른 연주자에게 헌정되었는데, 가장 유명한 2번은 바이올리니스트 자크 티보에게, 오늘의 곡 4번은 「사랑의 기쁨」으로 유명한 프리츠 크라이슬러에게 헌정되었다. 이자이가 말년에 쓴 이 곡은 하루 만에 스케치했다고 전해진다. 믿거나 말거나지만 명바이올리니스트이자 작곡가의 대표곡으로 꼽히려면 이 정도 뒷이야기는 있어야 흥미진진하지 않을까 싶다.

오토리노 레스피기, 로마의 분수
Ottorino Respighi, Fontane di Roma

"저 아래 다른 하늘에서는 경건하게 울리던 천국의 감미로운 교향곡이 왜 이 하늘에서는 침묵하는지 말해 주오"
"그대는 인간의 시각과 청각을 갖고 있기 때문에, 베아트리체가 웃지 않듯이 여기서는 노래하지 않지요." — 단테, 『신곡』

연남동에 자주 가는 소품 가게가 있다. 주인의 시선이 담긴 각종 사진엽서를 파는 곳인데, 지나가다 보이면 한두 개씩 사는 것이 일종의 습관이 되었을 무렵 가게 주인이 처음으로 말을 붙였다. "이탈리아를 좋아하나 봐요." "글쎄요, 아직 이탈리아에 가 본 적이 없긴 한데……"라는 멋쩍은 대답 후 놀랍게도 "아, 올 때마다 이탈리아 풍경이 담긴 엽서를 고르길래요"라는 말이 돌아왔다. 이제껏 온갖 흔적이 묻은 엽서를 사면서도 그곳이 어디인지 한 번도 궁금해하지 않았다. 순간을 담았을 사진작가의 경험에 무지했던 내가 부끄러우면서도, 단골의 취향을 기억하는 주인의 세심함에 고마웠다.

그러고 보니 내가 고른 사진에는 유독 분수가 많다. 한국에서 분수는 다소 낯선 조형물이지만, 로마에는 동네와 건축물을 대표하는 분수가 많다고 한다. 엽서 속 해 질 무렵의 이름 모를 분수를 보며 레스피기의 『로마의 분수』 중 네 번째 곡 「황혼의 메디치가의 분수」를 들으면 종소리와 함께 이탈리아의 황혼이 찾아온다.

● **프란츠 리스트, 사랑의 꿈 작품541 3번 사랑할 수 있는 한 사랑하라 Franz Liszt, Liebesträume S.541 No.3 O Lieb, so Lang Du Lieben Kannst**

오 사랑하라, 사랑해도 되는 한! 시간이 오리라, 곧 무덤 앞에 서서 탄식할 시간이, 시간이 오리라. ―「사랑할 수 있는 한 사랑하라」

피아노 편곡 버전으로 더 잘 알려진 『사랑의 꿈』은 세 곡으로 구성된 연가곡으로, 사랑의 고귀함과 신비로움을 노래하는 어여쁜 가사 덕에 '우리 아이에게 좋은 클래식 모음집' 같은 컴필레이션음반에 자주 수록된다. 그런데 생각해 보면 이해하지도 못하는 독일어 가사가 무슨 수로 아이에게 좋을지 도통 감이 잡히지 않는다. 음악이 마법을 부리는 것도 아닌데!

한창 모차르트의 곡을 들으면 머리가 좋아진다는 가설이 돌았다. 여러 연구 결과에 의해 이미 사실무근이라고 밝혀졌지만 말이다. 내 의견을 덧붙이면 태교나 아이를 위한 음악을 선정할 때 중요한 기준은 주체인 부모의 감상이 아닐까 싶다. 좋아하는 음악을 공유하는 것은 부모와 아이 사이에 끈끈한 유대감을 만든다. 그리고 그 음악은 아이가 자란 후에도 부모님을 떠올리는 소소한 계기가 된다. 리스트의 『사랑의 꿈』을 들으면 어릴 적 카세트테이프를 틀어 주고 나가던 엄마의 뒷모습과 어두운 방이 떠오른다. 부모님이 좋아하던 음악은 아니지만, 어릴 적 기억 속에 부모님을 떠올릴 만한 곡은 이것 하나다. 나의 작은 몸을 누인 큰 독방을 채워 준 것이 아름다운 사랑 이야기라 다행이다. 「밤의 여왕 아리아」라도 나왔으면 악몽을 꿀 뻔했다.

● 스탠리 마이어스, 카바티나
Stanley Myers, Cavatina

나무는 각기 다른 모습을 하고 있다. ─ 영화 『디어 헌터』 중 닉의 대사

OST가 영화보다 더 많이 알려지는 경우가 있다. 베트남전쟁을 소재로 한 영화 『디어 헌터』의 OST 「카바티나」도 그중 하나로, 제목은 친숙하지 않을지 몰라도 음악의 첫마디만 들으면 어디선가 들어 봤다는 생각이 들 것이다. 인터넷에서도 악보를 어렵지 않게 찾아볼 수 있는데, 게시물에는 이 곡을 연주하기 위해 클래식기타를 배웠다는 내용이 빠지지 않고 등장한다. 그만큼 「카바티나」는 많은 사람에게 기타의 매력을 알린 곡이다.

이 음악이 명작의 OST라는 사실도 모른 채 저녁 라디오에서 우연히 접했을 때, 휴양지에서 노을을 감상하며 들으면 좋겠다는 생각을 했다. 정말 휴양지에 놀러 갔을 때 들으려고 곡 정보를 찾아보았고, 영화의 내용을 알고 나니 음악이 다르게 들렸다. 총성과 죽음이 가득했던 공간에서 고향으로 돌아온 주인공 마이클과 대비되는 이 감미로운 기타 선율에서 비극이 더욱 크게 다가온 것이다.

사슴에게 다시 총구를 겨누는 마이클과 그를 바라보는 사슴의 시선. 결국 하늘을 향하는 총구. 한 사람의 상처와 깨달음 그리고 치유까지 표현한 이 음악이 더욱 눈물겹다.

리로이 앤더슨, 타자기
Leroy Anderson, The Typewriter

> 비록 보스턴 팝스오케스트라에서 수년 동안 그의 작품을 수없이 공연했지만, 그의 음악은 작곡된 바로 그날만큼 영원히 젊고 신선하게 남아 있습니다. — 존 윌리엄스, 보스턴 팝스오케스트라 지휘자

다른 나라의 클래식계 상황을 속속들이 안다고 자부할 수는 없지만, 미국 클래식계는 다른 나라에 비해 무겁지 않은 경향이 있는 것 같다. 미국이 현대음악의 중심지이기도 하지만, 클래식의 범주를 넓게 잡고 있기 때문에 의미 있고 실험적인 시도가 더 자주 보인다.

리로이 앤더슨은 비교적 잘 알려진 미국 현대 작곡가로, 음악 소재를 재미있게 사용하는 것으로 유명하다. 곡의 길이는 전체적으로 짧으며, 미국 음악에서 빼놓을 수 없는 재즈를 비롯한 유머러스한 요소가 우리의 귀를 사로잡는다. 제목에서 유추할 수 있듯 이 곡은 타자기를 주요 악기로 사용한 협주곡이다. 독주 악기 역할을 하는 타자기를 오케스트라의 박자에 맞춰 빠른 속도로 치는 것이 연주의 핵심이다.

색다른 소재를 사용해 최근 곡으로 오해할 수 있지만, 1950년에 작곡된 꽤 오래전 곡이다. 리로이 앤더슨은 「타자기」뿐 아니라 타악기로 고장난 시계의 모습을 표현한 「고장난 시계」, 우리에게 가장 잘 알려진 크리스마스 음악이 아닐까 싶은 「썰매 타기」 등 클래식 음악을 가볍게 풀어내는 데에 탁월한 능력을 지녔다. 이런 작곡가가 많아지면 사람들이 클래식에 갖는 이미지가 조금은 가벼워지지 않을까.

● **루이즈 파렝, 플루트, 첼로, 피아노를 위한 삼중주 작품45 Louise Farrenc, Trio for Flute, Cello and Piano Op.45**

> 절대적인 것은 없다. 모든 것은 바뀌고, 모든 것은 움직이고, 모든 것은 회전하고, 모든 것은 떠오르고 사라진다. — 프리다 칼로

역사는 객관적 사실만을 담아야 한다는 것이 보편적인 믿음이다. 그러나 객관적으로 역사를 서술하는 것은 불가능에 가까운데, 사건을 바라보는 데에도 역사가의 시선이 담겨 있기 때문이다. 따라서 역사를 공부하는 것은 역사가의 시선으로 과거를 엿보는 일에 가까우며, 심지어 세상을 바꾼 순간이 역사에 기록되지 않는 때도 있다. 과연 남아 있는 사료만으로 역사를 기록하고자 하는 '객관적' 역사 서술 방식이 유효한지 다시 한번 고민해 봐야 하는 것이다.

여성 음악가의 작품도 마찬가지다. '여성 음악가 최초로'라는 표현을 쓸 때마다 나는 최초 이전에 주목받지 못한 작품이 수없이 있지 않을까 하는 생각에 내적 갈등을 겪으며, 최초를 기록할 필요가 없는 남성의 역사와 다시 한번 비교하게 된다.

'객관적' 역사 연구에 필요한 사료가 많은 작곡가는 작곡과 연주 활동을 멈춰도 기억된다. 그러나 기록에 남지 않은 음악가는 빠르게 잊힌다. 루이즈 파렝은 샤르티에 상을 두 번이나 수상한 음악가임에도 여성이라는 이유로 출판 기회를 잃는 경우가 많았다. 그런 의미에서 그가 집에서 여는 가정음악회를 위해 소박하게 작곡한 오늘의 곡이 더욱 특별하게 느껴진다.

볼프강 아마데우스 모차르트, 론도 F장조 작품494 Wolfgang Amadeus Mozart, Rondo in F major K.494

사람들은 내 음악이 쉽게 만들어진다고 생각하는 우를 범한다. 누구도 나만큼 작곡하는 데 시간을 보내고, 작곡에 대해 생각하지는 않을 것이다. 내가 거듭 연구해 보지 않았던 음악의 거장은 없다. — 모차르트

나는 음악을 전공한 부모님 덕분에 네 살이라는 어린 나이부터 피아노를 배울 수 있었다. 한글 읽는 법보다 악보 읽는 법을 먼저 배운 셈이다. 그러나 부모님은 다른 아이들보다 '빠르게' 교재를 끝내는 것은 원치 않으셨다. 체르니 100번을 세 번이나 반복했고, 초등학교 1학년 때 피아노를 시작한 친구들과 비슷한 시기에 처음으로 교재용 음악이 아닌 들어 본 작곡가의 곡을 연주할 수 있었다.

자꾸만 같은 교재를 반복하는 부모님을 원망하는 와중에도 선망하던 곡이 있었으니, 오늘의 곡인 모차르트의 론도 F장조다. 연습실에서 이 곡을 연습하는 언니가 얼마나 멋져 보이던지, 선생님한테 제목을 물어보고 노트에 적어 온 기억이 난다. 그때 선생님은 "이 곡은 제목이 조금 특이해. 다른 악장이랑 작품 번호가 다르거든!"이라고 말했고, 이 곡은 여전히 내게 '다른 악장과 별개로 여겨져야 하는 곡'으로 남아 있다.

이 곡은 모차르트의 피아노소나타 15번 중 마지막 악장에 속하지만, 사실 독립된 작품으로 봐도 무방하다. 실제로 15번 1악장과 2악장은 K.533, 오늘의 곡인 3악장은 K.494로 작품 번호도 다르며 K.494가 2년이나 먼저 작곡되었기 때문이다.

아널드 쇤베르크, 구레의 노래
Arnold Schönberg, Gurre-Lieder

『구레의 노래』 마지막 합창에 묘사된 것과 같은 일출이 있기를 바랍니다. 내가 세상에 내보이고 싶은 음악에는 새로운 햇살이 내리쬐는 날이 올지도 모르겠습니다. ― 쇤베르크의 연설 「사람은 어떻게 외로워지는가」

음악계에 몸담고 있으면 무대 뒤에서 일할 기회가 자주 생긴다. 친구의 독주회나 학교 연주회, 인턴으로 참가한 음악제 등 다양한 무대의 백스테이지를 경험하게 되는데, 그중 아직도 기억에 남는 순간이 있다면 베를리오즈의 『환상 교향곡』 연주에 스태프로 참여했을 때다. 워낙 대규모 편성으로 알려진 곡이기도 하고, 종이라는 색다른 악기와 하프를 두 개나 관리해야 해서 꽤 힘들었지만 그만큼 뿌듯하기도 했다.

베를리오즈의 『환상 교향곡』은 규모에서 어느 곡에도 뒤지지 않지만, 그래도 자세를 낮춰야 하는 곡이 몇 개 있다. 쇤베르크의 『구레의 노래』도 그중 하나다. 우리가 기존에 알던 편성과는 차원이 다른 규모를 자랑하는 이 곡은 다섯 명의 솔리스트와 세 팀의 남성합창단, 8부 혼성합창단과 140명에 이르는 대규모 오케스트라, 심지어 해설자까지 있다. 이는 편성 규모를 극한에 달하는 수준까지 확대한 것으로 낭만의 끝을 달리는 작품이자 현대적이라는 생각까지 들게 한다.

매들린 드링, 가야의 춤
Madeleine Dring, Danza Gaya

> 여성은 태어나는 것이 아니라 만들어지는 것이다. — 시몬 드 보부아르

여성 음악가의 생몰 연도, 남편과의 일화, 곡의 화성분석 따위는 이제 큰 흥미를 불러일으키지 못한다. 나는 그가 살았던 세상을 더 알고 싶고, 어떤 관점을 가졌는지 알고 싶다. 어쩌면 그 안에 더 놀라운 이야기들이 숨어 있을지도 모른다.

매들린 드링의 「가야의 춤」을 가지고 내가 이야기할 수 있는 정보는 그가 얼마나 남편을 사랑했는지에서 더 나아가지 못한다. 푸에르토리코의 민속춤곡을 오보이스트인 남편을 위해 오보에와 피아노를 위한 이중주로 편곡한 곡이기 때문이다.

작곡가로서 바라보는 드링과 아내이자 엄마로서 바라보는 드링은 매우 다를 테고, 드링이 이야기하는 자신과 타인이 이야기하는 드링 사이에도 엄청난 간극이 있을 것이다. 그리고 그 간극의 정도를 짐작해 보기 위해서는 아주 작은 것부터 시작해야 한다. 매들린 드링이 이 곡을 쓰기로 한 날의 날씨는 어땠을까? 배역을 맡은 연극의 티켓은 잘 팔렸을까? 혹 오랜 적자로 경제난에 시달리지는 않았을까?* 이날 아침 식사를 거르진 않았나? 이렇게 하나둘씩 파고 들어가면 그가 음악으로 이야기하고 싶어 한 것이 무엇이었는지에 도달할 수 있을 것이다.

---

* 1월 13일 매들린 드링의 『플루트, 오보에, 피아노를 위한 삼중주』 참고.

● **라우라 마소토, 이타카**
Laura Masotto, Ithaki

> 멀리서도 잘 보이는 이타카가 내 고향이오. (……) 이타카는 바위투성이의 섬이지만 젊은이들의 좋은 유모지요. — 호메로스, 『오디세이아』

라우라 마소토의 「이타카」는 이 글을 쓰고 있는 2021년 5월을 기준으로 세상에 나온 지 한 달이 채 안 된 따끈따끈한 신곡이다. 심지어 정식 앨범 발매일은 한 달 뒤이니, 선공개 곡인 셈이다. 「이타카」는 내 오래된(적어도 200년 전 곡을 주로 듣는) 귀를 자극했다. 완전히 홀렸다. 영화음악 같기도, 미니멀리즘을 표방하는 것 같기도 한, 여하튼 모호한 곡의 정체성은 오히려 곡의 정체를 드러낸다. 불명확성과 유동성. 이것이 오늘날 대부분의 창작곡을 설명하는 키워드다.

오디세우스의 고향인 그리스의 섬 이타카는 암소로 변한 제우스의 연인 이오가 건넜다는 이오니아해에 속한다. 음악을 들으며 트로이전쟁 이후 오디세우스의 귀향길을 되짚어 보았다. 그가 수차례 겪은 진기한 모험 중 단연 인상 깊은 것은 바다를 지나는 뱃사공을 죽음에 이르게 하는 세이렌의 아름다운 노래다. 오디세우스는 키르케가 미리 일러 준 대로 밀랍으로 귀를 틀어막아 겨우 목숨을 부지할 수 있었다. 「이타카」는 현대판 세이렌의 노래다. 이제 여성의 아름다운 목소리에 홀려 죽음에 이른다는 엉뚱한 설화는 없다.

6월

● **표트르 차이콥스키, 사계 작품37a 6월 뱃노래** Pyotr Tchaikovsky, The Seasons Op.37a June: Barcarolle

지금 200루블이 절실히 필요합니다. 그 돈이 없으면 여기서 살 수가 없습니다. 남은 작품의 작곡료를 분할하여 지급해 주신다면 정말 감사하겠습니다. 작품을 쓰는 데 시간이 오래 걸리지는 않을 것입니다. 제때에 곡을 받을 거라 기대하셔도 됩니다. — 차이콥스키가 『누벨리스트』 편집장에게 보낸 편지

차이콥스키는 새로 창간된 잡지 『누벨리스트』에서 1년간 각 달에 어울리는 시에 맞는 음악을 작곡해 달라는 의뢰를 받았다. 그래서 한 달에 한 곡을 써내야만 했는데, 극악의 스케줄에도 불구하고 이 일에 매우 만족했다. 마치 월급날 통장을 확인하고 다시 잘해 보자는 다짐을 하는 직장인처럼 말이다. 그 무렵 차이콥스키는 지인들에게 "팬케이크 굽듯이 음악을 쓴다"고 말하고 다녔다. 이 말에 대체 얼마나 음악에 빠져 살면 기계처럼 작곡할 수 있을까 경외심이 들었는데, 문득 어떤 교양 수업에서 교수님이 하신 말씀이 생각났다. 교수님은 이제 머리를 쓰는 일에 질렸다며 그냥 단순노동을 하고 싶다고 하셨다. 그 말에 "저도요!"라고 외치고 싶었다. 대형 강의실이라 용기가 없어서 그냥 웃음만 짓고 말았지만. 그때 나는 하도 많이 글을 쓰고 말을 하다 보니 뇌가 한계치에 다다른 느낌이었다.

팬케이크 굽듯이 음악을 쓴다는 말과 달리 차이콥스키가 『누벨리스트』에 보낸 곡은 놀라울 정도로 아름답다. 특히 6월은 더욱더. 6월을 주제로 한 곡 중에 단연 돋보이는데, 음악적 스킬도 뛰어나지만 여름을 표현한 곡치고 무겁다는 것도 이유다. 그래서 더 마음에 든다. 6월이라고 마냥 방방 뜨지는 않으니까.

● **카미유 생상스, 칠중주 작품65 4악장 가보트** Camille Saint-Saëns, Septet Op.65 4. Gavotte et Final

메리에게는 한 마리 양이 있었네. 털은 눈처럼 희었고, 메리가 가는 곳이면 어디든지 따라다녔네. ― 토머스 에디슨이 포노그래프를 발명하고 시험한 7초간의 녹음(헤르베르트 하프너, 『음반의 역사』)

얼마 전 독립한 친구가 레코드판을 들을 수 있는 턴테이블을 구입했다는 이야기를 전했다. 반은 인테리어용이고 반은 본래 목적에 걸맞은 음악감상용이라는데, 턴테이블을 사 놓고 음반은 전혀 구비하지 않은 걸로 봐서 전자에 더 가까운 듯했다. 내 레코드판 보관함에 한때 질리도록 들었던 생상스의 칠중주 음반이 있기에 집들이 선물로 주었다. 클래식을 전혀 듣지 않는 친구라 냄비받침 정도로 쓰는 건 아닌가 반신반의했던 것도 잠시, 집들이를 하고 며칠 후에 연락이 왔다. 들을 게 그것뿐이라 하도 들은 나머지 생상스를 좋아하게 되었다는 반가운 이야기였다. 친구의 SNS 피드에 생상스 음반이 올라왔다. 다른 게시글과는 결이 달랐지만 그 나름대로 친구의 취향이 된 것 같아 괜히 뿌듯했다.

파울 힌데미트, 하프소나타
Paul Hindemith, Harp Sonata

> 음악이 불러오는 반응은 감정뿐만이 아니다. 그것은 이미지와 감정의 기억을 수반한다. — 힌데미트

어렸을 때는 입기 싫어했던 코르덴바지를 얼마 전 몇만 원이라는 거금을 주고 샀다. 엄마는 그렇게 싫어하던 걸 좋아하게 되다니 지조도 없다며 비웃었지만, 20년 전 취향이 지금하고 같을 수는 없다. 게다가 지금은 이게 유행이라고! 최근 레트로가 유행하면서 이전의 것을 현재로 가져오는 작업이 눈에 띈다. 그중 과거의 음악이 다시 유행하는 이유는 거기에 깃든 추억 때문일 것이다. 어떤 음악만 들으면 그때의 내 모습이 생각난다든가……

클래식 음악에서 굳이 레트로를 말하자면 신고전주의가 있겠다. 말 그대로 고전주의 형식과 미학을 따른다는 것인데, 신고전주의 음악가는 고전주의 음악가인 모차르트, 베토벤, 하이든뿐만 아니라 훨씬 더 오래된 바로크 혹은 중세 음악에도 관심을 둔다. 어떤 이들은 고전주의 음악에 큰 흥미가 없음에도 신고전주의 음악에 끌린다. 역시 레트로와 비슷하다. 정작 최고의 인기를 자랑하던 SES의 더듬이 머리는 여전히 외면받는 것처럼 신고전주의 음악가 또한 그들의 시선에서 가치 있어 보이는 부분만 쏙쏙 뽑아 나름대로 재가공한다. 신고전주의자 힌데미트는 하프소나타에서 신화에도 등장하는 가장 오래된 악기 하프를 이리저리 매만진다. 그리고 나는 이 음악을 들으며 살아 보지도 않았던 과거를 그린다.

● 자코모 마이어베어, 디노라―그림자의 노래 Giacomo Meyerbeer, Dinorah―Ombre légère

당신은 도망치네요. 왜 날 떠나나요? 내 목소리가 당신을 부르는데 말이에요. ―『디노라』

프랑스 오페라의 대가 마이어베어는 본래 볼거리가 많고 웅장한 '그랜드오페라'를 주로 작곡했다. 파리의 청중은 화려한 장식으로 가득한 극을 원했고, 여기에 적합한 장르는 음악적으로나 시각적으로나 호화롭고 규모가 큰 그랜드오페라였다. 같은 시기에 나온 또 다른 가극 형태로 오페라코미크가 있다. 이름에서 유추할 수 있듯 내용이 무겁지 않고 대규모 음악보다 말을 하는 듯한 가벼운 레치타티보가 높은 비중을 차지한다. 출연자 수도 적어 그랜드오페라보다 훨씬 쉽게 일반 무대에 올릴 수 있다는 장점도 있다.

『디노라』는 오페라코미크로 분류되지만 마이어베어의 '그랜드오페라스러움'이 담겨 있어 하나로 정의하기 어려운 복합적인 작품이다. 욕망으로 인한 시련과 사랑 이야기를 담은 이 작품에서 주인공 디노라는 내내 웨딩드레스를 입고 등장한다. 결혼을 약속한 청년 오엘이 결혼식 도중에 악마의 속삭임으로 보물을 찾으러 뛰어나갔기 때문인데, 디노라는 재물에 눈이 멀어 사랑을 저버린 오엘이 돌아올 거라 믿고 웨딩드레스를 벗지 않는다. 충격으로 정신착란증을 겪는 디노라는 실성한 채로 그림자를 파트너 삼아 춤을 춘다. 결국 두 사람은 재회하고, 오엘은 디노라에게 꿈을 꿨다며 다시는 보물을 찾으러 가지 않겠다고 약속한다.

프레데리크 쇼팽, 피아노협주곡 1번 작품11
Frédéric Chopin, Piano Concerto No.1 Op.11

> 낭만적이고 조용하며, 반쯤 우울한 마음으로 즐거웠던 무수한 추억을 상기시키는 장소를 바라보는 듯한 인상을 주려고 했어. 예를 들면 아름다운 봄의 달빛이 어린 밤처럼. — 쇼팽이 친구 티투스에게 보낸 편지

영화 『트루먼 쇼』에서 트루먼은 학교 잔디에서 친구와 함께 있는 실비아를 보고 첫눈에 반해 버렸고, 둘은 해변에서 사랑을 속삭인다. 트루먼과 실비아가 사랑을 나누고 그가 실비아를 그리워하는 장면에선 늘 쇼팽의 피아노협주곡 1번 2악장 「로망스」가 함께한다.

이 곡은 '로망스'라는 부제가 붙은 만큼 쇼팽의 사랑 이야기를 담은 곡이기도 하다. 음악원에 재학할 때 만난 첫사랑을 그리며 음악원을 떠나기 전에 작곡했는데, 그만큼 애틋함이 묻어나는 듯하다. 이러한 곡의 배경이 트루먼의 첫사랑과 밤바다의 분위기 그리고 그리움과 어울리는 느낌을 만들어 내지 않았나 싶다.

곡 번호에도 재미있는 이야기가 있다. 사실 번호는 1번이지만 피아노협주곡 2번으로 알려진 곡보다 나중에 작곡되었다는 것. 출판업자가 1번이 2번보다 연주하기 수월할 것이라며 먼저 출판했다고 한다. 피아니스트 조성진이 우승한 2015년 쇼팽콩쿠르의 파이널 무대에서 연주해 더욱 인지도가 높아진 쇼팽의 피아노협주곡 1번. 쇼팽콩쿠르는 파이널 무대에서 꼭 쇼팽의 피아노협주곡 중 한 곡을 연주해야 하는데, 당 타이 손을 제외한 역대 모든 우승자가 1번을 선택했다.

프란츠 리스트, 전주곡 작품97
Franz Liszt, Les Préludes S.97

> 죽음에 의해 엄숙한 첫 음이 울리는 미지의 노래에 대한 전주곡, 이것이 바로 우리의 인생이 아닌가. —「전주곡」악보의 서문

피아노 전공생을 여럿 울린 피아니스트이자 작곡가 리스트. 그 자신이 비르투오소였기에 기교를 뽐내는 곡이 많아 대부분의 사람들이 리스트 하면 피아노를 가장 먼저 떠올리지만, 그가 자주 등장하는 장르는 피아노뿐이 아니다. 오히려 음악사나 지휘를 전공한 사람에겐 교향시 작곡가로 익숙하다.

앞으로 사흘간 리스트가 작곡한 열세 곡의 교향시 중 세 곡을 다뤄 보고자 한다. 그 시작은 가장 잘 알려진 「전주곡」. 오트랑에게 선물받은 네 편의 시로 『4개의 원소』라는 합창곡을 작곡하고자 했지만 결국 완성하지 못하고 서곡만 여러 번 편곡하여 완성한 곡이 바로 이 곡이다. 비록 음악의 요소는 오트랑의 시에서 가져왔지만 리스트는 악보에 알퐁스 드 라마르틴의 『신新 명상 시집』의 구절을 차용해 적었다. 이 음악을 감상할 때 라마르틴의 시가 그 분위기를 돋보이게 해 준다는 것. 죽음으로 첫 음을 울리는 전주곡이라니, 과연 표제음악의 대표자 리스트다운 발상이다.

프란츠 리스트, 햄릿 작품104
Franz Liszt, Hamlet S.104

> 이 세상을 떠나 우리가 알 수 없는 고통을 받기보다는 이 세상에 남아서 그 괴로움을 참고 견디려 한다. — 셰익스피어, 「햄릿」

리스트가 음악에 인문학적 요소를 결합한 데에는 이유가 있었다. 그는 어린 나이에 정규교육을 제대로 받지 못하고 아버지에게 피아노를 배워 인문학에 갈증을 느꼈다. 이를 채우기 위해 그는 여러 문학작품과 미술품 등을 공부했고, 이를 음악에 적극적으로 활용했다. 그 정점에 있는 것이 바로 교향시다. 그는 교향시에서 화성이나 악곡의 형식을 중시하기보다 음악 외적인 사상이나 회화 등을 접목하고자 노력했기에 표제음악의 대표자로 꼽히기도 한다.

    리스트의 열 번째 교향시 「햄릿」은 셰익스피어의 희곡 「햄릿」을 주제로 한다. 본래 극의 서곡으로 작곡했으나 이후 많은 부분을 수정하고 삽입해 교향시라는 장르로 재탄생했다. 「햄릿」을 주제로 한 다른 음악과 달리 「햄릿」의 줄거리대로 음악을 전개하지 않는 특이한 구성이다. 햄릿이라는 인물에게 초점을 두고 그의 심리와 감정을 분석해 음악으로 재해석했는데, 다른 인물과의 갈등을 통해 햄릿이 겪는 고통을 부각한다. 리스트는 "정의감은 강하지만 불가능한 것이 강요되자 목적의식을 잃고 실패한 우유부단한 인물"이라는 햄릿에 대한 당대 해석에 반대하여 합리적인 근대 영웅으로 재탄생시켰다.

프란츠 리스트, 마제파 작품100
Franz Liszt, Mazeppa S.100

> 네가 만들어 낸 모든 발자국은 그의 무덤을 파내는 것 같다. 드디어 끝에 도달했다. 그는 달리고, 몰아내고, 떨어지고 그리고 왕으로 일어선다.
> ─ 빅토르 위고, 「마제파」

리스트의 「마제파」라고 하면 대부분이 피아노 초절기교 연습곡을 떠올릴 것이다. 방송매체를 통해 잘 알려졌을뿐더러 연주자에게 엄청난 체력과 기교를 요하기에 완벽하게 연주한 사람은 대중의 주목을 받기 때문이다. 그러나 또 다른 「마제파」가 있는데, 바로 오케스트라가 연주하는 교향시다.

동유럽 전설에 등장하는 인물 마제파는 우크라이나의 영웅으로, 왕을 섬기던 젊은 시절에 어느 귀족 부인을 사모하다 귀족의 원한을 사게 되어 발가벗겨진 채로 들판에 버려진다. 사흘간 처참한 몰골로 들판을 헤매던 그는 카자흐 대원에게 구조되어 병사로 큰 공을 세우고, 곧 국민 영웅으로 거듭난다. 프랑스의 대문호 빅토르 위고의 장편서사시 「마제파」에서 얻은 영감을 음악으로 표현한 이 곡은 본래 피아노곡으로 작곡되었다. 리스트는 피아노곡에서 아이디어를 가져와 오케스트라곡으로 만들었는데, 따라서 피아노곡과 선율적인 부분이 매우 유사하다.

들판에 버려진 마제파가 야생마에게 매달려 고통에 몸부림치며 처절하게 버티는 모습을 표현한 이 교향시는 피아노 연주에서 느끼기 어려운 다른 종류의 장엄함을 느끼게 해 준다. 이 곡에 자주 목소리를 드러내는 관악은 마제파의 비참함을 더욱 극대화한다.

루이지 아르디티, 입맞춤
Luigi Arditi, Il Bacio

> 너의 시선은 나의 기쁨, 입맞춤은 나의 보물! —「입맞춤」

아르디티의「입맞춤」을 자주 부르는 데에 큰 이유는 없다. 단순히 내 음역대와 잘 맞을뿐더러 음악이 밝고 유쾌해서 분위기를 띄우는 데 제격이기 때문이다. 그래서 주로 친척이 모인 자리나 결혼식 혹은 누가 "성악했다면서! 궁금한데 노래 한 소절만 해 주라"라고 했을 때 부르곤 한다. 워낙 부담 없이 좋아하는 곡이다 보니 생긴 에피소드가 있는데, 음악학과 입시에서 실기를 볼 때 당연히 성악을 할 작정이었던 나는 고민 없이 이 곡을 택했다. 만약 내가 누군가에게 레슨을 받고 있었다면 절대로 고르지 않았겠지만, 어린 나는 겁도 없고 아는 것도 없었다. '잘하는 모습만 보여 주면 되지 곡이야 아무렴 어때'라는 오만한 생각을 했던 것이다. 시험 당일에 비록 반주자가 도입부를 완전히 틀리긴 했지만 뻔뻔스럽게 실기 시험을 마쳤다. 문제는 합격했다는 건데, 입학 후 처음 교수님을 뵙는 자리에서 교수님은 내 노래가 디너쇼를 방불케 했다고 말씀하셨다. 그 이후로「입맞춤」만 들으면 교수님의 웃는 얼굴이 생각나서 딱 죽겠다.

알렉산드르 보로딘, 현악사중주 2번
Aleksandr Borodin, String Quartet No.2 in D major

나는 일요일의 작곡가다. — 보로딘

삶에서 중요한 일은 때로 사소한 계기로 시작된다. 나는 수학을 정말 지독하게 못했다. 다른 과목은 곧잘 했지만 수학은 눈엣가시였다. 부모님은 온갖 비싼 과외를 붙여 딸내미 대학 보내기 프로젝트에 돌입했는데, '높은 가격=높은 품질'이라는 자본주의 공식까지 거슬러 가며 수학과는 끝끝내 친해지지 못했다. 솔직히 잘 안 하는 이야기지만 여러분에게 슬쩍 말하자면 음악은 수학으로부터의 도피처였다. 내게 음악적 재능이 있다는 것도 '수포자'가 대량 생산되는 고등학교 2학년 때쯤 우연히 알게 되었다. 뜻밖의 수확이랄까. 대학에 와 보니 나 같은 수포자가 아주 많았다. 덕분에 원래 내 자리를 찾은 것처럼 아늑했다.

그런 면에서 보로딘은 미운 오리 새끼다. 보로딘은 원래 화학자였는데, 알데하이드 연구에서 업적을 세웠다고 하니 본업에서도 뛰어났던 모양이다. 보로딘 덕에 음악 공부를 하느라 수학에 소홀했다는 핑계 아닌 핑계가 다 들킬 판이다. 워낙 과중한 업무 때문에 평일에는 작곡할 엄두도 못 냈다는 보로딘은 자신을 '일요일의 작곡가'라고 불렀다. 그는 바쁜 업무가 멈추는 일요일에 시간을 내서 작곡을 했다. 그 열정 덕인지 러시아에서 알아주는 연주 단체로 '보로딘 콰르텟'이 있다. 1945년 결성된 유서 깊은 이 단체는 이름대로 보로딘의 곡을 자주 연주한다. 특히 보로딘의 현악사중주 2번은 같은 곡을 연주한 수많은 음반 중 단연 인기다.

요한 제바스티안 바흐, 골트베르크 변주곡 작품988 Johann Sebastian Bach, Goldberg-Variationen BWV.988

6월이라고는 하지만 찌는 듯한 날씨였는데, 굴드는 두터운 코트에 머플러를 두르고 베레모에 장갑을 끼고 나타났다. 그리고 마실 물을 담은 물병 두 개와 그 유명한 의자까지 들고 왔다. ― 글렌 굴드와 『골트베르크 변주곡』을 녹음한 녹음기사의 인터뷰

1년 넘게 클래식 뉴스레터를 발행하며 꾸준히 구독자의 피드백을 받아 왔다. 글릿에 애정이 있는 많은 구독자가 피드백 버튼을 누르고 당근과 채찍을 주곤 하는데, 그중 가장 오래 기억에 남은 피드백을 소개하고자 한다.

"제가 이런 곡을 좋아하게 될 거라고 생각도 못했는데 설명과 같이 들으니까 너무 좋아서 제 최애 음악으로 선정되었어요. 앞으로도 더 좋은 곡 소개해 주세요. 너무너무너무 좋아요!"

감동에도 굳은살이 박인다. 어느새 나는 적어도 백 번은 들었을 이 곡에 큰 감동을 느끼지 못하는 사람이 되었다. 그러나 이 곡이 너무 좋은 나머지 '최애곡'이 되었다는 구독자의 말에 자연스럽게 『골트베르크 변주곡』을 처음 들었을 무렵의 울림이 떠올랐다. 덧붙여 피아니스트 글렌 굴드의 연주를 접했을 때의 놀라움과 신선함도 함께 상기되었다. "클래식이 쉬워졌어요" "클래식을 잘 이해하게 되었어요" 같은 격려의 말도 좋지만, 순수한 감격은 나의 감상으로까지 확장된다. 요즘 다시 『골트베르크 변주곡』을 듣는다. 굳은살 위에 또 다른 굳은살이 생길 때까지 듣게 될 것 같다.

에르네스트 쇼송, 시곡 작품25
Ernest Chausson, Poème Op.25

> 무쓰이가 음악을 끝마치고 이어 바이올린을 턱과 어깨 사이로 힘 있게 틀어넣으며 활을 쥐고 있는 손을 내렸을 때, "도대체 그건 뭔가? 자넨 무슨 곡을 켰나? 하고 파비이는 외쳤다. (…) 이거 말인가? 이 곡은… 이 노래는 실론섬에서 한 번 들은 일이 있지. 그곳에선 이 노래가 행복하고 만족스러운 사랑의 개가라고 해서 많이 유행되고 있다네." "한 번 더 들려주게." 하고 파비이는 속삭였다. ― 이반 투르게네프, 「사랑의 개가」

쇼송의 「시곡」은 러시아 문호 투르게네프의 단편소설 「사랑의 개가」에서 영감을 받아 작곡한 곡이다. 소설의 내용은 대략 이러하다. 무쓰이와 파비이는 같은 여인에게 사랑을 느낀다. 여인은 둘 중 파비이를 선택하고, 선택받지 못한 무쓰이는 여인을 잊기 전까지 돌아오지 않겠노라 선언하고 마을을 떠난다.

수년 후 혀가 없는 말레이시아인 하인 그리고 온갖 진귀한 동양의 물품과 함께 귀향한 무쓰이는 친구 부부의 식사 자리에 초대받는다. 한창 자리가 무르익을 무렵 그는 바이올린으로 「사랑의 개가」라는 곡을 연주한다. 그때부터 여인의 꿈속에 그 기묘한 선율과 함께 무쓰이가 나타난다.

「시곡」의 원제는 '사랑의 개가'였다고 한다. 소설에 서술된 가상의 음악에 지나지 않았던 이 기묘한 노래는 쇼송에 의해 실현되었다.

토마소 알비노니, 오보에협주곡 작품9 2번 Tomaso Albinoni, Oboe Concerto Op.9 No.2

> 인간에게는 멸시보다 감탄을 자아낼 만한 점이 더 많다. — 카뮈

바이올린 음색이 사람의 우는 소리와 닮아 유독 사랑받는다고 들은 적이 있다. 하필 우는 소리라 단조의 곡을 들을 때 더 와닿는다고. 반면 알비노니는 오보에야말로 사람의 목소리와 닮았다고 말했다. 특히 소프라노였던 자기 아내의 목소리와 닮았다고 했는데, 악기에 대한 애정 덕분인지 알비노니의 가장 잘 알려진 곡은 다름 아닌 오보에협주곡이다. 실제로 2번에 등장하는 호흡이 긴 오보에 연주는 성악가의 노래를 표현했다고 한다.

아주 예전의 기계인형부터 오늘날의 로봇까지, 인간은 계속해서 인간을 닮은 무언가를 만들어 왔다. 돌고 돌아 가장 완전한 것은 인간이라고 여기는 것일까. 바로크 이전까지만 해도 교회에서는 어떤 악기도 사용할 수 없었다. 단, 인간의 목소리를 제외하고 말이다. 그러니 악기 음색이 인성과 닮았다는 것은 악기 입장에서는 엄청난 칭찬이 아닐까.

● **조스캥 데프레, 팡제 링구아 Josquin Deprès, Missa Pange lingua**

> 조스캥은 음의 주인이다. 음은 그가 원하는 대로 만들어져야 한다. 그러나 다른 음악가는 음이 원하는 대로 만들어 준다. — 마르틴 루터

클래식 음악, 그러니까 유럽을 중심으로 한 서양 예술 음악은 '화성'을 가장 큰 특징으로 한다. 화성은 다른 문화권의 음악과 구별되는데, 예를 들어 국악은 하나의 성부만으로 음을 길게 끌거나 그 안에 감정을 싣는 등의 방식으로 전개된다.

유럽에서 이러한 다성음악이 폭발적으로 발전한 시기가 바로 르네상스 시대다. 그중에서도 가장 인기 작곡가였던 조스캥의 음악을 들어 보면 왜 그가 당대 최고였는지 이해할 수 있다. 그는 하나의 주제 선율을 변용해 여러 선율에 사용했는데, 오늘의 곡「팡제 링구아」는 미사곡으로 동명의 '그리스도 성체성혈 대축일'을 위한 찬미가의 멜로디를 주제 선율로 사용한다. 이전까지는 한 성부에 다른 성부를 즉흥으로 연주하며 추가하는 방식을 사용했다면, 조스캥 이후에는 주제 선율이 계속해서 변용되며 음악에 통일성을 부여하고 그 안에서 음악적 언어를 만들어 가는 방식이 확립된다. 오늘날에는 한 주제를 여러 성부에 사용하는 것이 익숙하지만, 이러한 방식을 고안하고 음악에 본격적으로 적용한 것은 바로 조스캥이었다. 그가 말년에 작곡한 이 곡은 화성의 역사에 한 획을 그은 순간을 담고 있기도 하다.

● **루이즈 파렝, 구중주 작품38 3악장**
스케르초 Louise Farrenc, Nonet Op.38
3. Scherzo

> 파렝은 실패를 모르는 독창적인 작곡가이며, 훌륭한 재치와 매력을 가진 사람입니다. — 그라모폰의 구중주 음반에 적힌 글

피아니스트이자 작곡가였던 루이즈 파렝이 남긴 쉰한 곡의 작품 중 서른두 곡이 피아노를 위한 곡이다. 그러나 정작 그에게 상과 명예를 안겨 준 것은 목관악기를 위한 실내악곡이었는데, 플루티스트였던 배우자의 영향 때문인지 플루트를 비롯한 목관악기에도 애정이 남달랐던 루이즈는 실내악곡인 구중주를 작곡했고 샤르티에 상을 받았다. 남성 중심이었던 당시 음악계의 풍토를 고려해 볼 때 루이즈가 무려 두 번이나 샤르티에 상을 받았다는 사실이 더욱 놀랍게 느껴진다.

사실 음악계의 여성차별은 시대를 불문하고 지속되어 왔는데, 얼마 전까지만 해도 동점의 입시생이 있다면 남학생을 우선 선발하는 것이 공공연한 관례였다. 지금도 이러한데 19세기 유럽에서 여성이 두 번이나 샤르티에 상을 수상했다는 사실은 루이즈 파렝이 지닌 음악적 능력과 파급력을 짐작게 한다. 파리 음악원 최초의 여성 교수였던 루이즈 파렝. 이 작품은 비단 그에게 명성을 가져다준 것에 그치지 않고 여성 음악가의 도약을 상징하는 듯하다.

세르게이 프로코피예프, 피아노협주곡 3번 작품26 Sergei Prokofiev, Piano Concerto No.3 Op.26

익숙하지 않은 청중도 즉각 이해할 수 있는 동시에 독창적인 선율을 찾아내는 일은 작곡가로서 가장 어려운 임무다. — 프로코피예프가 티혼 흐렌니코프에게 보낸 편지

기교가 화려한 피아노협주곡 정도로 생각했던 이 곡이 특별하게 다가온 순간은 2009년 피아니스트 유자 왕이 협연하고 클라우디오 아바도가 지휘한 루체른 페스티벌 공연을 감상할 때였다. 머리를 휘날리며 몰입해 연주하는 모습에 나도 이 곡의 강약에 따라 호흡했고, 그 후에야 이 곡을 작곡한 프로코피예프에게 관심을 가지게 됐다.

프로코피예프가 작곡한 다섯 곡의 피아노협주곡 중 가장 잘 알려진 이 곡은 러시아혁명 등의 정치적 문제로 10년이라는 긴 시간에 걸쳐 작곡되었다. 그 자신도 뛰어난 피아니스트였기에 미국에서 직접 초연을 했고, 파리 연주회에서 크게 주목받기 시작했다.

곡은 클라리넷의 조용한 독주로 시작된다. 그러나 이내 오케스트라가 선율을 그대로 이어받고 거기에 활기 넘치는 피아노 선율이 합쳐진다. 이후 곡은 마치 넘실대는 파도에서 당찬 항해를 시작하듯 강약을 넘나들며 진행된다. 음악을 재생한 순간, 클라리넷 선율에 집중하며 감상을 시작해 음악과 함께 호흡하다 보면 30분이 정신없이 지나갈 것이다.

조지 거슈윈, 랩소디 인 블루
George Gershwin, Rhapsody in Blue

인생은 재즈와 매우 닮았다. 즉흥적일 때 가장 좋다. — 거슈윈

리어나도 디캐프리오 주연의 영화 『위대한 개츠비』에서 닉은 개츠비의 화려한 파티에 초대되지만, 파티 손님 중 개츠비의 정체를 아는 사람이 단 한 명도 없다는 사실을 깨닫는다. 혼란스러운 닉에게 한 남자가 인사를 건네고, 그가 돌아서는 순간 교향곡이 절정에 달하며 폭죽이 터진다. 그 남자의 이름은 개츠비. 개츠비 역을 맡은 리어나도 디캐프리오의 첫 등장 장면으로, 영화를 본 이라면 꽤 인상적으로 기억할 것이다. 나는 친구들과 함께 영화를 봤는데, 디캐프리오가 돌아서는 순간 한 명도 빠짐없이 탄성을 내질렀다. 그 탄성은 디캐프리오의 외모와 연출 모두에 향한 것이었다.

이 장면과 함께한 음악이 20세기 미국 음악의 대표자 중 한 명인 조지 거슈윈의 「랩소디 인 블루」다. 그는 브루클린 출신 작곡가답게 재즈와 교향곡을 혼합한 '심포닉재즈'를 창시했으며, 미국 음악계가 정체성을 찾아가는 혼란한 시기에 주로 활동했다.

「랩소디 인 블루」는 당대 '재즈의 왕'이었던 폴 화이트먼의 의뢰로 작곡했고, 처음에는 오케스트라 협연이 아닌 두 대의 피아노를 위한 곡이었다고 한다. 재생 버튼을 누르는 동시에 20세기 뉴욕을 여행하는 듯한 기분이 들 테니 기대해도 좋다.

이고리 스트라빈스키, 풀치넬라
Igor Stravinsky, Pulcinella

> 『풀치넬라』는 내 과거에 대한 발견이다. 이 깨달음을 통해 후기 작품 전체를 작곡하는 것이 가능해졌다. — 스트라빈스키

새로움만 가득한 세상에서 가장 새로운 도전은 아마 옛것을 부활시키는 것일 테다. 20세기 서양음악은 이전에 없던 새로운 것을 향한 도전이 극단에 이른 결과물이었고, 서양음악의 꽃이라 할 수 있는 화성과 조성조차 파괴하려는 작곡가도 있었다. 여기에 큰 충격을 가져온 움직임이 바로 '신고전주의'다. 1920년부터 30년간 나타난 음악 경향인 신고전주의는 말 그대로 '새로운 고전주의'라는 뜻으로, 낭만주의 시대 이전의 음악 양식을 부활시키는 것이 목적이었다.

스트라빈스키의 『풀치넬라』는 신고전주의의 파장을 일으킨 작품으로, 조성음악에서 탈피해 새로운 음악적 재료를 찾아 나섰던 당대에 바로크 형식과 고전적인 화성 진행으로 과거로의 회귀를 보여 주었다. 신고전주의는 후기낭만주의와 20세기 음악계에 만연했던 형이상학적 음악관 그리고 음악에는 심오한 의미가 있어야 한다는 편견에 반하여 탄생했는데, 단순한 음악을 편하게 즐겼으면 하는 바람이 담겨 있다. 여기에는 현재 클래식 음악에 대한 여러 고민과 연결되는 지점이 있다. 이 곡을 통해 꼭 자세를 바로 하고 전문적인 지식을 바탕으로 클래식을 감상해야 한다는 압박에서 벗어나 조금이라도 편해지길 바라는 마음이다.

● 루지에로 레온카발로, 팔리아치 ─ 의상을 입어라 Ruggiero Leoncavallo, Pagliacci ─ Vesti la giubba

> 광대도 살과 뼈로 이루어진 인간이며, 여러분과 더불어 이 세상에서 기쁨과 슬픔을 느끼며 살고 있다는 걸 생각해 주시기 바랍니다. ─ 『팔리아치』 중 「한 말씀 드려도 될까요, 여러분?」

주기적으로 보는 오페라를 대라면 단연 『팔리아치』다. 『팔리아치』는 유랑극단에서 벌어진 살인사건을 다룬 2막짜리 짧은 오페라로, 레온카발로의 대표작이다. 사실주의 오페라답게 신화, 요정, 사랑의 묘약 따위는 등장하지 않는 치정극인데, 불륜과 범죄라는 소재 덕에 몇 번을 봐도 질리지 않고 재미있다.

그런데 『팔리아치』는 무대에 올린 순간부터 구설에 휘말렸다. 누군가가 표절이라며 레온카발로를 고소했던 것이다. 이에 레온카발로는 고향에서 실제로 있었던 일을 재구성한 것뿐이라며 강하게 반박했다. 결국 레온카발로의 승소로 마무리되었으나, 여전히 진실은 행방불명인 상태다.

이에 대한 여러 가설을 나열해 보자면, 첫 번째는 판사였던 레온카발로의 아버지가 유랑극단 사건을 심판했고 어린 아들에게 그 얘기를 들려줬다는 가설이다. 두 번째는 레온카발로가 어릴 적에 유랑극단에 갔다 실제로 사건을 목도했다는 가설인데, 첫 번째와 함께 실제로 있었던 일이라는 전제를 둔다. 마지막은 비슷한 내용의 프랑스 희곡 「어릿광대의 여인」에서 영향을 받았을 수도 있다는 가설로, 만약 이게 맞는다면 표절로 고소당해도 딱히 할 말은 없다. 어쨌든 법정은 레온카발로의 손을 들어 주었으니 마음 편하게 오페라를 감상해도 되겠다.

● **피에트로 마스카니, 카발레리아 루스티카나 ─ 어머니도 아시다시피**
Pietro Mascagni, Cavalleria Rusticana ─ Voi lo sapete, o mamma

6 ○ 20

사람들이 사랑이라 '부르는' 것은 대개 실제로 사랑하지 않는다는 사실을 숨기기 위해 그 말을 오용하는 것이다. ─ 에리히 프롬

1막짜리 오페라인 『카발레리아 루스티카나』는 똑같이 짧은 『팔리아치』와 함께 주로 공연된다. 둘을 합쳐도 웬만한 오페라 길이밖에 되지 않아 시간적 부담은 없지만, 둘 다 치정극이라 보고 나면 머리가 다 아프다. 몇 년 전 두 오페라를 함께 본 뒤 인생에서 가장 부정적인 며칠을 보냈다. 사랑이 대체 뭐기에 죽음까지도 당연한 것이 되는가? 안 해도 그만 해도 그만인 것을! 이런 궁금증이 자꾸 들면서 사랑에 대한 환상이 다 깨졌다. 최근에 이별을 했다면 두 오페라 관람을 강력하게 추천한다.

밀라노 음악원을 중퇴한 마스카니는 『카발레리아 루스티카나』로 단막 오페라 공모전에서 최고상을 받았다. 이전까지 별로 인기 없는 음악가였던 그는 이 오페라로 승승장구하기 시작했다. 오페라를 보면 마스카니가 최고상을 받은 이유를 알 수 있다. 특히 오늘의 곡 「어머니도 아시다시피」는 결혼을 약속한 남자가 첫사랑과 다시 만난다는 사실을 알아 버린 여주인공이 남자의 어머니, 그러니까 장차 시어머니에게 하소연하는 노래다. 전주만 들어도 엄청난 서사를 직감할 수 있다. 마치 드라마를 보는 것 같다.

루이지 보케리니, 첼로협주곡 9번 작품482
Luigi Boccherini, Cello Concerto No.9
G.482

플라톤의 철학이 파르메니데스의 철학보다 완벽한 것은 아니며, 헤겔의 철학이 칸트의 철학보다 완벽한 것도 아니다. 각 시대의 철학은 자신만의 고유한 필요를 대변해 왔다. — 마르틴 하이데거

영화 클리셰 중에 이런 것이 있다. 스승이 만든 완성품을 제자가 마음대로 고친다. 당연히 화를 내리라 생각하고 주눅이 든 제자. 하지만 자신보다 뛰어난 제자를 인정하는 대인배 스승은 앞에선 누가 했느냐고 윽박질러 놓고는 뒤에 가서 "제자가 이렇게 성장했다니, 이제 하산해도 되겠군" 뭐 이런 유의 대사를 뱉는다. 아주 전형적이지만 보통 제자의 실력이 월등히 뛰어나 볼 때마다 짜릿하다.

얼마 전 충격적인 진실을 알았다. 내가 이제껏 들어 온 보케리니의 첼로협주곡 9번이 실은 첼리스트 프리드리히 그뤼츠마허가 개작한 작품이라는 것이다. 그래 봤자 연주자의 해석 정도이겠거니 짐작했지만 생각보다 많은 부분이 달랐다. 슬픈 것은 이미 익숙해져서인지 내 귀에는 그뤼츠마허가 개작한 작품이 더 좋다는 것이다. 모든 것은 1948년 작센 국립도서관에서 곡의 초고가 발견되면서 밝혀졌다. 그러니까 내가 태어나기 한참 전부터 원곡이 있던 것이다. 그럼에도 그뤼츠마허 버전이 지금까지도 관습처럼 연주되거나 옛 대가들의 연주가 음반으로 남아 있다. 만약 보케리니가 그뤼츠마허 버전을 듣는다면 어떤 반응을 보일까? 영화 속 스승처럼 그를 인정해 줄까?

조앤 타워, 유별난 여자들을 위한 팡파르
Joan Tower, Fanfare for the Uncommon Woman

> 상징의 힘은 강력하다. 보이지 않는 현실을 보여 주기 때문이다. — 아우구스티누스

최근 불편하지 않았던 것이 불편하게 다가오기 시작했다. 남성이 1이고 여성은 2라는 것, 남성은 동그라미이고 여성은 동그라미와 리본이라는 것, 사람과 남성을 가리키는 말이 Man이고 여성을 가리키는 말은 Wo+man이라는 것 그리고 이 모든 것이 여성인 나에게 불편함을 준다는 사실까지. 온 세계가 남성이 기준임을 외치고 있으니 몰랐을 리 없음에도 이상하다 생각지 못했던 것은 내가 불평등 속에서 잘 살고 있다고 '믿어 왔기' 때문이리라.

　미국 작곡가 조앤 타워는 작곡가 에런 코플런드의 「보통 사람을 위한 팡파르」에 「유별난 여자들을 위한 팡파르」로 답했다. 불편함을 토로하면 이상한 여자가 되는 더 이상한 세상에서 조앤 타워의 곡은 일종의 응원가가 된다.

아스토르 피아졸라, 망각
Astor Piazzolla, Oblivion

나탈리: 당신이 기억하는 가장 마지막 순간은 무엇인가요?

레너드: 아내가…… 죽는 모습이요. 아내가 죽는 순간을 기억해요.

— 영화『메멘토』

기억이란 참으로 영악하다. 모든 기억은 불완전성을 전제하며, '저 좋을 대로 기억한다'는 그러한 불완전성을 여실히 보여 주는 표현이다. 사람들이 자기 좋을 대로 기억하니 기억은 영악할 수밖에 없다. 하지만 때로 의지할 게 기억밖에 없는 경우도 있다. 과거의 영광을 끊임없이 복기하는 사람도 있고, 소중한 사람과의 기억을 잊고 싶지 않아 매일 일기를 뒤적이는 사람도 있다. 사람과 사람을 매개하는 것도 결국에는 기억이기에 망각은 두려울 수밖에 없다.

피아졸라의 「망각」은 영화『엔리코 4세』의 OST다. 영화에서 주인공은 로마제국의 황제였던 엔리코 4세(독일어로는 하인리히 4세로, 카노사의 굴욕을 겪었던 그 황제다)의 코스튬을 입고 사육제에 참여했다 낙마 사고를 당한 뒤 자신이 엔리코 4세라는 착각에 빠져 몇십 년을 보낸다. 정말 저 좋을 대로 기억하는 것이다.『돈키호테』같기도 한 이 영화는 노벨문학상을 수상한 루이지 피란델로의 희곡을 바탕으로 만들어졌다. 비록 사고로 인해 벌어진 일이지만, 어쩌면 우리는 모두 엔리코 4세와 다름없을지도 모른다. 다만 인지하지 못할 뿐. 그래도 긍정적으로 기억하는 것이 남에게 피해를 주지 않는 선에서는 이로울지 모른다. 속 편하게 사는 게 제일이다.

헬레나 뭉텔, 작은 삼중주
Helena Munktell, Kleines Trio

> 저는 제 삶과 영혼이 함께하는 드라마틱한 작곡을 좋아하고 여전히 이 장르에서 제 길을 가고 싶습니다. — 뭉텔

스웨덴에서 막내딸로 태어난 헬레나 뭉텔은 어린 나이부터 피아노와 성악을 접했다. 뒤이어 작곡과 음악이론을 배운 후에는 두 언니가 살고 있던 파리로 가서 프랑스 음악에 매료되어 활발하게 활동을 시작했다. 그렇게 타국에서 음악 역량을 다진 뭉텔이 작곡가로서 공식 데뷔를 한 곳은 다름 아닌 고향 스웨덴이었다.

스웨덴과 뭉텔은 고향을 넘어서 더욱 깊은 연관이 있는데, 뭉텔이 스웨덴 최초의 여성 오페라 작곡가라는 점이다. 뭉텔이 활동한 시기가 19세기 말이고 이 오페라가 1889년에 발표되었다는 사실을 고려할 때, 오페라 장르가 생기고 상당히 오랜 시간이 흐른 후에야 스웨덴에서 첫 여성 오페라 작곡가가 탄생했다는 사실이 새삼 놀랍게 느껴진다. '스웨덴 작곡가협회'를 설립한 뭉텔은 조국의 음악 발전을 위해 노력을 아끼지 않았고, 음악가로서 성실하게 창작에 임했다. 오늘의 곡은 그가 집에서 열었던 가정음악회를 위해 작곡한 것으로 추정된다. 프랑스 음악에 매료되었던 뭉텔의 곡에서 마치 살롱 음악회에 초대된 듯한 기분을 느낀다.

나운영, 교향곡 1번 한국전쟁

> 역사는 항상 새롭게 다시 쓰이며, 따라서 모든 역사는 현재의 역사다.
> — 칼 베커

시간이 지나면 잊히는 음악이 있는 반면, 평생 잊지 못할 음악이 있다. 친구들과 함께 손장난을 해 본 사람이라면 「반달」같은 동요를 머리가 아닌 가슴으로 기억할 것이다. 특히 가곡 「아! 가을인가」로 잘 알려진 한국 작곡가 나운영의 곡은 대부분 어린 날의 추억을 불러일으킨다.

나운영은 한국 사회의 아픔을 음악으로 치유하고자 했고, 그의 첫 번째 교향곡 『한국전쟁』도 그중 하나다. 1악장은 조국의 해방을 기념하는 여명, 2악장은 한국전쟁을 상징하는 수난, 3악장은 전쟁으로 희생된 영혼의 위로, 4악장은 승리의 메시지를 담고 있다.

자주 연주되는 곡은 아니지만, 처음 이 곡을 듣고 난 후의 감상은 '그 시대의 한국 작곡가가 이렇게 음향적으로 풍부한 교향곡을 작곡했다니'였다. 교향곡의 각 주제가 역사적 내용을 담고 있으니, 음악적인 부분뿐만 아니라 곡에 담긴 메시지를 읽는 것이 감상의 핵심이 될 것이다.

막스 리히터, 목소리
Max Richter, Voices

6 . 26

> 우리는 현재 경제, 정치, 사회, 환경에서 수많은 질문에 직면해 있습니다. 이에 대해서 행동을 취해야 해요. 예술이 누군가의 행동을 결정하는 역할을 할 수 있다고 보고 예술을 통해 전달되는 생각을 거울삼아 자신을 스스로 들여다볼 수 있는 거죠. ― 리히터

미학 수업에서는 예술이란 무엇인지, 예술에서 아름다움은 무엇인지, 예술가는 어떤 가치를 중요하게 생각해야 하는지 등 꼬리에 꼬리를 무는 질문을 수없이 던지는 연습을 한다. 어느 날 선생님이 '예술가는 어떤 사람인가'에 관해 물었는데, 한 학생의 답변이 인상 깊었다. 그는 예술가는 예술이라는 매체로 세상을 변화시켜야 한다고, 자신의 재능으로 남들과 다르게 세상을 볼 수 있어야 하며 이는 더 나은 세상을 만드는 데에 도움이 될 것이라고 얘기했다.

    1966년 독일 태생인 작곡가 막스 리히터는 예술가로서 사회에 목소리를 내는 것이 자신의 임무라고 이야기한다. 유명 영화와 여러 매체에서 배경음악으로 그의 음악을 만나 볼 수 있기에 비교적 친근한 현대음악 작곡가로 현재까지도 활발하게 활동하고 있다. 그의 최근 앨범인 『목소리』는 잔잔한 현악 선율 위에 일반인 70명이 각자의 목소리로 세계인권선언문을 읽은 것으로, 막스 리히터가 본 인권 문제의 심각성을 보여 준다. 음악에 가사로 선언문을 사용한 것이 아니라 선율 위에 읊조리며 말하는 방식을 채택한 이 음악은 예술가가 사회에 목소리를 내는 것이 더 나은 세상을 만드는 데에 필요하다는 사실을 보여 주는 듯하다.

● 카를 마리아 폰 베버, 플루트, 첼로, 피아노를 위한 삼중주 작품63 Carl Maria von Weber, Trio for Flute, Cello and Piano Op.63

깊고 깊은, 조용하고 경건한 가락이여, 별이 모이는 저 멀리까지 날아가다오. 나의 노래가 울리고 나의 기도가 치솟아 하늘의 성전에 이르기를. ─ 베버, 『마탄의 사수』

카를 마리아 폰 베버의 이름을 들어 본 사람이라면, 아마 독일 낭만주의 음악의 시작이자 대표작으로 여겨지는 오페라 『마탄의 사수』로 그를 처음 접했으리라 생각한다. 사실 베버는 오페라뿐만 아니라 창의적인 관현악 기법으로도 주목받아 마땅한데, 이는 극단을 운영하던 아버지와 가극 가수로 활동하던 어머니의 영향으로 어린 나이부터 여러 음악을 접하며 오랫동안 자신만의 음악관을 다져 온 결과다. 베버의 가족 이야기가 나왔으니 하나 더 이야기하자면, 베버는 모차르트 아내의 사촌이었다. 베버가 어색한 이들이라면 모차르트와 친척이라는 점에서 조금 더 가깝게 느꼈으면 한다.

베버는 당시 실내악곡을 많이 쓴 작곡가가 아니었다. 그의 실내악곡은 여섯 곡뿐이며, 특정 장르에 집중하기보다 다양한 장르에 도전하며 자신만의 음악관을 확립하고자 했다. 「플루트, 첼로, 피아노를 위한 삼중주」는 베버의 마지막 실내악곡이며 첼리스트이자 그의 주치의였던 필리프 융에게 헌정되었다. 과거에 첼로와 피아노 이중주로 작곡한 곡을 수년에 걸쳐 수정해 완성했는데, 음악에 대한 그의 도전 정신이 돋보인다.

모리츠 모슈코프스키, 피아노협주곡 작품59
Moritz Moszkowski, Piano Concerto Op.59

> 모슈코프스키는 꽤 과소평가된 작곡가다. 비록 그의 많은 피아노 작품이 겸손하게 '살롱음악'이라고 불렸지만, 이 작품들은 생각보다 꽤 강렬하고 짜릿하고 흥미롭다. ─ 레이 M. 롱이어, 음악학자

폴란드 음악을 이야기할 때 쇼팽은 빼놓을 수 없는 존재다. 대중에게 잘 알려진 작곡가라 쇼팽과 연관 지으면 이해를 도울 수 있어서이기도 하지만, 실제로 쇼팽이 폴란드 국내외 음악계에 미친 영향이 막대하기 때문이다. 오늘의 작곡가 모슈코프스키도 쇼팽의 영향력 아래에 있는데, 폴란드 출신이라는 점과 뛰어난 피아니스트였다는 점에서 쇼팽과 공통분모를 갖는다.

모슈코프스키는 열한 살에 드레스덴 음악원에 입학해 음악 공부를 시작했을 정도로 어린 나이부터 뛰어난 재능을 보였다. 빛나던 그의 음악 열정은 후학을 양성하는 음악교육으로 이어졌고, 모슈코프스키는 유럽 전역에 음악교육자이자 피아니스트, 지휘자, 작곡가로 최고의 명성을 떨쳤다. 그러나 자신의 음악관이 너무 확고한 탓이었는지 동시대에 등장하기 시작한 새로운 음악 양식을 거부했고, 이로 인해 그는 나락으로 떨어졌다.

모슈코프스는 '듣기 좋은' 음악으로 꼽히는 초기 낭만주의 음악을 지향했다고 한다. 변화가 가득한 세상에서 자신을 지키기란 여간 어려운 일이 아닌 것 같다. 당대에는 뒤처졌다는 평가를 들었지만, 자신의 음악관을 묵묵히 지켜 나간 모슈코프스키. 마음 편히 들을 음악이 필요한 날 그의 피아노협주곡을 들어 보자.

세르게이 라흐마니노프, 14개의 로망스 작품34 14번 보칼리제 Sergei Rachmaninoff, 14 Romances Op.34 No.14 Vocalise

> 음악은 인생을 살아가는 데 충분하지만 인생은 음악에 불충분하다. ― 라흐마니노프

기숙사에 살 때 작은 벼룩시장을 연 적이 있었다. 아나바다운동처럼 나에게 필요 없는 물건을 내놓고 필요한 물건을 사는 자리였는데, 도저히 안 어울려서 싸게 내놓은 니트가 시장이 열리자마자 팔렸다. 사람이 참 간사한 게, 팔리고 나니 너무 싸게 팔았나 하는 아쉬움이 들었다. 그래도 옷장에서 삭는 것보다 낫다는 결론을 내리니 한결 나았다. 그렇게 그 옷을 미련 없이 보내 줬다. 그러다 교내 카페에서 우연히 구매자를 만났는데, 그 니트를 입고 있었다. 옷은 제 주인을 만난 것 같았다.

보칼리제는 성악가가 목을 풀 때 사용하는 일종의 발성법이다. 연습실에 울려 퍼지는 발성으로 음악을 만들 생각을 한 것이 재밌다. 그저 발성법에 지나지 않았던 보칼리제가 주인을 잘 만나 아름다운 곡으로 재탄생했다. 가사가 없는 성악곡인 이 곡은 현악기로 더 자주 연주되는데, 나는 첼로의 음색으로 듣는 것을 선호한다. 첼로는 인간이 정말 슬플 때면 낼 수 없는 일정하고 고른 음을 묵직하게 내뱉는다. 악기는 숨이 차지 않기에 새어 나오는 한숨도 없다. 첼로는 그렇게 담담하게 슬픔을 노래한다. 터져 나오려는 울음을 꾹 참고 말이다.

안토닌 드보르자크, 현악사중주 12번 작품96 아메리칸 Antonín Dvořák, String Quartet No.12 Op.96 American

우리의 몸은 존재하지 않는 것을 보는 힘이 없다. 오직 우리가 보는 것을 믿게 해 줄 뿐이다. ─ 메를로퐁티

드보르자크의 현악사중주 「아메리칸」은 마치 외국인이 한국어를 하듯 체코인인 드보르자크의 시선으로 본 미국을 표현한다. 그래서 그 문화를 완전하게 이해하기에는 서툴지만 이방인의 시선으로만 볼 수 있는 특징이 고스란히 녹아 있다. 드보르자크의 민족적 정취가 신세계의 다양한 문화와 닿아 만들어진 이 곡은 두 이질적인 문화가 적절히 융합된 재미있는 결과물이다.

아카데미 시상식에서 쾌거를 거둔 영화 『미나리』를 보면 흥미로운 부분이 많다. 지금이야 핸드폰 하나면 미국은 물론이고 정글까지도 연결할 수 있지만, 『미나리』의 배경인 1980년대에 미국으로 이민을 떠난 제이콥의 가족은 정말 아메리칸드림이라는 막연한 목표뿐이었다. 그래서인지 익숙하지 않은 문화를 접한 한국 가족의 반응은 어딘가 짠하다. 엉뚱한 발상조차 마냥 웃기지만은 않은 것이다.

책을 위한 선곡을 모두 마쳤을 즈음 『미나리』가 개봉했다. 영화를 보며 「아메리칸」이 떠올랐는데, 나만 그런 건 아니었는지 꽤 많은 사람이 「아메리칸」과 『미나리』를 함께 감상했다. 각자가 마주한 미국은 어떤 모습일지 궁금하다면 두 콘텐츠를 연결해 감상하는 것도 좋을 듯싶다.

7월

엑토르 베를리오즈, 환상 교향곡 1악장 꿈, 정열 Hector Berlioz, Symphonie Fantastique H.48 1. Rêveries-Passions

> 1악장은 우울한 몽상 상태에서 환각적인 정열에 이르기까지 분노와 질투, 마음의 평안과 눈물, 종교적인 위안이 뒤섞여 있다. — 베를리오즈, 1악장 프로그램

7월 첫 닷새에 『환상 교향곡』을 한 악장씩 배치한 것은 내 개인적인 경험에 따른 결정이다. 어느 여름방학, 음악을 더 진하게 만나보겠다는 결심으로 음악제에서 아르바이트를 했다. 세계 유수의 음악가와 함께한 귀한 시간 중에 나는 연주자가 음악을 만드는 과정을 지켜볼 수 있는 리허설 시간이 가장 좋았다.

여느 때처럼 일을 끝내고 쉴 준비를 하는데 함께 일하는 언니가 리허설을 보러 가자고 했다. 무슨 연주냐고 물었는데, 베를리오즈의 『환상 교향곡』이라는 답에 재빨리 가방을 챙겨 콘서트홀로 나섰다. 5악장이라는 긴 곡을 대규모의 오케스트라가 이끌어야 하는 『환상 교향곡』은 연습에도 오랜 시간과 노력이 들므로 전곡을 연주하는 공연은 흔치 않기 때문이다.

1악장 연주를 시작한 순간, 눈을 감고 소설을 읽듯 음악과 호흡을 함께했다. 거짓말처럼 더위는 가시고 어느 예술가의 사랑 이야기에 들어와 있는 듯한 기분이 들었다. 예술가는 지독하게 사랑한 여인 때문에 아편을 먹고 목숨을 끊고자 한다. 치사량에 달하지 못해 잠이 든 채 꿈을 꾼 그는 꿈속에서 여인을 살해하고 단두대로 향한다. 그의 사랑 이야기에 인상 쓰고 몰입한 경험으로 나는 『환상 교향곡』의 계절을 여름으로 정했다. 베를리오즈 자신의 이야기이기도 한 예술가의 사랑 이야기를 함께할 준비가 되었는가?

엑토르 베를리오즈, 환상 교향곡 2악장 무도회 Hector Berlioz, Symphonie Fantastique H.48 2. Un bal

> 축제는 소용돌이 속에 끼어들기도 하고, 전원의 평안한 사색에 잠기기도 한다. 그러나 마을에도 들에도, 어디를 가나 사랑하는 사람의 모습이 그의 앞에 나타나 끊임없이 그의 마음을 괴롭힌다. ― 베를리오즈, 2악장 프로그램

신비로운 하프의 선율로 시작하는 2악장. 예술가는 왈츠가 흐르는 무도회장에 있다. 1악장에서 바이올린과 플루트가 연주한 여인의 선율은 여기에서 플루트와 오보에로 모습을 바꿔 등장하고, 우리는 예술가가 군중 속에서 여인을 발견했음을 알 수 있다. 그러나 곧 왈츠 선율이 등장하면서 여인은 춤추는 사람들 사이로 자취를 감춘다. 여인은 다시 클라리넷으로 아주 잠시 스쳐 가고 음악은 속도와 긴장감을 높이며 마무리된다.

베를리오즈의 『환상 교향곡』을 설명할 때 빠지지 않고 등장하는 '고정 상념'은 예술가가 사랑하는 여인을 표현하는 선율로, 곡 전체에 걸쳐 다양한 악기로 연주된다. 우리는 이 선율이 등장하면 화자인 예술가가 여인을 떠올리거나 만났음을 유추할 수 있고, 이러한 선율은 음악 전체에 통일성을 부여하기도 한다.

1악장에서 등장한 선율이 2악장에서도 들린다면, 바로 그것이 예술가가 사랑한 여인이다. 사랑하는 상대를 선율로 음악에 등장시키다니, 과연 음악가의 사랑답다.

엑토르 베를리오즈, 환상 교향곡 3악장 전원 풍경 Hector Berlioz, Symphonie Fantastique H.48 3. Scène aux Champs

> 희망과 불안이 뒤섞인 이 기분, 어두운 예감으로 어지럽혀진 이러한 행복의 사념이 아다지오 악장의 주제가 되어 나타난다…… 멀리서 천둥소리…… 고독…… 그리고 정적. ― 베를리오즈, 3악장 프로그램

시끌벅적한 무도회에서 갑자기 전원 풍경이라니. 다소 갑작스럽고 혼란한 전개라고 느낄 수도 있겠다. 그러나 여기서 기억할 점은 『환상 교향곡』은 예술가의 사랑 이야기라는 것. 사랑에 빠지면 누구든 감정의 롤러코스터를 탄다. 소용돌이치던 마음은 이내 안정을 찾기도 한다.

평화로운 시골을 찾은 예술가의 귀에 두 목동이 부는 피리 소리가 들린다. 여인이 자신을 사랑하게 될 거라는 작은 희망을 느낀 예술가는 그간의 고통을 잠시 잊고 아름다운 시골 풍경을 감상하며 기대에 찬 상상을 한다. 그러나 마음의 평화도 잠시, 그의 마음에 다시 근심과 걱정의 그늘이 드리우고 어두운 예감이 그를 감싼다. 두 목동이 주고받던 피리 소리는 이제 대답 없는 혼자만의 연주가 되었다.

엑토르 베를리오즈, 환상 교향곡 4악장 단두대로의 행진 Hector Berlioz, Symphonie Fantastique H.48 4. Marche au Supplice

> 「단두대로의 행진」은 어둡고 거칠기도 하지만 눈부실 정도로 빛나기도 한다. ― 베를리오즈, 4악장 프로그램

환상성과 비이성은 예술 작품을 창작하는 데에 좋은 조력자가 되어 주며, 상상 속에서의 경험은 작품의 주요 소재가 되기도 한다. 유명 작품에 사랑과 약물, 꿈 이야기나 새로운 공간에서의 이색적 경험이 자주 등장하는 것도 이 때문이다.

예술가는 사랑이 이루어지지 않자 아편으로 자살을 시도한다. 그러나 치사량에 이르지 못해 죽는 대신 깊은 잠에 빠진다. 어두운 꿈속에서 예술가는 여인을 죽이고 사형선고를 받아 단두대로 향한다. 어둡고 거칠다가도 간간이 밝은 행진곡에 맞춰 그는 무거운 발걸음으로 단두대에 이른다. 과거의 모습을 빠르게 훑듯 소용돌이치는 음악은 단번에 끝기고 예술가는 생을 마감한다. 여인은 선율로 계속 등장해 예술가는 죽은 후에도 여인을 떠올린다.

어린 베를리오즈는 프랑스의 오데옹극장에서 『햄릿』을 보고 오필리아를 연기한 배우 해리엇 스미슨에게 푹 빠져 그를 사로잡기 위해 부단히 노력한다. 그러나 해리엇은 시골 출신의 무명 작곡가였던 베를리오즈에게 일말의 관심조차 주지 않았고, 계속되는 실연에 베를리오즈는 목숨을 끊을 생각까지 한다. 그렇게 약을 입에 털어 넣고 깊은 잠에 빠져 환상적인 꿈을 꾸는데, 그 경험이 『환상 교향곡』 작곡에 영감을 주었다. 『환상 교향곡』은 베를리오즈의 과격한 사랑을 보여 주는 자서전일지도 모른다.

엑토르 베를리오즈, 환상 교향곡 5악장 마녀들의 밤의 향연과 꿈 Hector Berlioz, Symphonie Fantastique H.48 5. Songe d'une Nuit de Sabbat

> 그녀는 당신에게 영감을 주었소. 당신은 그녀를 노래했으니 그녀의 과업은 완수된 것이오. ― 리스트

어린 날의 나는 괴물도, 귀신도 아닌 마녀를 유난히 무서워했다. 어두운 숲에서 뾰족한 모자를 쓰고 거대한 솥에 약을 만드는 광경이 떠올라 밤마다 울었던 기억이 여전히 생생하다. 4악장에서 죽음에 이른 예술가를 묻기 위해 마녀와 마술사, 요괴가 모였다. 현악기가 작은 소리로 지글대며 곡에 오싹함을 선사하고 갖가지 소리가 뒤섞여 기괴한 축제를 표현한 5악장은 공포스럽기까지 하다. 그리고 여인이 이 축제에 참석한다. 마녀들은 신나서 고함을 지르고 빙빙 돌며 춤을 춘다.

광기 어린 마녀들의 축제, 그리고 예술가의 죽음. 장례를 알리는 종소리와 마녀들의 춤. 예술가의 사랑 이야기로 시작된 베를리오즈의 「환상교양곡」은 이렇게 마무리된다. 마치 잔혹 동화를 읽은 듯 혼란해진 마음이 어린 날의 공포를 다시 불러일으킨다.

엔니오 모리코네, 시네마 천국 OST
Ennio Morricone, Cinema Paradiso OST

> 영화는 현실이 아니다. 현실은 영화보다 훨씬 혹독하고 잔인하다. 그래서 인생을 우습게 봐선 안 되는 것이다. — 영화 『시네마 천국』 중 알프레도의 대사

2020년 7월 6일 음악계의 큰 별이 졌다. 영화음악의 거장 엔니오 모리코네가 세상을 떠난 것이다. 영화 『시네마 천국』을 늘 '인생 영화'로 꼽는 나에게 그의 죽음은 참으로 마음 아픈 일이었다. 그의 부고를 접한 나는 『시네마 천국』 OST를 틀어 놓고 하루를 지냈다. 유난히 흐리고 습했던 그날, 이 음악에 엔니오 모리코네가 작업한 영화의 장면들이 간간이 떠올랐다.

트럼펫 연주자였던 아버지 덕분에 어린 나이부터 음악을 접할 수 있었던 모리코네는 산타체칠리아 음악원에 입학해 음악을 배웠다. 생활이 넉넉하지 않았기에 낮에는 학교에서 공부하고 밤에는 아버지를 대신해 트럼펫 연주를 하곤 했다. 이후 방송국 등에서 음향이나 편곡 등 다양한 일을 했지만 생활고를 해결하긴 어려웠고, 결국 돈을 벌기 위해 영화음악의 길을 선택했다.

『시네마 천국』에서 알프레도를 통해 삶의 지혜를 배우고, 토토를 통해 성장하는 사람의 시선을 경험한다. 이들의 이야기를 통해 삶을 들여다보며 눈물을 훔치는 순간이 있다. 그때마다 등장하는 음악 테마가 감정을 극대화하는 듯하다. Rest in Peace, 엔니오 모리코네!

● 게오르크 프리드리히 헨델, 하프시코드 모음곡 작품437 George Friedrich Händel, Harpsichord Suite HWV.437

> 그 시대 사람들은 당시에 발전한 악기가 없어서 그 시대 악기로 연주한 것인데, 피아노를 봤으면 좋아했을 거라 생각해요. ― 손열음, 『뉴시스』 인터뷰

영화 『아마데우스』처럼 고古음악을 다룬 영화에서 흔히 볼 수 있는 하프시코드. 생각 외로 이 악기의 음색은 호불호가 강하다. 이미 피아노의 음색에 익숙해져서인지 하프시코드를 위해 만들어진 곡임에도 피아노 편곡 버전으로 듣는 사람이 많다. 나는 하프시코드의 음색을 좋아하지도 싫어하지도 않지만, 본래 하프시코드를 위해 탄생한 곡을 피아노 버전으로 편곡한 것은 즐겨 듣지 않는다. 보통 페달이 없는 하프시코드의 특성을 고려하여 쓰인 음악이 피아노를 만나면 부드러움이 배가 되는 대신 명확성은 반으로 준다.

피아노의 여러 기능이 만들어 내는 여러 부드러운 음향, 예컨대 페달을 이용해 소리를 유지한다든지 하는 것은 마치 떡을 한입 베어 문듯 쫄깃하고 끈적인다. 반면 하프시코드의 음색은 단순명료하고 딱 맞아떨어진다. 그래서 하프시코드의 첫 음을 들으면 오래도록 고민하던 퍼즐의 한 조각을 기어코 맞춘 것 같은 쾌감이 찾아오곤 한다. 내 멋대로 정의하기를, 피아노는 뜨거운 악기이고 하프시코드는 차가운 악기다. 작곡가가 차가운 악기를 위해 작곡한 날카로운 곡이 피아노에 닿으면 녹아 뭉개지는 것처럼 들린다. 덥고 꿉꿉한 7월이니만큼 시원한 하프시코드의 음색을 들어 보자!

아널드 쇤베르크, 달에 홀린 피에로
Arnold Schönberg, Pierrot Lunaire

> 인간이 눈으로 마실 수 있는 술을 고요한 수평선에 넘치는 물결 위에서 달은 폭음한다. 기도하려는 시인은 미친 듯이 기뻐하며 그 신성한 양조주에 취해 있다. 그는 하늘을 향해 취한 채로 어지러이 비틀거린다. 눈으로 마실 수 있는 술을 거침없이 들이켠다. ─『달에 홀린 피에로』

아방가르드는 전쟁의 최전선에 선 사람들을 일컫는다. 적군의 동향을 살피기 위해 미리 나가 수색을 펼치는 아방가르드. 예술에서 아방가르드 역시 사조의 흐름이 변하기 전에 앞서 나가 동태를 살핀다. 설령 비난과 비판을 받을지라도 말이다. 오스트리아 출신 작곡가 쇤베르크 또한 아방가르드 예술가다운 면모를 지녔는데, 일례로 유대인이었음에도 유대교를 적극적으로 믿지 않다가 히틀러의 핍박이 시작되자 유대인 성전에 발을 들이는 일이 많아졌다고 한다. 죽음의 위협도 불사한 고집이라니, 역사에 기록된 사람은 뭐가 달라도 다른가 보다. 이처럼 반골 기질이 강했던 쇤베르크가 처음부터 조성을 벗어난 무조음악을 작곡했던 것은 아니다. 그도 동시대의 다른 작곡가처럼 후기 낭만주의음악을 작곡했다. 그런 그가 무조음악인『달에 홀린 피에로』를 작곡한 것은 1912년, 배우 알베르티네 체메의 부탁 때문이었다. 체메는 시인 알베르 지로의 표현주의 시로 음악을 만들어 달라는 의뢰를 했는데, 시의 내용은 보다시피 도통 알 수 없는 이야기다. 그러니 이 곡이 불후의 명곡이 된 이유는 단순히 무조음악의 길을 닦았기 때문은 아닐 테다. 달이 폭음한다는 내용이 아름다운 조성음악에 담겼다면 이토록 강렬한 감상은 없었을 것이다.

세실 샤미나드, 플루트협주곡
Cécile Chaminade, Flute Concertino

> 예술에는 성性이 없다. 천재성은 독립적인 자질이기 때문이다. — 샤미나드

역사적으로 성공한 여성을 둘러보는 것은 언제나 즐거운 일이다. 나에게 그들의 승리는 목마로 트로이전쟁을 승리로 이끈 오디세우스, 혹은 왜적을 무찌른 이순신 장군만큼이나 의미 있다. 신화 속 많은 영웅담이 닿을 수 없는 환상이라면 한계를 뛰어넘는 여성의 이야기는 나에게도 적용될 수 있는 지극히 현실적인 문제이기 때문이다. 오페라『카르멘』으로 잘 알려진 작곡가 조르주 비제는 샤미나드를 '작은 모차르트'라고 부르며 음악적 재능을 칭송했다. 그의 재능을 알아본 많은 작곡가가 입을 모아 전문적인 음악 공부를 시켜야 한다고 주장했지만, 샤미나드는 아버지의 반대로 파리 음악원에 진학하지 못했다.

플루트협주곡은 플루트를 전공하는 학생들을 위해 파리 음악원의 의뢰를 받아 작곡한 곡이다. 음악대학의 문턱도 밟아 보지 못한 샤미나드가 음대 학생들을 위해 곡을 작곡했다는 것이 아이러니하다. 특히 이 작품은 잔인한 난도로 유명한데, 전해지는 이야기로는 그의 전 애인이 플루티스트여서 그에 대한 악감정으로 일부러 어렵게 작곡했다고 한다. 믿거나 말거나지만, 이 곡을 연습하는 학생은 덕분에 실력이 꽤 향상되었을 듯싶다.

필립 글래스, 모닝 페시지스
Philip Glass, Morning Passages

> 댈러웨이 부인은 직접 꽃을 사야겠다고 말했다. — 버지니아 울프, 『댈러웨이 부인』

코로나 바이러스가 일상에 침투한 지 햇수로 3년이 되었다. "매일 똑같이 굴러가는 하루, 지루해, 난 하품이나 해." 반복되는 일상에서 탈피해 보자는 자우림의 노래 「일탈」의 가사가 무색할 정도로 한때 반복되었던 일상은 바라고 바라는 일상이 된 듯하다.

바이러스가 확산되던 초기, 해외에서는 버지니아 울프의 소설 『댈러웨이 부인』이 큰 인기를 끌었다. 소설은 스페인독감 종식 5년 후인 1923년을 배경으로 하며 주인공 댈러웨이 부인은 전염병에서 살아남은 운 좋은 사람이다.

『댈러웨이 부인』은 '의식의 흐름 기법'의 대표작으로, 통시적 소설 전개에서 벗어나 시공간을 넘나들며 전개되는 것이 특징이다. 그래서인지 『댈러웨이 부인』을 모티브로 한 영화 『디 아워스』 역시 『댈러웨이 부인』을 구상하는 버지니아 울프와 1951년에 그 소설을 읽는 로라, 2001년 뉴욕에 살고 있는 클래리사의 이야기를 '동시'에 담고 있다. 이들의 모습을 음악으로 그려 낸 OST인 필립 글래스의 「모닝 페시지스」는 반복되는 '음'과 '음형'을 사용해 시간이 정지된 듯 모호한 느낌을 준다. 시간이 흘러도 세 여성의 비극적인 삶은 계속해서 순환된다.

마랭 마레, 스페인풍 라폴리아
Marin Marais, Les Folies d'Espagne

세상 모든 음악의 끝은 죽음이라네. — 영화 『세상의 모든 아침』

나는 음악을 공부한 사람이지만, 고음악과 친하지 않다. 의식적으로 듣지 않는 것은 아니지만, 음악 플레이리스트를 넘기다 보면 후기 고전주의 음악이나 낭만주의 음악, 근대음악이 귀에 더 익숙하기에 고음악은 후순위로 밀리는 것이다. 그러다 가끔 고음악 연주회에 참석하면, 마치 다른 세상에 와 있는 듯한 특별한 느낌을 받는다. 과거의 주법과 악기를 묵묵히 지켜 나가는 음악가를 보면 경외감까지 든다.

고음악 감상은 지금 주변에서 볼 수 있는 악기의 원형을 찾아보는 재미도 있다. 정제되고 세련된 모습의 현대 악기보다 덜 다듬어졌지만, 옛 소리를 간직하고 있어 마치 오래되어 먼지가 쌓인 책을 몰입해 읽는 듯한 감상을 준다.

오늘의 곡인 마랭 마레의 「스페인풍 라폴리아」는 오늘날 첼로로 연주하지만 17세기 파리에서 활동했던 비올 연주자 겸 작곡가 마랭 마레가 '비올라다감바'라는 악기를 위해 작곡한 곡이다. 이름에서 유추할 수 있듯 현악기이며 첼로 정도의 크기인데, 차이점이 있다면 현이 네 개인 첼로와 달리 현이 여섯 개라는 점. 오늘날 첼로의 소리도 아름답지만, 이 곡을 비올라다감바의 연주로 듣고 싶은 것은 욕심일까? 고음악 연주회의 프로그램을 다시 한번 들여다봐야겠다.

● **존 다울런드, 가곡집 1권 5번 그녀는 나를 용서할 수 있을까?John Dowland, The Firste Booke of Songes 5. Can She Excuse My Wrongs?**

나는 나이면서도 아니고, 얼어붙었으면서도 아직 불타오르고 있습니다. 나 자신으로부터 또 다른 자신에게로 돌아서기 때문입니다. ― 엘리자베스 1세, 「임은 떠나는데」

우스갯소리로 하는 말 중에 "영국은 음식을 포기하고 음악을 얻었다"가 있다. 그만큼 영국에는 유명 록스타와 음악 그룹이 많은데, 사실 클래식 음악은 지리만큼이나 유럽 대륙과 동떨어져 있다. 독일과 이탈리아, 프랑스를 중심으로 한 음악 줄기와는 다른 줄기를 가졌지만, 영국 작곡가가 유럽 대륙의 음악에 영향을 미친 몇 안 되는 순간이 있다.

존 다울런드는 영국 음악가가 유럽에서 활발하게 활동하던 15세기에 큰 인기를 끌었던 작곡가로, 당대에는 류트 연주자로 더 잘 알려져 있었다. 15세기라는 시기가 감이 안 온다면, 영국에서 엘리자베스 1세가 재임하던 때라고 생각하면 될 것이다. 그가 처음 출판한 가곡집에 수록된 「그녀는 나를 용서할 수 있을까?」는 그의 대표곡 중 하나로 꼽힌다. 이 곡에는 흥미로운 뒷이야기가 있는데, 작사가인 에식스 갤리어드 백작이 사이가 틀어진 엘리자베스 1세의 마음을 돌리기 위해 정치적인 목적으로 이 곡의 가사를 썼다는 것이다. 흥미로운 이야기가 있는 만큼 오늘의 곡을 감상할 때 가사에 집중하며 들어도 좋을 듯하다. 독일어나 프랑스어가 아닌 영어라서 조금 더 익숙하게 느껴질 수도 있겠다.

알마 말러, 성악과 피아노를 위한 5개의 노래 3번 아늑한 여름밤 Alma Mahler, Five Songs for Voice and Piano 3. Laue Sommernacht

내 마음의 자유를 가로막을 수 있는 문도, 자물쇠도, 빗장도 존재하지 않아요. — 버지니아 울프

어린 날의 나는 '뮤즈'가 여성에게만 한정된 단어인 줄 알았다. 남성 예술가가 어떤 여성에게 영감을 받아 작품을 창작했다는 이야기가 대부분이라 지금까지도 남성을 뮤즈로 떠올리기란 쉽지 않다. 알마 말러를 소개할 때면 유명 예술가의 '뮤즈'라는 말이 빠지지 않는다. 구스타프 클림트의 「키스」, 오스카어 코코슈카의 「바람의 신부」 속 여인으로 알려진 알마 말러는 영감을 '주는' 수동적인 뮤즈라는 역할에 가려져 능동적으로 영감을 받고 스스로 작품을 창작하는 예술가였다는 사실이 잘 알려지지 않았다.

역사에 의해 '뮤즈'로만 머물러야 했던 알마 말러. 그는 화가였던 아버지의 영향으로 어릴 적 미술을 배웠으나 음악에 더욱 관심이 많았다고 한다. 이 곡은 1910년에 성악과 피아노를 위해 작곡한 곡이다. 「아늑한 여름밤」은 더위가 한창인 7월 중순, 가벼운 바람이 부는 밤에 듣기 좋다. 여름밤, 사랑을 속삭이는 이 곡을 틀어 놓고 밤을 온전히 즐겨 보길 바란다.

● **채드 로슨, 그녀는 시간을 꿈꾼다**
Chad Lawson, She Dreams of Time

흉터에는 우리의 과거가 진짜라는 것을 일깨워 주는 이상한 힘이 있습니다. ― 코맥 매카시, 『모두 다 예쁜 말들』

현대 음악가의 음악을 들을 때면 그와 내가 공유하는 경험을 찾곤 한다. 이미 세상에 없는 음악가는 나와 너무나 다른 시대를 살았기에 그의 음악은 멀찍이 있는 '작품'으로 대하게 된다면, 나와 동시대를 살고 있는 현대 음악가의 음악은 공감과 경험의 대상으로 받아들이게 되는 것이다.

우리는 종종 음악이 심신에 안정을 가져다준다고 말한다. 그러나 음악을 공부한 사람으로서 나는 음악을 들을 때 공부와 일처럼 느끼는 안타까운 상황에 처하곤 한다. 그래도 일반적으로 클래식이 태교나 정서 함양에 사용된다는 점을 고려할 때, 많은 이의 마음에 평안을 가져다준다는 점을 부정하긴 어려울 듯하다.

오늘의 곡인 채드 로슨의 「그녀는 시간을 꿈꾼다」는 2020년에 발표한 앨범 『스테이』에 수록된 곡으로, 미국 '정신 건강의 달'을 위해 작곡되었다. 유난히 힘든 날이라면 이 곡을 들어 보길 추천한다. 나와 동시대를 살아가는 누군가가 나를 위해 작곡했다는 생각에 눈물을 훔치게 될지도.

펠릭스 멘델스존, 고요한 바다와 즐거운 항해 작품27 Felix Mendelssohn, Meeresstille und glückliche Fahrt Op.27

> 안개가 걷히고, 하늘은 밝고, 바람의 신이 근심의 끈을 푼다. — 괴테, 「즐거운 항해」

가족과 함께 바닷가를 찾을 때면 부모님이 늘 하시는 말씀이 있다. "네가 어릴 때 바다를 보고 신나서 소리 지르던 모습이 아직도 눈에 선하다." 그러나 지금 나는 바다를 보면 신남이 아닌 두려움을 느끼곤 한다. 시간이 지나면서 자연은 너무나도 대단하다는 사실을 깨달은 나는 망망대해를 보면 상상할 수조차 없는 일이 세상에는 너무 많다는 느낌에 마음이 불안해지는 것이다.

거대한 바다를 보면 우리는 복합적인 감정을 느낀다. 가족이 바다에 나가 있다면 무사히 돌아오길 바라고, 비가 오면 누군가를 삼키지 않을까 두려워하고, 해가 나면 안도하는 등 우리의 감정은 시시각각 바뀌는 파도처럼 변화한다.

1828년 멘델스존도 같은 감정을 느꼈다. 바다에서 일어나는 사건을 겪으며 느낀 감정을 표현한 괴테의 시 「고요한 바다」와 「즐거운 항해」를 바탕으로 서곡을 만든 멘델스존. 일반적인 서곡은 이어질 극을 준비하는 음악이지만, 이 곡은 서곡만으로도 온전하게 존재한다. 바다가 곡 안에서 서사를 만들고 있는 듯하다.

레오시 야나체크, 현악사중주 2번 비밀 편지 Leoš Janáček, String Quartet No.2 Intimate Letters

> 당신에 대한 나의 사랑은 낮에 들판을 비추던 태양이 밤에도 떠 있는 것같이 한결같아요. — 야나체크가 카밀라 스테슬로바에게 보낸 편지

프라하의 봄이라는 역사적 사건을 배경으로, 당대 지식인이 겪는 무력감을 표현한 소설 『참을 수 없는 존재의 가벼움』. 고등학생 때는 그저 연애소설인 줄 알았고, 대2병에 걸려서 한참 어려운 책만 찾아 읽을 때는 역사적 배경에 무지했다. 최근에 다시 읽고 나서야 저 멋진 제목이 어떤 뜻인지 어렴풋이 이해하게 됐다. 이 어려운 책이 어째서 고등학교 필독서인지 도통 알 수가 없다.

가끔 인간이 참을 수 없이 가볍게 느껴질 때가 있다. 예를 들어 거대한 권력 앞이라든가, 어쩔 줄 모르는 사랑 앞에서 우리는 참을 수 없이 가벼워진다. 이 소설을 영화화한 『프라하의 봄』에는 원래 베토벤의 음악이 삽입될 계획이었는데, 저자인 밀란 쿤데라의 강력한 주장으로 야나체크의 음악이 삽입되었다고 한다. 마침 야나체크는 카밀라 스테슬로바라는 여인 앞에서 곧 날아갈 듯 가벼워지는 중이었다.

잘 알려지지 않은 작곡가였던 야나체크가 예순이 넘은 나이에 꽃을 피울 수 있었던 것은 열렬한 '짝'사랑 상대였던 카밀라 덕이었다. 그는 카밀라에게 약 11년 동안 700통이 넘는 편지를 보냈는데, 「비밀 편지」는 그 연애편지를 음악적으로 해석한 곡이다. 두 사람의 나이 차이는 무려 서른일곱 살에 달했고, 둘 다 기혼자였다. 이 사실을 알고 난 후, 어떤 사랑은 음악으로만 듣는 게 낫다는 생각을 했다.

● **에릭 휘태커, 빛과 금**
Eric Whitacre, Lux Aurumque

> 가상 합창단의 가장 핵심적인 목표 중 하나는 가능한 한 많은 사람이 참가하도록 하여 종교, 인종, 나이의 경계를 넘어서 노래하는 공동체의식을 만들고 강화하는 것입니다. ― 휘태커, 『매일경제』 인터뷰(2019)

얼마 전 약 반년간 함께 일하던 사람과 처음으로 얼공*을 했다. 코 위쪽은 낯이 익었지만 그 아래쪽은 영 어색해서 나도 모르게 눈을 내리깔았다. 그리고 문득 내 얼굴의 나머지 반이 노출되었다는 사실을 깨닫고 입술을 앙다물었다. 그리고 티 나지 않게 입술에 립밤이 남아 있는지 체크해야 했다.

눈만으로 감정을 표현하는 요즘, 긍정적 의사를 전하기 위해 얼마나 눈웃음을 지었던가. 덕분에 눈가에 전엔 보이지 않던 주름이 생겼다. 대면보다 비대면이 익숙해진 요즘 시대에 함께 노래하는 일은 얼굴 공개보다 몇 백 배는 어려운 일일 것이다. 눈과 호흡을 맞춰 아름다운 하모니를 만드는 대규모 합창은 어쩌면 비대면 시대에 가장 어려운 장르일지도 모른다. 에릭 휘태커는 이 모든 것을 예상했다는 듯이 무려 10년 전에 가상 합창단을 조직했다. 10년 전이라 실시간은 무리였지만, 각자가 찍은 영상을 감쪽같이 편집해 멋진 작품을 만들어 낸 과정 자체가 의미 있다. 그 덕분에 합창은 언택트 시대에 가장 표현하기 어려운 장르에서 시대를 선도하는 장르로 거듭날 수 있었다.

---

* 얼굴을 공개했다는 뜻.

● **드미트리 쇼스타코비치, 다양한 오케스트라를 위한 모음곡 7번 왈츠 2**
Dmitrii Shostakovich, Suite for Variety Orchestra No.7 Waltz 2

혹시 왈츠 출 줄 알아요? 저 요즘 교양체육 시간에 배우거든요. ― 영화 『번지점프를 하다』

'왈츠' 하면 떠오르는 작곡가는 누가 있을까? 일단 왈츠의 아버지라 불리는 요한 슈트라우스가 가장 먼저 생각나고, 쇼팽이 작곡한 왈츠 몇 곡도 떠오른다. 그런데 포털에 '왈츠'를 검색하면 슈트라우스도 쇼팽도 아닌 '쇼스타코비치의 왈츠'가 자동완성으로 뜬다. 2000년 스탠리 큐브릭 감독의 영화 『아이즈 와이드 셧』에 등장해 주목을 받은 이 곡은 배우 고故 이은주와 이병헌이 주연을 맡은 영화 『번지점프를 하다』에도 삽입되어 화제가 되었다. 두 주인공이 쇼스타코비치의 「왈츠 2」에 맞춰 석양 아래서 춤을 추는 장면은 많은 영화 팬이 꼽는 명장면이기도 하다.

「왈츠 2」가 영화에 마구 등장하던 2000년을 기점으로 쇼스타코비치는 별안간 '왈츠 왕'이 되었다. 그러나 정작 쇼스타코비치가 왈츠와 같이 자유로운 삶을 살았느냐고 묻는다면, 평생 슬픔과 자괴감에 빠져 살았노라 대답할 수 있다. 소비에트 정부는 작곡가들에게 인민이 이해하기 쉬운 음악을 요구했다. 음악가들은 목숨을 부지하기 위해서라도 정부의 눈치를 봐야 했고, 미국과 유럽에서 활발하게 이루어지던 실험적인 음악에 관한 논의는 언감생심이었다. 음악 안에서 자유로이 춤추고 싶었던 쇼스타코비치는 이렇게라도 울분을 풀었던 것일지도 모른다.

파벨 하스, 오보에와 피아노를 위한 모음곡
Pavel Haas, Suite for Oboe and Piano

음악가는 정치적인 성향에서 자유로울 수 없다. — 베로니카 베치, 『음악과 권력』

사람들은 종종 음악을 절대적인 선, 숭고하고 고고한 예술로 여긴다. 음악은 전쟁, 가난, 굴욕, 복수 같은 그늘진 키워드와 어울리지 않는다고 생각하는 것이다. 하지만 우리 사회에는 여전히 암의 비율이 높다. 마냥 밝고 희희낙락한 사회는 소수에게만 주어진다.

파벨 하스는 나치 점령기에 아우슈비츠에서 쓸쓸한 죽음을 맞은 유대계 체코 작곡가다. 하스의 마지막 모습은 1944년 나치가 만든 선전영화 『총통이 유대인에게 도시를 선사하다』에서 볼 수 있는데, 음악을 연주한 뒤 하스가 인사하는 장면이 찍혔다고 한다. 나치는 영화제작이 끝나기 무섭게 영화에 등장한 파벨 하스와 지휘자 카를 안체 등 유대계 음악가를 아우슈비츠로 보내 살해했다.*

왜인지 음악가는 세상이 돌아가는 것과 무관하리라는 생각이 든다. 나도 모르게 음악을 세상과 분리해서 박제해 놓은 것일까. 「오보에와 피아노를 위한 모음곡」이 아우슈비츠에서 작곡한 하스의 마지막 실내악이라는 점을 되뇌어 보면 끔찍하다. 그런데 동시에 아름답다. 음악은 그 자체만으로는 존재할 수 없기에 이 곡을 들으며 수없이 많은 무고한 희생자를 떠올리지 않을 수 없다. 아우슈비츠의 가스실에서 숨을 거둔 파벨 하스를 기리며 음악과 대학살이라는 단어를 함께 발음해 본다.

---

* 2020년 평창대관령음악제 프로그램북 36쪽 참고.

● **비토리오 몬티, 차르다시**
Vittorio Monti, Csárdás

> 집시처럼 살아라. 땅에서 발을 떼고 돌아다녀라. — 폴 매카트니

얼마 전 신분당선 강남역 환승 통로에서 홀로 바이올린을 연주하는 바이올리니스트를 보았다. 실은 일이 끝나고 집에 가는 길에 자주 봤던 바이올리니스트인데, 보통 때는 무관중이었지만 어쩐지 그날은 관중이 있었다. 아마 선곡 때문일 것이다. 몬티의 「차르다시」는 연주자들의 실패하지 않는 레퍼토리이다. 한국인이 유독 집시풍의 연주를 좋아하는 것은 아니다. 스페인에서도 비슷한 일이 있었는데, 매일 아침 추러스를 먹으러 가는 길에 보았던 길거리 바이올리니스트는 「차르다시」를 연주할 때만 호황을 누렸다. 혹은 브람스의 「헝가리 무곡」이라든가.

    집시음악의 민족적 선율에 사람들이 끌리는 이유는 집시의 자유로운 삶을 선망하기 때문이 아닐까 싶다. 한군데에 정착하지 않고 끊임없이 삶의 터전을 개척하는 집시의 모습은 퍽 즐거워 보인다. 그러나 떠돌이는 제도 속에서도 떠돌기 마련이다. 유럽에서 여전히 집시의 주거 분리 문제가 심각하다는 기사를 보았다. 그들은 명백한 소수자이고, 고로 이 문제는 소수자 차별로 이어질 수밖에 없다. 그런 집시가 코로나19를 기점으로 동양인에게 인종차별을 가하는 모습은 분노와 안타까움이라는 이중적 감정을 낳는다. 혐오는 또 다른 혐오를 낳는 자양분이 된다.

사비에 몬살바헤, 5개의 흑인 노래
Xavier Montsalvatge, Cinco Canciones Negras

때가 아주 빨리 올 거야. 최고로, 나머지처럼. 그 와인이 흑인 노래를 하게 되면. ― 뮤지컬 『클로린디: 케이크워크의 시작』 중 「오늘 밤 다크타운은 외출한다」

학창 시절에 나는 선생님의 걱정을 사는 학생이었다. 어느 하나에 집중하지 못하고 여러 분야에 관심을 가진 탓에 선생님들은 내 미래와 대입을 위해 한 가지 공부를 진득하게 하라는 조언을 빙자한 잔소리를 자주 하셨다. 이러한 성향 때문에 나는 한 분야를 깊이 공부해 자기 것으로 온전히 소화한 사람에 대한 존경심이 있다. 특히 예술가의 경우라면 더더욱 그렇다. 나와 비슷한 성향인 사람이라면 나의 고민과 감정을 이해하리라.

그러나 지금 와서 생각해 보면 다양한 경험을 한 덕분에 생긴 장점도 많다. 내가 공부한 분야를 결합해 남들은 생각지 못한 결과물을 만들어 내기도 했는데, 이는 나의 정체성 중 하나로 자리 잡았다. 몬살바헤의 음악은 이런 나에게 동질감을 불러일으킨다.

1936년 스페인내전을 겪은 스페인은 유럽 전역에서 일어났던 '민족주의' 움직임과 거리를 두고 있다. 이들은 스페인 고유의 음악을 찾으려 노력하기보다 다양한 음악을 접하려고 했으며, 그중 한 명인 몬살바헤의 음악 또한 한 장르나 명칭으로 분류하기 어렵다. 스페인의 민요와 무곡 그리고 스페인의 통치를 받던 서인도제도의 다양한 음악 양식이 결합된 그의 음악은 독창적 장르를 만들어 냈다. '선택과 집중'의 중요성이 강조되는 만큼 독창성도 큰 가치로 떠오르는 요즘, 몬살바헤의 음악은 나에게 위로로 다가온다.

● **클로드 드뷔시, 베르가마스크 모음곡**
Claude Debussy, Suite Bergamasque

꿈꾸는 자는 오직 달빛으로 자신의 길을 찾을 수 있는 사람. ― 오스카 와일드

"아, 클래식 음악 전공하셨어요? 저도 클래식 음악 좋아해요."
"어떤 음악 좋아하세요?"
"아, 조성진의 「달빛」을 자주 들어요."

클래식 전공자라면 종종 맞닥뜨리는 상황이다. 드뷔시의 「달빛」은 각종 미디어에서 셀 수 없을 만큼 많이 사용되었으며, 드뷔시 특유의 몽환적 음색이 밤의 달빛을 표현하기에 딱 알맞아 클래식에 관심이 없던 이들도 이 곡만큼은 부담 없이 듣는 것 같다.

이 「달빛」을 포함하는 『베르가마스크 모음곡』은 드뷔시를 대중에게 친숙한 작곡가로 만들어 준 곡일뿐더러 드뷔시 자신의 음악 여정에서도 중요한 위치를 차지한다. 이 모음곡은 베르가모 지방의 아름다운 경치를 보고 떠올린 인상을 바탕에 둔 것으로, 이탈리아 유학 중에 들른 그 지방의 이름을 제목으로 붙였다. 작곡은 1890년에 했지만, 발표는 15년 후인 1905년에야 했다.

길지 않은 네 개의 곡으로 구성된 이 작품이 발표되기까지 15년이나 걸렸다는 사실이 놀랍게 느껴졌다. 그러나 『베르가마스크 모음곡』에는 드뷔시의 전작과 달리 인상주의적 색채가 돋보이고 선법이나 리듬에 대한 새로운 도전이 녹아 있다. 누군가는 이 작품을 드뷔시 인상주의의 시작으로 여기기도 한다. 음악을 공부하는 학생이 어떠한 구애도 받지 않고 자신만의 장르를 확립해 나가는 여정의 초입에 있는 작품. 「달빛」만 듣기에는 아깝지 않은가!

● **데이브 브루벡, 테이크 파이브**
Dave Brubeck, Take Five

> 오늘날 음악 상황은 카테고리가 필요하지 않은 지경에 이르렀다고 생각합니다. (……) 음악이 제 귀에 맞는다면 굳이 왜 카테고리가 있어야 할까요? 듣기 좋거나 아니거나 둘 중 하나죠. — 듀크 엘링턴

누군가는 클래식만 예술 음악의 범주에 넣고, 또 누군가는 영화음악이나 재즈도 예술 음악이라고 생각한다. 이처럼 '예술 음악'에 대한 기준이 서로 다르기에 어느 하나로 정하기는 어렵지만, 여기에는 문화적 측면도 적지 않게 작용한다.

이 곡에는 나의 어릴 적 추억이 묻어 있다. 미국에서 학교를 다닐 때 음악 과목으로 둘 중 하나를 선택해야 했다. 바이올린을 오래 연습해 온 나는 오케스트라와 밴드 중에 당연히 오케스트라에 참여하겠다고 대답했다. 그리고 첫 수업에 들어갔는데, 그때 연주한 곡이 데이브 브루벡의「테이크 파이브」였다. 오케스트라니까 클래식만 연주할 줄 알았는데 웬걸, 재즈를 연주하는 것이 아닌가?

책상에 앉아 음악을 공부하는 한국 학교와 전혀 다른 모습에 놀란 마음을 추스를 새도 없이 선생님이 대뜸 악기를 내려놓고 박수를 치자고 했다. 셋과 둘로 나누어 다섯 박자를 박수로 쪼개는 연습을 하며 익숙하지 않은 5박자 음악에 또다시 혼란에 빠졌다. 재즈가 익숙한 이 나라의 음악교육은 이런 모습이구나. 이 곡은 음악을 좁게 생각했던 나에게 다시금 우물 밖의 풍경을 보여 주었다.

베드르지흐 스메타나, 나의 조국
2번 몰다우 Bedřich Smetana, My Fatherland No.2 Vltava(The Moldau)

비록 불완전하지만 나는 모국어로 대답하는 것이 부끄럽지 않고, 무엇보다 조국이 나에게 더 중요하다는 것을 보여 줄 수 있어서 기쁩니다. ― 스메타나

예술대학의 교양 시간에는 예술에 관한 철학적 질문이 오간다. 예술가의 의무는 종종 거론되는 주제로, '예술가는 무엇을 위해 창작하는가' '예술가는 사회에 어떤 메시지를 남겨야 하는가' 같은 질문이 주를 이룬다. 이 책을 읽는 당신은 어떻게 생각하는지 궁금하다.

여러분이 깊은 생각에 빠지기 전에 체코 이야기를 좀 하고자 한다. 체코는 보헤미아 왕국 시절에도 400년 가까이 오스트리아의 지배를 받았다. 이후에는 독일과 소련의 억압으로 고통받았고 '프라하의 봄'이라 불리는 자유의 움직임 또한 실패로 돌아갔다. 그러다 중앙유럽의 민주화 움직임으로 자유를 되찾은 체코는 마침내 체코공화국을 세웠다.

자유국가 체코를 축하하기 위해 열린 '프라하의 봄 축제' 전야제에서 체코 작곡가 스메타나의 교향시 『나의 조국』이 연주되었다. 오랜 시간 국권을 빼앗기고 독립을 갈망한 역사를 가진 한국의 국민으로서 이런 이야기를 듣고 나니 왠지 모르게 목구멍이 뜨거워지는 듯했다. 스메타나는 음악으로 조국의 독립을 노래한 작곡가다. 전야제에서 이 곡을 연주한 지휘가, 연주자 그리고 눈물로 조국의 자유를 갈망했던 관객은 어떤 기분이었을까. 이제 '예술가는 이 사회에서 어떤 존재인가'라는 질문에 대답할 준비가 되었는가?

장 펜캥, 음악회 소품집
Jean Pennequin, Morceau de Concert

오늘 밤과 같은 순간이 있어 심오하고 새로운 경험을 하게 되고 새로운 문이 열린 듯한 느낌을 받는데, 모두 저 악기, 저 놀랍고 마술 같은 악기 때문이다. — 다이앤 프롤로브, 미국 방송작가

내 기억 속에 트럼펫을 처음 만난 순간이 강렬하게 남아 있지는 않다. 나는 트럼펫을 그저 잘 모르는 관악기 중 하나, 오케스트라 금관 파트에서 높은음을 내는 악기 정도로만 기억했다. 그러다 언젠가 사극을 보다가 트럼펫이 떠올랐다. 너무 뜬금없다고 느낄지도 모르지만, 트럼펫이 나팔과 너무 비슷하게 생겼기 때문이었다. 어릴 때 병에 입을 대고 소리를 내던 기억이 나면서, 역시 동서양을 막론하고 소리를 내는 물체가 악기가 되는 과정은 비슷하구나 싶어 재미있었다.

트럼펫의 역사는 기원전 이집트에서 찾아야 할 정도로 오래됐다. 머릿속에 이집트의 이미지를 떠올려 보니, 어느 벽화에선가 트럼펫 비슷한 악기를 본 기억이 나는 것도 같다. 많은 이가 나처럼 트럼펫과 친숙하지 않으리라 생각한다. 기세와 힘을 강렬하게 내비치는 트럼펫의 음색에 귀를 기울여 보자. 이 친구가 왜 이렇게 오랫동안 음악과 함께했는지 조금은 알게 될지도 모른다.

● **프리츠 크라이슬러, 3개의 빈의 옛 춤곡
1번 사랑의 기쁨 Fritz Kreisler, 3 Old
Viennese Dances No.1 Liebesfreud**

1923년에 '네 줄짜리 거문고'를 켜는 세계 최고의 바이올리니스트가 모두 경성에 출현했다. 세계 제1위의 제금가 크라이슬러(F.Kreisler·오스트리아)가 경성공회당 무대에 섰다. ―『조선일보』

인터넷에서 '한국 예능 미스터리'라는 제목의 짤을 보았다. 『아침마당』에서 인터뷰하는 리처드 기어와 『인기가요』에서 열창하는 크리스티나 아길레라, 『런닝맨』에서 게임하는 톰 크루즈가 그 주인공이었다. 대체 어떤 연유인지는 알 수 없지만, 세계적인 스타가 한국 방송에서 고군분투하는 모습에 괜히 웃음이 났다.

그런 맥락에서 크라이슬러가 경성에 어떻게, 왜 오게 되었는지는 정말 미스터리 그 자체다. 그것도 바이올린을 '네 줄짜리 거문고'라고 설명하던 1923년에. 한국 무대에 선 크라이슬러가 무슨 곡을 연주했는지까지는 알려지지 않았지만, 어쩌면 「사랑의 기쁨」이었을지도 모른다. 당시 쓰인 지 약 10년쯤 되었던 「사랑의 기쁨」은 오늘날까지 사랑받는 크라이슬러의 대표곡이다.

크라이슬러는 「사랑의 기쁨」이 오스트리아 작곡가 요제프 라너의 곡이라고 주장하다가 1935년쯤 돌연 자작곡이라며 말을 번복했다. 왜 그랬는지는 크라이슬러만 아는 일이지만, 이런 일화 덕에 음악이 더 널리 알려지게 되었으니 오히려 잘된 일이 아닐까 싶다.

● **샤를 구노, 로미오와 줄리엣 — 나는 살고 싶어요Charles Gounod, Roméo et Juliette—Je Veux Vivre**

> 날 취하게 만든 이 꿈속에서 살고 싶어라. ― 아리아 「나는 살고 싶어요」

로미오와 줄리엣이 금지된 사랑에 빠져 죽음을 맞이한 것이 불과 만난 지 닷새 만이라는 것을 아는지 모르겠다. 게다가 줄리엣은 만 열세 살로 요즘으로 치면 중학생 또래인데, 죽음이라는 안타까운 사랑의 말로 때문인지 오랜 기간 많은 예술가에게 영감이 되었다. 베를리오즈의 교향곡 『로미오와 줄리엣』, 구노의 오페라 『로미오와 줄리엣』은 물론이고 영화로도 두 번이나 만들어졌다.

나는 두 편의 영화 중 1998년도 작품을 재미있게 봤다. 당시 줄리엣 역의 클레어 데인즈는 디캐프리오에 대적할 만한 배우가 아니라며 미스캐스팅이라는 오명을 얻었는데, 개인적으로 클레어를 좋아하는 나는 화가 났다. 감히 내 베스를(클레어 데인즈는 1994년 영화 『작은 아씨들』에서 셋째 딸 베스로 출연했다)!

영화의 배경은 현대인데 대사는 셰익스피어 희곡을 그대로 읊는, 그런 이질적인 연출로 큰 호응을 얻었다. 어차피 극적이고 파격적일 거 오페라의 요소도 가미했다면 어땠을까 싶다. 배경음악으로 아리아의 오케스트라 편곡 버전을 넣는다든가. 줄리엣의 아리아를 들으면 상상만으로도 행복해하는 어린아이의 들뜸이 와닿아서 좋다. 만약 음악을 넣었다면 정략결혼을 피해 꿈속과 같이 자유롭게 살고 싶었던 줄리엣의 비극적 삶이 더 적나라하게 표현되었을 텐데.

● **크레이그 암스트롱, 그린 라이트**
Craig Armstrong, Green Light(feat. The xx)

> 개츠비는 그 초록 불빛을 믿었다. 그것은 해가 갈수록 우리에게서 희미해지는 가슴 벅찬 미래였다. — 영화 『위대한 개츠비』

어제에 이어 영화 이야기를 하게 되는 것은 우연이 아니다. 나에게는 다이어리를 쓰는 습관이 있는데, 매일 읽은 책과 들은 음악과 관람한 영화의 별점을 매긴다. 얼마 전 작년과 재작년 다이어리를 펼쳐 보았는데, 어쩐지 7월 말에서 8월 초에 영화 관람 횟수가 가장 많았다. 장마, 습기, 모기가 기승을 부리는 여름에는 시원한 공간에서 살짝 어두운 조명만 켠 채 보는 영화가 꽤 좋은 선택지다. 다시 보니 음악은 대부분 별점을 후하게 줬지만, 책과 영화는 스크루지 영감만큼이나 별점 구두쇠다. 아무래도 현직자가 아니다 보니 책과 영화를 만드는 노고를 저평가했는지도 모르겠다. 이번 책을 완성하고 나면 바뀌려나.

　영화 『위대한 개츠비』는 두 번 봤는데, 그중 마지막이 작년 초라 비교적 기억이 잘 남아 있다. 『위대한 개츠비』를 관통하는 주제, '물질주의'와 대적하는 것은 부둣가에 희미하게 반짝이는 초록 불빛이다. 이는 영화의 머리와 꼬리에 등장할 만큼 중요한 상징인데, 개츠비는 사랑하는 여인 데이지의 집에서 뻗어 나오는 초록 불빛을 보며 희망찬 미래를 꿈꾼다. 그러니 이 초록빛을 음악으로 표현하기 위해 작곡가는 영화의 분위기와 확연히 어긋나지 않으면서도 정적이고 희망찬 사운드를 고민하지 않았을까. 작곡가 크레이그 암스트롱의 음악은 마치 바다 표면에 퍼지는 초록 불빛처럼 넓고 크고 부유한다.

루트비히 판 베토벤, 피아노소나타 19번
Ludwig van Beethoven, Piano Sonata No.19

> 춤의 의미와 목적은 춤이다. 음악도 그러하다. 그 과정의 매 순간이 성취와 같다. 마지막 화음에 도달하기 위해 소나타를 연주하는 것이 아니듯이…… ― 앨런 와츠, 철학자

베토벤이 작곡한 서른두 개의 피아노소나타는 클래식에 큰 관심이 없더라도 제목을 들어 봤거나 멜로디가 익숙한 곡이 많아 연주 레퍼토리에 자주 오른다. 다만 서른두 개가 동등하게 사랑받는 건 아닌데, 특정 연주자가 기가 막힌 연주를 선보여 이른바 전설로 남았다든지, 다른 곡에 비해 중독성이 강한 선율이라든지 혹은 뒷이야기가 흥미롭다든지 하는 이유가 아니라면 크게 주목받지 못한다.

얼마 전 공연기획자의 강연을 들을 일이 있었다. 그는 자신이 만들고자 하는 공연과 실제 무대에 올라가는 공연 사이에는 큰 괴리가 있다고 이야기했다. 대중을 타깃으로 해야 돈이 벌리는데, 그들이 좋아하는 음악은 이미 정해져 있다는 것이다. 베토벤의 소나타로 따지면 「비창」 「월광」, 그나마 「고별」 정도가 자주 연주된다. 이익을 최우선으로 하는 산업계에서 어쩔 수 없는 일이라 해도 눈길을 받지 못하는 소나타가 아쉬운 것은 사실이다. 그럴 때마다 나라도 들어야겠다는 사명감이 드는 건 왜일까.

레베카 클라크, 모르페우스
Rebecca Clarke, Morpheus

> 내가 교수님이 인정하는 유일한 여자라는 말씀에 참 자랑스럽긴 했지만, 사실 내가 그런 찬사를 받을 자격이 없다는 걸 너무 잘 알고 있다. — 클라크

최근 연인 간의 가스라이팅이 수면 위로 떠올랐다. 일종의 데이트 폭력으로 오랜 기간 문제 제기가 되었던 가스라이팅은 타인의 심리를 교묘하게 건드려 스스로를 의심하게 만들고, 종국에는 타인을 지배하려 들기까지 한다. 가족, 연인, 친구 등 내가 완전히 믿고 의지하던 사람에게 괴롭힘을 당한다는 아이러니가 가스라이팅의 잔인함을 단편적으로 보여 준다.

영국 왕립음악원에 입학한 레베카 클라크는 화성학 교수였던 퍼시 밀리스에게 프러포즈를 받았고, 이 소식을 들은 아버지는 당장 학업을 중단하라고 명령했다. 기록에 의하면 그의 아버지는 종종 레베카를 때리고 폭언을 하는 등 폭력적인 성향이 있었던 것으로 짐작된다.* 그럼에도 아버지는 레베카의 음악교육을 장려했기에 비판의 과녁에서 빗겨 났다. 그가 작곡가이자 비올리스트로 생계를 유지해야 했던 이유도 아버지와의 어긋난 관계에 있다. 클라크는 아버지의 경제적 지원을 거부하고 스스로 삶을 개척해야 했다. 혹독한 음악적 훈련을 받고 늘 여기저기 상처를 입는 어린 시절을 보냈다면 자신이 과분한 혜택을 받는 것이라는 생각에 늘 위축되었을지도 모른다.

---

* 방수영, 「레베카 클라크의 비올라와 피아노를 위한 작품 연구」, 국내 석사학위 논문, 상명대학교 일반대학원, 2014.

● **제오르제 에네스쿠, 루마니안 랩소디 1번**
George Enescu, Rumanian Rhapsody No.1

태양은 눈부시고 날씨는 달콤하구나. 너의 발을 춤추게 만드는구나. ― 밥 말리, 「빛나는 태양」

7월의 마지막 날이다. 휴가철인 만큼, 7월의 마무리는 왠지 서유럽보다는 동유럽이나 남유럽의 음악이 더 잘 어울린다는 생각이 든다. 과거 유럽이 품은 진한 정서를 느끼기에 적절한 날씨가 아닌가! 오늘은 햇빛이 내리쬐는 더운 여름날, 생동감 넘치는 루마니아의 풍경이 그려지는 듯한 곡을 소개하고자 한다.

제오르제 에네스쿠는 동유럽권에서 매우 존경받는 작곡가로, 바이올린과 작곡, 지휘, 음악교육 등 다양한 분야에서 천재적인 재능을 보였다. 유럽에서의 명성에 비해 한국에서는 잘 알려지지 않았던 그가 한국에도 이름을 알리게 된 계기가 있다. 2020년과 2021년, 제오르제 에네스쿠 콩쿠르에서 다수의 한국 음악가가 수상한 것이다.

그의 대표곡 중 하나인 루마니안 랩소디는 랩소디라는 장르의 특징상, 정해진 형식이 없이 자유롭게 흐른다. 루마니아의 농민들이 추던 민속무용의 춤곡에서 영감을 받아 작곡한 이 곡은 여러 개의 그림을 감상하듯 계속해서 색이 변화한다. '인간적인' 아름다움이 느껴지는 오늘의 곡 루마니안 랩소디. 음악을 들으며 루마니아의 햇살 아래에서 춤추는 상상을 해 보자. 안식처에서 무더위를 피해 더욱 깊은 자유를 누리는 기분이 들 것이다.

8월

세르게이 프로코피예프, 피아노협주곡 3번 작품26 Sergey Prokofiev, Piano Concerto No.3 Op.26

> 나는 나의 구조적 목적에 필요한 모든 것을 담은 것에 소나타 형식보다 더 낫고, 유연하고, 완전한 것은 원하지도 않는다. — 프로코피예프

'생명력.' 이 음악을 처음 듣고 떠오른 단어다. 1악장 초반에 잔잔하게 흐르는 클라리넷 선율은 잔잔한 바다를 떠올리게 하는데, 오케스트라가 등장하면 마치 바다 아래에서 회오리를 만들며 떼 지어 현란하게 움직이는 물고기가 떠오르는 것이다. 프로코피예프의 음악 중 대중에게 가장 잘 알려진 피아노협주곡 3번은 작곡가 자신에게도 큰 의미가 있는 곡이다.

프로코피예프가 이 곡을 구상하고 완성된 악곡으로 세상에 내놓기까지 약 10년이 걸렸다. 이 곡에는 그의 오랜 음악적 고찰과 그로부터 형성된 음악관이 담겨 있으며, 그는 이 곡으로 비로소 세상의 주목을 받게 되었다. 새로운 것만 가득한 세상에서 그는 용기 있게 과거의 고전적 협주곡 구성을 활용했고, 음계는 동시대의 음악어법을 사용했으며, 러시아 민속음악의 개성을 지켜 냈다. 한 곡 안에서 과거와 현재가 만나고 자신의 정체성까지 녹여 냈으니 이를 주목하지 않을 사람이 있겠는가.

이 곡을 연주하는 피아노 독주자는 늘 다양한 표정을 짓는다. 신나게 건반을 타다가도 눈썹을 치켜들며 부드럽게 물 흐르듯 연주하고, 그러다 또 인상을 잔뜩 쓰며 강하게 연주한다. 한 작품 안에 여러 감정을 담아내기까지, 여러 이야기를 전하기까지, 프로코피예프의 10년간의 고민이 아름답게 다가오는 듯하다.

안톤 디아벨리 – 기타소나타 2번 작품29
1악장 Anton Diabelli, Guiter Sonata No.2 Op.29 1. Allegro Moderato

전 시대 연주자가 없었다면 현재 연주자도 없다. 현재의 관점에서 과거 기타리스트를 평가하지 말고 그 당시 관점에서 연주자를 생각하길 바란다.
— J. J. 케일, 기타리스트

한 가지 고백하자면, 나는 기타라는 악기에 적지 않은 편견을 가지고 있었다. 나에게 기타란 대중음악의 어쿠스틱버전에서만 접해왔던 악기였고, 클래식 음악과는 조금 동떨어진 악기라는 생각에 딱히 관심이 가지 않았던 것이다. 기타 음악을 즐기게 된 것은 기타가 매우 다양한 장르의 음악을 아우르며, 기타만이 만들어 낼 수 있는 감성이 있다는 것을 알게 된 순간부터였다.

　기타에 관심을 가지면서 기타에 대한 나의 고정관념을 다시금 실감했다. 이렇게 오랜 역사가 있는 악기였다니! 기타의 원형은 기원전부터 존재했으며, 오늘날 우리가 아는 클래식기타는 13세기 스페인을 통해 유럽에 들어왔다. 베토벤의 『디아벨리 주제에 의한 33개의 변주곡』으로 유명한 작곡가 안톤 디아벨리는 이러한 기타에 매력을 느껴 직접 연주하기도 하고, 기타를 위한 곡을 만들기도 했다.

　출판업자이기도 했던 기타리스트 디아벨리는 곧 대중과 기타를 이어 주었고, 기타의 연주자층을 크게 확대시켰다. 디아벨리의 기타소나타는 그런 의미에서 소나타 이상의 의미를 지닌다. 기타의 새로운 장을 연 안톤 디아벨리, 그의 소나타가 조금 더 특별하게 느껴지는 이유도 여기에 있는 듯하다.

● 한스 치머, 델마와 루이스 OST ― 선더 버드
Hans Zimmer, Thelma & Louise
OST ― Thunder bird

넌 깨어 있니? 난 한 번도 이렇게 깨어 있어 본 적이 없는 것 같아. 모든 게 달라 보여. ― 영화 『델마와 루이스』

갑자기 등장한 록 음악에 당황한 독자가 있으리라 생각한다. 전혀 연관점이 없어 보이는 클래식과 록 음악은 남성중심적이라는 점에서 상당한 유사성을 지닌다. 클래식, 록, 재즈 등 음악 장르에는 이를 소비하는 사람들의 고정관념이 무의식적으로 내재되어 있다. 사실 음악이 아닌 문학이나 영화 등 다양한 분야에서도 이러한 편견이 작용하기도 한다. 그런 의미에서 영화 『델마와 루이스』, 그리고 한스 치머가 맡은 OST 중 「선더 버드」는 특별한 의미를 가진다.

『델마와 루이스』는 두 여자가 자유를 찾아 미국의 도로를 질주하는, 여성이 주인공인 매우 드문 로드무비다. 사회에서 정해 놓은 '여성성'을 탈피하며 성장하는 델마와 그 여정을 함께하는 루이스. 두 사람의 이야기를 더욱 빛나게 하는 것은 예술이 여성을 다루던 기존 방식에서의 탈피다. 둘의 여정을 음악으로 나타낸 「선더 버드」는 남성의 음악으로 여겨지던 록의 해방을 의미한다.

● **더코즈, 쉬붐**
The Chords, Sh-Boom

> 이 세상에서 가장 어려운 것은 멋있게 노는 것이다. — 도올 김용옥

여러 음악이 모여 하나의 장르로 묶이는 과정은 흥미롭다. 이 과정에는 그 음악이 어느 뿌리에서 시작되어 지금의 형태가 되었는지, 또 어떤 사람이 주로 연주하는지 등 여러 기준이 존재한다. 팝송을 듣는 이라면 조금 익숙하게 느낄지도 모르는 장르 '두왑'은 1950년대와 1960년대 미국에서 인기를 끌어 현재까지도 종종 차용되는 장르로, 악기를 최소화하고 사람의 목소리만으로 부르는 노래다. 많은 이가 배경음악으로 종종 들었을 더크루커츠의 「쉬붐」은 두왑 장르의 전성기를 가져온 곡으로, 1950년대 두왑의 전형을 보여 준다.

    이 곡에는 흥미로운 시대 배경이 담겨 있는데, 흑인의 곡을 백인이 리메이크해 큰 인기를 끌던 당대 음악계의 풍토가 그것이다. 영화 『조커』의 배경이 될 만큼 뉴욕의 언더 문화를 상징하던 브롱크스 출신 음악가 더코즈의 「쉬붐」은 캐나다 인기 그룹 더크루커츠가 커버하면서 더욱 크게 히트를 쳤다. 두왑이 흑인 위주의 장르였다는 점에서 백인 그룹 더크루커츠의 커버는 이 곡이 또 다르게 구분될 수 있는 가능성을 보여 준 듯하다. 무더운 여름날 가볍고 신나는 두왑을 들으며 기분을 전환해 보기 바란다. 마치 무궁화로 엮은 목걸이를 걸고 에메랄드빛 바다를 바라보는 것 같지 않은가!

리하르트 슈트라우스, 살로메―일곱 베일의 춤 Richard Strauss, Salome— Dance of the Seven Veils

> 사람을 보내어 옥에서 요한의 목을 베어 그 머리를 소반에 얹어서 그 소녀에게 주니 그가 자기 어머니에게로 가져가니라. ―「마태복음」 14장 10~11절

헤롯의 딸 살로메는 성경에 그저 몇 줄 등장한 것치고 큰 파장을 일으켰다. 감히 남자의 목을 베어 희롱한 살로메는 타락한 여인의 군상으로 조롱의 대상이자 두려움의 대상이었다. 이에 여성 잡지 편집장을 지낸 오스카 와일드는 그의 희곡 「살로메」에서 살로메를 뱀 같은 여인에서 신여성으로 둔갑시켰고, 희곡이 나온 지 약 5년 후 슈트라우스가 이를 오페라로 만들었다.

오늘의 곡인 「일곱 베일의 춤」은 성경에 근거한 핵심 장면에 등장하는데, 그 내용은 이러하다. 헤롯은 의붓딸인 살로메에게 흑심을 품고 춤을 춘다면 원하는 것은 무엇이든 해 주겠다고 한다. 그러자 살로메는 기다렸다는 듯이 '일곱 베일의 춤'을 선보이고 그 대가로 세례자 요한의 머리를 요구한다. 마지못해 요한의 머리를 잘라 은쟁반에 담아 오자 살로메는 마치 살아 있는 사람에게 하듯 요한의 머리를 쓰다듬고 키스를 퍼붓는다. 그리고 말한다. "아! 키스했어, 네 입에 키스했어. 당신 입술에서는 쓴맛이 나네. 피 맛이었나? 아니야! 아마 사랑의 맛이겠지. 사랑은 쓴맛이라고 하니까. 그러면 어때? 쓰면 어떠냐고?" 과연 오페라 역사에 전무후무한 주인공답다. 누군가에게 그런 말을 들은 적이 있다. "다 사랑해서 그런 거야." 사랑으로 폭력이 정당화될 수 있다면, 살로메가 요한을 너무 사랑했나 보지 뭐.

얼리사 모리스, 네 개의 성격
Alyssa Morris, Four Personalities

> 바이런 킴의 「제유법」에서 보듯 모든 사람은 각각 다른 색을 가지고 있다. (……) 그렇기 때문에 나와 다른 색을 가졌다는 점은 어색할지언정 배척과 차별의 근거가 될 수 없다. — 박보나, 『태도가 작품이 될 때』

지인이 발행하던 뉴스레터 중에 이런 것이 있었다. 그날의 색을 정하고 그것과 어울리는 음악을 한 곡씩 보내 주는 것이다. 또 얼마 전 한 음원사이트에 들어가니 내가 듣는 음악을 색으로 표현해 주는 프로세스가 생겼다. 그날의 색, 나에게 맞는 색은 무슨 기준으로 정해지는 것일까. 색이 스스로 어떤 색이라고 말하는 것도 아닌데 말이다. 젊은 작곡가 얼리사 모리스의 『네 개의 성격』을 들어 보면 1악장 「노랑」은 정말 노란색 같은 음악, 4악장 「빨강」은 정말 빨간색 같은 음악이라는 생각이 든다.

내가 가진 색에 대한 이미지가 언제 만들어진 것인지는 모르지만 아마도 '여자애는 분홍색, 남자애는 파란색을 좋아할 거야' 같은 오래된 전형이리라. 색에 편견이 깃드는 것이 그다지 반갑지는 않지만 색이 무언가를 상징하는 데는 최적이라는 사실엔 모두 동의할 것이다. 특히 추상적인 것을 가시화하는 데에는 색만 한 것이 없다. 그러나 나무색, 인간의 살색, 그리고 커피색이 하나가 아니듯 나를 어떤 색에 가두는 것은 고리타분하다. 그럼에도 최근 각종 유형 검사처럼 나를 인식하는 행위는 불확실한 나의 위치를 끝없이 확인하고자 하는 시도가 아닌가 싶다. 『네 개의 성격』은 외풍에 흔들리는 우리에게 어떤 위치에 있든 자기만의 색깔이 있다고 안심시켜 주는 듯하다.

● 에이토르 빌라로부스, 브라질풍의 바흐
Heitor Villa-Lobos, Bachianas brasileiras

> 바흐의 음악은 의심할 여지 없이 예술계에 가장 신성한 선물이다. — 빌라로부스

브라질과 바흐, 참 안 어울리는 조합이다. 브라질에 간 바흐를 상상하는 것도 꽤 재미있지만(자꾸 화려한 카니발 의상을 입은 바흐가 생각난다) 바흐의 옷을 덧입은 브라질 음악을 듣는 것은 더 재미있다. 총 아홉 곡으로 꾸려진 『브라질풍의 바흐』는 빌라로부스가 바흐의 음악에 자주 등장하는 형식을 브라질풍 음악에 적용한 작품이다. 빌라로부스는 브라질 민속음악 수집가이기도 했는데, 헝가리 민요를 수집한 버르토크와 코다이가 음악인류학자의 시초로 불리는 것과 달리 빌라로부스는 잘 알려지지 않았다. 심지어 학교에서도 그 이름을 들어 본 적이 없다.

어느 연주회에서 이 음악을 접하고 받았던 충격이 잊히지 않는다. 그는 내 머리에 각인된 최초의 브라질 작곡가였다. 어쩌면 헝가리는 클래식의 고향 유럽에 속한 나라이고, 브라질은 그로부터 한참 떨어진 대륙에 위치한 탓일지도 모르겠다.

국내 유수의 음악가가 세계 콩쿠르를 휩쓰는 모습을 보면 증발해 버린 줄만 알았던 애국심이 다시 솟구치곤 한다. 하지만 한편으로는 여전히 클래식의 본고장에 가서 국위선양을 해야 진정한 승자로 비춰지는 현실이 씁쓸하기도 한다. 그래서 나는 빌라로부스의 음악에 더욱 귀를 기울이려 한다. 바흐가 브라질 민요를 접했다면 어땠을까 하는 즐거운 상상은 덤이다.

● 호아킨 로드리고, 아란후에스 협주곡
Joaquín Rodrigo, Concierto de Aranjuez

내 영적인 삶은 실명 덕이다. ― 로드리고

얼마 전부터 클래식기타 레슨을 받기 시작했다. 중학생 때 어쿠스틱기타를 잠깐 배웠는데, 선생님이 레슨을 하려면 기타가 필요하다고 해서 산 기타를 들이밀었더니 이건 곤란하단다. 선생님이 빌려 준 클래식기타는 쇠줄이라 땅땅한 소리가 나는 통기타와 달리 나일론 줄의 부드러운 소리가 났다. 선생님이 시범을 보일 때면 비단결 같은 음색에 '이게 클래식기타의 묘미지!' 하고 심취하다가도 볼품없는 내 연주를 들으면 같은 악기가 맞나 싶다.

첫 시간, 아무리 취미지만 포부는 밝혀야겠다 싶어 목표를 묻는 선생님의 질문에 무턱대고 「아란후에스 협주곡」을 이야기했다. 겉으로는 포커페이스를 유지하던 선생님이 속으로 무슨 생각을 했는지는 모르나, 취미로 기타를 배운다는 이 학생의 눈빛이 꽤 부담스러웠을 듯하다.

호아킨 로드리고는 색만 겨우 구분할 수 있는 시각장애인이었다. 별다른 과학적 장치가 없던 20세기 초, 그의 음악적 재능을 살리기 위해 아버지의 고용인이 악보 필경사 노릇까지 했다고 한다. 그런 로드리고가 파리, 잘츠부르크 등 클래식 음악의 본고장에서 실력을 쌓은 후 작곡한 「아란후에스 협주곡」은 나보다 윗세대라면 잘 알 만한 『토요명화』의 오프닝곡으로 쓰였다. 그래서인지 아직까지 우리 부모님은 「아란후에스 협주곡」을 『토요명화』 노래라고 부르신다.

장 바티스트 륄리, 밤의 발레
Jean Baptiste Lully, Ballet de la Nuit

> 유럽에서 가장 훌륭한 음악은 프랑스에서 나와야 한다. — 영화 『왕의 춤』

어릴 때 본 영화 『왕의 춤』은 큰 감명을 준 작품은 아니었다. 턱끝이 갈라진 남자가 얼굴에 황금 칠을 하고 춤추는 조금 무서운 영화 정도로 기억했는데, 얼마 전 다시 보니 생각보다 많은 내용을 집약해 넣었다는 생각이 들었다(그래서인지 전개가 연도별로 훅훅 뛴다). 베르사유궁전이 터를 잡고 건축되는 과정, 프랑스혁명이 일어나기 전 어지러웠던 정세와 그럼에도 예술을 놓지 못했던 프랑스 국왕 루이 14세, 그런 루이를 지지했던 궁정음악가 륄리의 모습 등이 담겨 예술사는 물론 정치사를 공부할 때에도 근사한 자료다.

당시 프랑스 예술의 라이벌은 단연 이탈리아였다. 특히 발레의 오리지널리티를 두고 논란이 많았는데, 발레라는 단어는 이탈리아어로 '춤추다'라는 뜻의 발라레Ballare에 어원을 두고 있는 반면 최초의 발레 작품은 1581년 프랑스 왕실의 결혼식에서 선보인 『여왕의 발레극』이기 때문이다. 발레가 처음 공연되고 100년도 지나지 않아 열다섯 살의 루이는 온통 황금빛 옷을 입은 채 륄리가 작곡한 「밤의 발레」에 맞춰 공연을 한다. 프랑스 궁정음악가이자 이탈리아 출신인 륄리에게 "유럽에서 가장 훌륭한 음악은 프랑스에서 나와야 한다"고 당부하는 루이 14세의 모습에서 유럽 예술의 왕좌를 놓고 치열하게 싸우는 두 국가의 모습을 발견할 수 있다.

카미유 생상스, 죽음의 무도 작품40
Camille Saint-Saëns, Danse Macabre Op.40

아, 이 불행한 세계를 위한 아름다운 밤이여! 죽음과 평등이여 영원하라!
— 앙리 카잘리스,「평등, 박애……」,『착각』

영화업계의 마케팅 때문인지 공포영화는 여름에 봐야 한다는 일종의 공식이 있다. 더위에 지친 이들에게 등골이 서늘한 공포를 맛보게 해 준다는 전략에 나는 늘 넘어가는 편이다. 한창 무더운 여름인 8월, 여러분을 시원하게 해 줄 곡을 준비했다. 제목부터 공포스러운「죽음의 무도」다. 성인도 채 안 된 나이에 찾아본 이 음악의 배경은 꽤나 무서웠는데, 무덤을 박차고 나온 죽음이 바이올린 선율에 맞춰 춤을 춘다는 것.

중세 유럽, 흑사병으로 소중한 이를 잃은 사람들은 무덤 앞에서 춤을 추면 죽은 사람을 만날 수 있다고 믿었다. 엄격한 교회 규율에 따라 '유흥'으로 분류되어 금지되었던 춤은 억눌려 있던 사람들이 죽을 때까지 춤을 춘다는 '무도병'에 관한 소문을 무성하게 했다. 꽤 보편적으로 알려진 이 행사는 곧 여러 예술가에게 영감을 주었고, 화가와 음악가, 문학가 가릴 것 없이 이를 소재로 작품을 만들었다. 프랑스의 중세 괴담을 담은 앙리 카잘리스의 시집『착각』에서 영감을 받아 작곡한 이 곡은 죽음을 상징하는 바이올린 선율로 시작해 기괴한 춤곡으로 발전한다. 이들의 춤은 점점 고조되어 타락과 희열을 만끽하다 아침을 알리는 암탉의 울음소리로 끝맺는다. 음악을 들으니 조금 섬뜩하지 않은가? 이 책을 읽는 당신의 여름이 조금 시원해졌기를 바란다.

레너드 번스타인, 웨스트사이드스토리—오늘 밤 Leonard Bernstein, West Side Story—Tonight

> 사랑에 의해 행해지는 것은 언제나 선악을 초월한다. — 니체

언젠가 공연기획을 업으로 하는 분이 나에게 뮤지컬과 오페라의 차이를 아느냐고 물은 적이 있다. 음악학을 전공한 나는 아는 지식을 총동원해 언어, 극 구성 등 다양한 측면을 들어 대답했지만 어떤 것도 완벽하게 맞아떨어지지는 않았다. '음악을 공부한다면서 제대로 된 기준 하나 설명하지 못하다니'라며 자괴감에 빠진 나에게 그분이 흥미로운 이야기를 해 줬다. 이 둘을 가르는 기준으로 그 사람의 음악관을 파악할 수 있다는 것. 공연장에서 일하는 사람은 둘의 차이를 마이크 사용 유무로, 음악을 공부하는 사람은 극 구성이나 언어로, 성악 같은 실기를 공부하는 사람은 발성 방식으로 답한다는 이야기를 듣고 두 장르의 차이를 다시 생각해 보았다. 여러분은 그 차이가 뭐라고 생각하는가?

고민에 빠졌을 여러분에게 오페라와 뮤지컬의 중간에서 두 장르의 매력을 최대치로 끌어올린 작품 『웨스트사이드스토리』를 소개하고자 한다. 미국을 대표하는 지휘자로도 잘 알려진 번스타인이 작곡한 이 작품은 『로미오와 줄리엣』을 동시대 뉴욕을 배경으로 흥미롭게 풀어내 뮤지컬의 고전이라 불리기도 한다. 다양한 장르의 음악을 다루는 그는 이 작품에 재즈 요소를 첨가해 생동감을 더했고, 제롬 로빈스의 안무는 이와 완벽한 조화를 이루었다. 클래식 작곡가, 성악 발성 사용 등 하나의 기준으로 명확하게 나눌 수 없기에 이 작품은 뮤지컬계의 고전이자 가장 현대적인 오페라로 불린다.

요하네스 브람스, 피아노사중주 3번 작품60 베르테르 Johannes Brahms, Piano Quartet No.3 Op.60 Werther

> 어떤 남자가 자신에게 총을 쏘려고 하는 모습을 그려 보라…… 그리고 이 사중주는 파란 재킷과 노란 조끼를 입은 인생 마지막 시기의 남자 모습을 전하고 있다. ― 브람스가 헤르만 디터스에게 보낸 편지

흔히 브람스를 '고전적 낭만주의자'라고 부른다. 낭만주의 시대 작곡가지만 고전주의 음악을 지향하는 지점이 자주 발견되기 때문인 듯하다. 그의 삶을 살펴봐도 음악 성향을 짐작할 수 있는데, 브람스는 자신이 만들어 놓은 일정한 틀에서 벗어나는 걸 극도로 꺼렸다. 자신의 평판을 철저하게 관리하고 흠이 될 만한 기록을 모두 태워 버렸다는 일화를 듣고 그의 음악이 자유롭고 환상적이기보다 보수적이고 단단한 게 어쩌면 당연하다는 생각을 했다.

브람스의 고전적 성향을 잘 보여 주는 음악이 바로 실내악이다. 실내에서 작은 규모로 연주되던 실내악은 고전주의를 대표하는 하이든과 모차르트에 의해 발전했다. 따라서 낭만주의 시대에 실내악이라는 장르를 채택했다는 사실만으로도 '고전적'이라는 평을 듣기에 충분했다.

피아노사중주 3번은 브람스의 피아노사중주 작품 가운데 가장 긴 작곡 기간을 기록한다. 그가 20여 년에 걸쳐 작곡하고 '베르테르'라는 별칭까지 붙인 이 곡은 그 별칭에서도 추측할 수 있듯 어두운 분위기를 풍긴다. 곡을 구상할 즈음 스승인 슈만이 자주 자살 충동에 시달렸고, 소설 속 베르테르도 같은 방법으로 세상을 떠났기에 이 곡을 작곡하며 슈만의 모습에서 베르테르를 본 것이 아닐까.

망누스 린드베리, 클라리넷협주곡
Magnus Lindberg, Clarinet Concerto

> 화려하고 세련된, 향수를 불러일으키는 문화적 예술품이다. 음악 문법에 있어서는 의심할 여지 없이 현대적이지만, 귀에 쏙쏙 들어온다. ― 캘럼 맥도널드, BBC 뮤직 매거진 평론가

한 음악가가 특정 음악 사조에 관심을 갖고 변화시켜 나가는 과정은 매우 흥미롭다. 누군가는 사회적 제약 때문에 정해진 음악을 작곡해야 하는 숙명에 처하기도 하고, 또 누군가는 어린 시절의 관심사가 그의 음악 양식으로 굳어진 경우도 있다. 1958년 핀란드에서 태어나 우리와 동시대를 살아가는 작곡가 린드베리는 IBM에 근무하던 아버지 덕분에 컴퓨터 조립을 가까이에서 접했고, 이런 '구조'에 대한 관심이 음악에서도 발현되어 음악이론에 더욱 관심을 갖게 되었다.

음의 구조와 이론에 집착해 선율을 천대하던 린드베리가 선율의 아름다움을 향해 첫발을 내딛은 곡이 바로 그의 대표작 클라리넷협주곡이다. 린드베리는 하나의 음악 사조로 설명할 수 없을 만큼 다양한 음악적 시도를 했는데, 그때마다 좋은 평을 받으며 평론가의 관심을 샀다. 선율이 거의 느껴지지 않는 음렬주의 음악부터 신고전주의와 미니멀리즘까지 근현대를 아우르는 그의 관심과 도전은 그에게 '장인'이라는 수식어를 붙여야 할 때가 왔음을 보여준다.

모리스 라벨, 거울 제4곡 어릿광대의 아침 노래 Maurice Ravel, Miroirs 4. Alborada del gracioso

> 나는 세상의 모든 전쟁으로부터 눈을 감고 조용히 음악의 나라로, 그 믿음의 나라로 들어가리. 거기에서는 우리의 모든 절망과 고통들이 소리의 바다로 사라지리라. — 빌헬름 바켄로더, 소설가

음악대학의 연습실을 지나다 보면 빠지지 않고 등장하는 곡이 있다. 제목을 모르더라도 '어? 이거 피아노 연습실 지나갈 때 꼭 들리는 곡인데'라는 생각에 왠지 모를 친밀함이 느껴진다. 라벨의 「어릿광대의 아침 노래」가 그중 하나로, 특유의 유머러스한 분위기와 함께 기교를 연습하는 데도 용이하기 때문에 많은 전공생의 단골 레퍼토리다.

라벨은 스페인 출신인 어머니의 영향으로 종종 작품 제목을 스페인어로 정하곤 했다. 곡 또한 스페인의 영향을 받아 마치 기타와 캐스터네츠를 치는 듯 통통 튀는 분위기가 매력적이다. 라벨은 이 곡에서 음계와 리듬, 연주 기법을 최대한 활용했으며, 연주자는 이러한 기교를 익힘과 동시에 춤추며 노래하는 광대의 모습을 손끝에 담아내야 하기에 상당히 많은 연습을 요한다. 이제야 왜 피아노 연습실에서 이 곡이 그토록 많이 들렸는지 이해가 간다.

프리드리히 니체, 만프레트 명상곡
Friedrich Nietzsche, Manfred-Meditation

> 바그너는 내가 혐오하는 모든 것을 향해 한 발자국씩 내려가고 있다. — 니체, 『니체 대 바그너』

니체의 글을 읽은 사람이 그의 음악을 들었을 확률은 높지 않다. 내가 니체의 음악을 들은 것도 비교적 최근의 일인데, 다 듣고 나서 든 생각은 '니체는 정말 음악을 사랑했구나!' 정도였다. 한때 알아주는 바그네리안*이었을 만큼 바그너를 추종하던 니체는 원체 음악에 진심이었다. 늘 음악을 탐닉했고 그가 존경해 마지않는 여러 음악가처럼 자신도 음악가를 꿈꿨다. 그래서 니체는 꽤 여러 곡을 작곡했는데, 그중 「만프레트 명상곡」은 바그너의 아내이자 리스트의 딸이었던 코지마 바그너를 위해 쓴 곡이다. 하지만 정작 코지마는 남편 바그너는 물론 하인과도 니체의 음악을 비웃었다.

게다가 코지마의 전남편이자 명지휘자였던 한스 폰 뷜로 역시 「만프레트 명상곡」을 듣고 니체에게 잘하는 철학을 계속하라고 조언했다니, 이 곡이 니체에게 얼마나 큰 상처였을지는 말로 다 할 수 없다. 이후 바그너에게서 등을 돌린 니체는 바그네리안의 바그너 우상화를 두고 전체주의의 징조이니, 음악의 치유자인 척하면서 사실은 병들게 한다느니 별별 비판을 다 쏟아 냈다. 니체의 체계적인 배신이 오늘날까지 회자되는 것을 보면 똑똑한 사람을 언제까지고 내 편으로 두지 못할 바엔 차라리 친해지지 말아야겠다는 다짐이 절로 든다. 바그너는 정말 한 치 앞을 못 내다 본 게 틀림없다.

---

* 바그너를 추종하는 팬덤.

● **리하르트 바그너, 니벨룽겐의 반지 1부
라인의 황금 Richard Wagner, Der Ring
des Nibelungen 1. Das Rheingold**

상상력이 현실을 만든다. — 바그너

드디어 바그너의 이야기에 네 지면을 할애할 수 있는 순서가 왔다. 어제 바그너를 배신한 니체의 이야기를 들어서 바그너에게 선입견이 생겼을 수도 있다. 하지만 잘 알듯이 같은 순간이라도 다르게 기억되기에 너무 니체 편에 서서 바그너를 공격하지는 말자. 비록 여전히 바그너를 친구로 옆에 두고 싶지는 않지만 말이다(바그네리안에게 심심한 사과의 말을 전한다).

바그너는 19세기 초에 태어나 후반에 죽은, 그야말로 한 세기를 풍미한 작곡가다. 대학에 가기 전까지는 이렇다 할 전문 음악교육을 받지 못했지만, 대신 배우였던 양아버지의 극장에서 마음껏 상상력을 펼칠 수 있었다. 그러고 보면 정말 근사한 유년 시절이다. 극장을 자기 집처럼 드나들며 누구보다 근거리에서 예술을 접했던 그는 그 영향으로 후에 '음악극'이라는 개념을 만들어 냈다. 음악극은 말 그대로 음악과 극을 합친 형태로, 유사한 오페라에 비해 음악만큼이나 극을 중요하게 여긴다. 바그너는 오페라가 지나치게 음악에 의존한 나머지 극의 개연성과 맥락에는 무관심하다고 생각했다. 무슨 말인지 충분히 이해는 가지만, 바그너의 극은 구성이 너무도 촘촘해서 오히려 어렵게 느껴진다. 공연장에서 공연을 보는 행위는 계속해서 곱씹을 수 있는 소설과는 달리 일시적이기 때문이다. 많은 문학적 장치와 복선을 다 회수하는 것도 만만치 않을 텐데 그걸 또 해낸다는 사실에 골이 아플 지경이다.

리하르트 바그너, 니벨룽겐의 반지 2부 발퀴레 Richard Wagner, Der Ring des Nibelungen 2. Die Walküre

반지 때문에 다른 이들의 시기와 질투로 고통받을 것이고 반지의 노예가 되어 멸하리라! —『니벨룽겐의 반지』

어느 날, 반지를 갖는 자가 세상을 지배한다는 예언을 들은 니벨룽겐의 알베리히는 황금반지를 만들지만, 곧 신들의 왕인 보탄에게 빼앗기게 된다. 이에 분노한 알베리히는 반지를 갖는 사람은 반지에 종속된 삶을 살다 고통스럽게 죽을 것이라는 저주를 내린다. 그렇게 뺐고 빼앗기는 접전 끝에 반지는 인간 지크프리트의 손에 들어가지만, 지크프리트는 얼마 가지 않아 알베리히의 아들 하겐에게 살해된다. 저주가 아들에 의해 실현된 것이다! 결국 보탄의 딸이자 지크프리트의 연인이었던 브륀힐데는 지크프리트를 따라 죽음을 택한다.

『니벨룽겐의 반지』는 북유럽신화의 세계관을 기반으로 만들어졌다. 어릴 적부터 만화로 접한 그리스 로마 신화와 달리 북유럽신화는 낯설게 느껴질 수도 있다. 하지만 의외로 북유럽신화의 영향은 우리 주변에서 흔히 확인할 수 있다. 일례로 마블 세계관 중 하나인 영화『토르: 라그나로크』에서 토르는 북유럽신화의 신이며, '라그나로크'는 신들의 몰락을 의미한다. 특히 라이벌로 등장하는 로키는 신화에서 토르의 의형제이자 교활한 신의 이름이다. 뿐만 아니라 또 다른 반지 이야기인 영화『반지의 제왕』과 HBO 인기 시리즈『왕좌의 게임』도 일부 북유럽신화를 배경으로 한다.

리하르트 바그너, 니벨룽겐의 반지 3부 지크프리트 Richard Wagner, Der Ring des Nibelungen 3. Siegfried

바그너의 음악은 그것이 연주되는 것보다 아름답다. ― 마크 트웨인, 『마크 트웨인 자서전』

이 음악극은 총 네 개의 작은 악극으로 이루어져 있다. 하나같이 4시간의 대규모 악극이기에 '작은'이라는 표현을 붙이긴 다소 부담스럽다. 솔직하게 말하자면 나도 『니벨룽겐의 반지』를 다 보지 못했다. 학교에서 DVD로 「발퀴레」를 본 것이 전부다. 4시간은커녕 1시간 반쯤 보다 졸았던 기억이 있는데, 오히려 화면과 함께 보는 것보다 음악만 듣는 것이 더 좋았다. 아무래도 내용을 알아서인지 오디오북처럼 음악만 들었는데도 전개가 그려졌다.

바그너는 이 긴 오페라가 어떻게 하면 관객의 머릿속에 잘 저장될까 고민했고, 그렇게 해서 탄생한 것이 유도동기 즉 라이트모티프다. 인물이나 감정을 특정 선율과 연결 짓는 유도동기는 음악극 내내 반복되는데, 무대에 지크프리트가 등장할 때마다 함께 나오는 선율은 우리에게 곧 지크프리트 동기로 인식된다. 만약 사랑을 상징하는 멜로디가 있다면 나중에 관객은 그 멜로디만 들어도 "누가 사랑에 빠지겠구나!" 하고 예측할 수 있는 것이다.

● **리하르트 바그너, 니벨룽겐의 반지 4부 신들의 황혼 Richard Wagner, Der Ring des Nibelungen 4. Götterdämmerung**

> 어디를 가든 사람들은 리하르트 바그너에 대해 어떻게 생각하느냐는 질문으로 나를 괴롭힌다. ― 마르크스

『니벨룽겐의 반지』는 여러 의미에서 중요한 작품인데, '바그너의 음악극'이라고 했을 때 가장 먼저 떠오르는 작품이기도 하다. 반지가 결국 누구 손아귀에 들어갔는지 보기 위해 16시간 동안 엉덩이를 붙이고 있어야 하는 것이 고역이긴 하겠지만, 누군가가 인생을 바쳐 완성한 예술을 16시간 만에 볼 수 있다고 생각하면 오히려 과분하게 느껴질 때도 있다.

  4시간짜리 작은 악극 네 개로 구성된 대하음악극 『니벨룽겐의 반지』는 바그너가 20년이 넘는 시간에 걸쳐 완성했다고 전해지는데, 그 유별난 애정에 기인한 것인지 이 음악극이 초연된 바이로이트 축제극장은 바그너가 오로지 『니벨룽겐의 반지』를 상연하기 위해 기획한 건축물이다. 전 세계 바그네리안의 갈망템이자 독일 작은 마을의 밥줄인 바이로이트음악제는 극장에서 16시간짜리 음악극을 관람하는 것을 메인 테마로 한다. 하지만 가고 싶다고 갈 수 있는 건 아니다. 이곳에 방문하려면 웬만한 아이돌 티켓팅보다 더한 경쟁률을 뚫어야 하는데, 요즘은 잘 모르겠으나 예전에 축제 한번 가려다 각종 팝업창과 해외사이트 특유의 불편함으로 컴퓨터에 주먹을 날릴 뻔했다는 지인의 말을 들은 적이 있다.

에릭 사티, 짜증
Erik Satie, Vexations

> 나는 내 방으로 작은 것들을 가져와서, 이것들이 천천히 진화하도록 그냥 놔 뒀어. — 에릭 사티

"야, 이 곡 정말 이름값한다."

대학 시절 작곡과 선배가 학교에서 연주할 곡에 대해 얘기하며 제목처럼 '짜증'의 극치를 보여 주는 곡인데 이유가 궁금하면 연주를 보러 오라고 했다. 여느 연주자처럼 궁금증을 유발해 자신의 연주회에 오게 하려는 거라 생각했지만, 이상하게도 연주 장소와 일시에 관한 정보는 전달받지 못했다. 학교 로비에 피아노 한 대를 두고 작곡과 학생 열다섯 명이 돌아가며 연주했는데, 더욱 기이한 것은 이 연주가 이틀 동안 계속되었다는 점이다.

이 곡은 1분이 안 되는 소절을 840번 반복해 약 15시간 동안 연주하도록 작곡되었다. 이 곡을 혼자 연주해 보겠다고 몇몇 피아니스트가 도전장을 내밀었지만 번번이 실패했다. 심지어 사티는 악보에 '840번을 연이어 연주하기 위해서는 움직이지 않고 깊이 침묵할 수 있어야 한다'고 적어 놓아 연주자의 짜증을 북돋았다고.

이런 실험적인 곡을 보면 '연주하지 않는 연주'라 일컫는 존 케이지의 『4분 33초』가 떠오른다. 그런 존 케이지도 이 곡을 접하고 에릭 사티의 특이함에 혀를 내둘렀다고 하니 당대에도 얼마나 실험적인 시도였는지 알 수 있다. 오늘이 조금 짜증나는 하루였다면 이 곡을 들어 보자. 연주자에게는 짜증나는 곡일지 몰라도, 계속 반복되는 하나의 악구가 오히려 듣는 이에게는 짜증을 해소해 주는 것 같다.

안토니오 비발디, 신포니아 C장조
Antonio Vivaldi, Sinfonia in C major

역사는 말을 하지 않는다. 그러나 역사 속에는 무한의 진리가 내포되어 있기 때문에 지혜의 눈과 용기의 입을 가진 모든 사람들로 하여금 언제나 말하게 한다. ― 김형석, 『오늘을 사는 지혜』

음악 공부를 할 때, 특히나 작곡과 화성법을 공부할 때 곧잘 참고하는 작곡가가 있다. 베토벤과 브람스가 대표적인데, 많은 작곡학도가 필사까지 해 가며 그들의 작곡법을 배우고자 한다. 이처럼 스스로 많은 음악적 변화를 겪으며 성장해 자주 참고하는 작곡가가 있는가 하면, 곡이 비슷해서 공부에는 적합하지 않은 작곡가도 있다. 그중 한 명이 바로 비발디인데, 이는 절대 비발디를 평가 절하하는 것이 아니다. 당대에는 그런 작곡법이 당연했다.

비발디의 음악이 학문적으로 자주 인용되지 않는 이유는 대부분이 비슷하게 흘러가기 때문이다. 그의 음악은 방대하긴 하지만 마치 일정한 틀에 음을 딱딱 맞춰 끼워 넣은 듯이 모두 모아 보면 변화가 크지 않기 때문이다. 여기에는 당대에 음악이 사용되던 방식이 내재되어 있다. 비발디는 교회음악 중심의 바로크 작곡가였기에 교회의 일정에 맞춰 엄청난 양의 곡을 써내야 했다. 따라서 비발디의 음악은 오랫동안 유지될 가치가 있는 예술 작품이라기보다 교회 행사와 예배에 일회적으로 사용되는 음악이었던 것이다.

음악이 이용되는 방식이 시대에 따라 달라진다는 것이 참 흥미롭다. 우리가 지금 길거리에서 듣는 음악은 나중에 어떤 식으로 기록될까.

● **조반니 보테시니, 엘레지아와 타란텔라 작품36 비가 Giovanni Bottesini, Elegia e Tarantella BOT.36 Elegy**

삶이라는 오케스트라에서는 자전거가 더블베이스다. ― 폴 푸르넬, 소설가

무더위가 조금씩 가시는 8월 중순에는 이상하게 차분해지는 것 같다. 그래서 이맘때면 너무 무겁지도 가볍지도 않은 멜랑콜리한 음악을 찾게 되는데, 나와 같은 기분을 느끼는 이에게 선물하고 싶은 곡이 있다. 슬픔을 노래하는 보테시니의 「비가」다.

이 곡은 더블베이스를 위해 작곡한 것으로, 유명 베이시스트였던 보테시니의 관심사를 투명하게 반영한다. 19세기에 '더블베이스의 파가니니'로 불릴 만큼 크게 주목받았던 보테시니는 뛰어난 작곡가이자 지휘자이기도 했다. 베이스 음악뿐만 아니라 오페라도 다수 작곡했으니, 그의 음악적 관심이 얼마나 다양한 분야에 걸쳐 있었는지 알 수 있다.

사실 베이스는 '가장 거대하고 가장 낮은음을 내는 현악기' 정도로 알려져 있지만, 재즈에서도 애용된다. 그래서 베이시스트는 오케스트라 연주자나 독주자 외에도 여러 직업을 갖는 경우가 많으며, 음악의 기반이 되는 위치에 있기 때문에 음악을 폭넓게 이해하는 능력이 뛰어나다. 또한 지판指板이 매우 길어서 음을 정확하게 잡기까지 엄청난 노력과 시간이 필요하고, 줄도 두꺼워 연주자의 손에는 늘 굳은살이 박여 있다.

다른 현악기에 비해 독주곡이 많지 않은 베이시스트에게 보테시니는 소중한 존재다. 거대한 크기와 음역대 때문에 다른 특별함이 지워진 베이스를 새롭게 발견해 보기 바란다.

로베르트 슈만, 피아노협주곡 작품54
Robert Schumann, Piano Concerto Op.54

인간 마음의 어두움에 빛을 보내는 것, 그것이 예술가의 의무다. — 슈만

슈만의 음악을 떠올리면 가장 먼저 생각나는 피아노와 가곡. 특히 피아노는 슈만이 이전에 전문 피아니스트였다는 사실과 연결되어 그와 특히 가까운 악기로 여겨진다. 그러나 놀랍게도 슈만이 작곡한 피아노 협주곡은 단 한 곡뿐이다. 슈만이 정신적으로 이상해지기 시작한 시점에 작곡한 이 곡은 어쩌면 그의 배우자 클라라가 없었다면 세상에 나오기 어려웠을지도 모른다.

작곡가가 음악을 쓰고 세상에 내놓기까지 수많은 과정이 따른다. 그 과정은 인내와 고통의 시간이지만, 이와 견주어도 모자라지 않을 고통스러운 고민이 있다면 '관객이 이 음악을 좋아할까'가 아닐까. 아버지와 어머니, 형제, 심지어 본인까지 정신질환으로 고통받았던 그가 자신을 쏟아부은 음악을 관객에게 선보여야 했으니, 그 과정이 얼마나 힘겨웠을지 상상조차 어렵다. 다행히 슈만 옆에는 클라라가 있었고, 슈만보다 먼저 피아노를 배우고 피아니스트로 이름을 알린 클라라는 그에게 계속해서 조언과 격려를 해 주었다. 그 덕에 슈만은 세상에 이 곡을 내놓을 수 있었다.

정재일, 기생충 OST—믿음의 벨트
Jung Jaeil, Parasite—The Belt of Faith

> 비가 안 왔음 어쩔 뻔했어요. 전화위복이 되었네요. — 영화 『기생충』 중 연교의 대사

2019년, 전 세계에 영화 『기생충』 열풍이 불고 눈을 가린 이미지가 곳곳에서 오마주되어 유행처럼 번졌던 기억이 있다. 으슥하고 꺼림칙한 장면이 나올 때면 『기생충』 OST가 흘러나왔는데, 그로테스크하면서도 유머러스한 음악이 뒤틀린 분위기를 고조시키는 듯했다.

『기생충』의 대표곡인 「믿음의 벨트」가 기억에 가장 강하게 남는 이유는 '기우의 가족이 이제 기생충처럼 완전히 이 집에 들어오겠구나'라는 생각이 드는 장면에서 등장했기 때문이 아닐까. 아들 기우가 과외 선생으로 박 사장의 집에 입성하고 나서 아버지 기택은 운전기사로, 동생 기정은 미술 선생으로, 엄마 충숙은 가사도우미로 줄줄이 이 집에 들어오는 소름 돋는 연쇄성. 연교가 "믿는 사람으로 연결 연결, 이게 베스트인 것 같아요. 일종의 뭐랄까, 믿음의 벨트?"라고 말한 그 믿음의 벨트가 이상하리만큼 빠르게 연결되는 순간이다.

「믿음의 벨트」는 이렇듯 영화 전체를 관통하는 곡으로, 우리가 듣는 이 음악이 일곱 번째 버전이라고 한다. 그러니까 같은 테마로 일곱 번이나 새롭게 재탄생했다는 것. 이 곡을 들으면 왠지 모르게 수상한 일이 일어날 것 같은 느낌이 드니 과연 일곱 번에 걸친 수정의 결과가 완벽했다는 생각이 든다.

이고리 스트라빈스키, 바이올린과 관악사중주를 위한 전원곡 Igor Stravinsky, Pastorale for Violin and Wind Quartet

> 이 짧은 생의 얼마 안 되는 나날이라도 행복하게 지냅시다. — 스탕달, 『적과 흑』

내가 스무 살이 막 됐을 때 우리 가족은 아파트를 떠났다. 교외에 있는 목조 전원주택은 2층이었으며, 지붕을 뚫어 천장을 높인 덕에 내 방의 높이는 3미터가 훌쩍 넘었다. 평생 아파트에만 살았던 내게 주택으로의 이사는 분명 큰 변화였다. 이사 전날엔 드디어 마당이 있는 이층집으로 간다는 생각에 밤잠도 못 이뤘다.

꿈꿔 왔던 것과 달리 21세기 대한민국에서 전원 살기란 그리 쉬운 일이 아니었다. 고등학생인 동생은 매일 아침 아빠의 차를 타고 등교했다. 그렇지 않으면 등교만 2시간이 걸렸다. 그러니 내가 일찍이 운전을 시작한 것 역시 백 퍼센트 자의는 아니었다. 스무 살 때부터 술자리에서 술을 자제하는 법을 배워야만 했다. 그러다 보니 점점 짜증이 늘었다. 투정에 안절부절못하던 부모님은 점차 "그래서 어쩌라고, 다시 이사 가?"라며 관심도 주지 않았다.

이렇게 불만 많은 우리 가족이 평화를 찾는 시간은 주말의 한가로운 낮, 통창으로 마당을 바라보며 브런치를 먹을 때였다. 요즘 같은 시대에 생명의 경이를 자주, 가까이서 보는 것은 특권이다. 꽃과 나무가 자라나면 그렇게 놀라울 수가 없었다. 매일 봐도 매일 새로웠다. 덕분에 작은 것에도 행복해하는 습관이 생겼다. 독립하고 한동안 집 생각이 날 때면 이 음악을 들었다. 평화로운 우리 집의 풍경이 눈앞에 그려져 절로 따뜻해졌다.

찰스 아이브스, 대답 없는 질문
Charles Ives, The Unanswered Question

만약 작곡가에게 좋은 아내와 귀여운 아이들이 있다면 어떻게 불협화음 때문에 아이들을 굶어 죽게 할 수 있겠습니까? — 아이브스

찰스 아이브스의 음악은 늘 내게 웃음을 준다. 음악의 본질 중 하나가 즐거움이라면 아이브스의 음악은 그 소임을 다하는 것 같달까. 보험설계사였던 그는 짬짬이 음악을 썼다. 몇십 년간 해 온 이중생활에 이골이 났는지, 어느 시점에는 고양이와 함께 칩거하며 가끔 음악을 바깥 세상에 던지곤 했다. 이 괴짜 작곡가는 전업 작곡가들과 친해지기는커녕 공연장에도 잘 가지 않았는데, 그럼에도 어떤 작곡가보다 선구적이라는 평가를 받는다. 그런 만큼 아이브스의 음악은 매우 어렵지만, 그는 어려워서 잘 연주되지 않는다는 사실도 개의치 않았다. 오히려 언젠가는 사랑받을 것이라 자신했다. 과연 음악사에 전무후무한 캐릭터답다.

「대답 없는 질문」 역시 위트가이 아이브스의 면모를 십분 보여 주는 곡으로, 아이브스에 따르면 반복되는 현악기 선율이 존재에 관한 끝없는 질문을 의미한다. 마땅한 대답이 없어 영원히 궁금해하는 것이 인간 존재인 것일까. 이 곡에는 '싸우는 답변자들' 롤을 담당하는 플루트 선율도 나오는데, '답변자들'이라고 한 것을 보면 아직 아이브스의 마음에 드는 어떤 답도 내놓지 못한 채 논쟁만 벌이는 것이 틀림없다.

세자르 프랑크, 바이올린소나타
César Franck, Violin Sonata

바이올리니스트는 프랑크의 바이올린소나타를 꼭 연주하고 싶어 하는데, 좋은 피아니스트를 만나면 연주하려고 아껴 두기도 한다. — 한정호, 음악평론가

내가 언제부터 클래식 음악을 듣기 시작했는지 모르겠다. 오랜 친구들은 아직도 "얘가 클래식을 듣고 글도 쓴대. 진짜 안 어울리지 않니?"라며 클래식에 대한 편향된 이미지를 기준 삼아 나를 놀리곤 하는데, 이에 화도 나지 않고 쿨하게 고개를 끄덕일 수 있는 것은 스스로가 클래식 음악을 접하게 된 계기를 잘 모르기 때문이다.

나는 음악이 특정한 시기를 상기시키는 매개가 될 수 있다고 생각한다. 프랑크의 바이올린소나타를 듣다 보면 고등학생 때의 풋풋한 연애가 떠오른다. 정정하겠다. 그다지 풋풋하진 않았다. 대학과 성적에 한창 예민했던 시절, 시험을 앞두고 헤어지자는 통보를 받았다. 역시나 시험 성적은 그리 좋지 못했고, 마치 그애 때문이라는 듯 온갖 욕을 했던 기억이 난다. 그때 그나마 내 마음을 달래 주었던 것이 바로 이 바이올린소나타다. 뭣도 모르고 들었지만 유유히 흘러가는 느린 선율이 꽤 편안했던 모양이다. 어쩌면 이것이 계기가 되어 오늘날까지 왔는지도 모르겠다. 인생은 때로 특별한 전환점 없이도 굽어지니까.

레오폴드 고도프스키, 파사칼리아
Leopold Godowsky, Passacaglia

예술의 목적과 효과는 카타르시스에 있다. — 아리스토텔레스

특유의 우울이 특징인 3박자 형식의 무곡「파사칼리아」는 여름보다 겨울에 더 자주 듣는다. 그럼에도 여름에 소개하고픈 이유는「파사칼리아」와 비가 만나면 시너지효과가 발생하기 때문이다. 장대비가 쏟아지고 습한 날에는 괜한 우수에 빠진다. 그럴 때 가만히「파사칼리아」를 듣고 있으면 더욱 우울해진다. 가끔 항상 밝은 날만 있는 것도 인간답지 않은 것 같아 혼자 우울해 보려고 한다.

    아리스토텔레스는 비극이 카타르시스를 선사하기에 가치 있다고 했다. 카타르시스란 비극에서 연민이나 공포를 느끼며 마음을 정화하고 쾌감을 얻는 일이다. 슬픈 일이 있을 때 울음을 참기보다 마음껏 울어 버리는 것이 나을 때가 있다. 후련하게 그냥 울어 버리라는 가요의 가사처럼. 고도프스키의「파사칼리아」는 최근에야 들었는데, 원래는「파사칼리아」의 고유명사 격인 바흐나 헨델의「파사칼리아」를 들었지만 너무 익숙해진 나머지 우울의 효력을 잃은 것 같았다. 괜히 찝찝하고 답답한 여름, 고대 그리스비극과 같은「파사칼리아」를 들으며 카타르시스를 경험해 보는 것도 좋은 피서가 될 테다.

조지 거슈윈, 포기와 베스 — 서머타임
George Gershwin, Porgy and Bess
— Summertime

여름은 살기 좋은 시절. 고기가 뛰놀고 목화가 자라지. —『포기와 베스』

뉴욕에 가 보지는 못했지만 오랫동안 뉴욕을 동경했다. 원래 엄마가 제발 좀 욕심을 가지라고 이야기할 정도로 무승부욕자였던 내가 성취, 정복, 달성 같은 단어에 흥분하기 시작한 데는 HBO 역작『섹스 앤 더 시티』와『악마는 프라다를 입는다』같은 칙릿 서사가 한몫했다. 시간 가는 줄 모르고 일하다 친구들과 함께 담배와 와인을 곁들인 점심 식사를 하고 밤에는 파티에 참석하는(놀러 가는 것이 아니라 꼭 참석해 주는 것이어야 한다) 커리어우먼을 꿈꾸지 않을 수 없었던 것이다.

그렇게 뉴욕을 꿈꿀 때면 거슈윈의「서머타임」을 들었다. 내게 거슈윈은 곧 뉴욕, 아니 미국 그 자체였기 때문이다. 20세기 초만 해도 미국은 유럽의 예술 종주국이었다. 독자적인 예술을 만들어 내기보다 유럽 문화와 음악을 이상향으로 둔 채 따라잡는 것에 집중했다. 그사이 1세대 이민자의 음악은 사람들의 혀를 타고 유유히 전해지고 있었고, 20세기는 그것이 비로소 빛을 발한 시기였다.『포기와 베스』는 오페라 역사상 최초로 흑인이 주인공으로 등장한 오페라다. 그만큼 미국의 정체성을 잘 드러낸 작품이 또 있을까? 그런 면에서 거슈윈의 음악은 완전히 미국적이다. 언젠가 캐리와 미란다와 엔디처럼 뉴욕에서 그다지 몸에 좋지 않은 음식을 먹을 기회가 온다면 거슈윈의 음악을 듣고 싶다.

졸탄 코다이, 첼로소나타 작품4
Zoltán Kodály, Cello Sonata Op.4

단 한 번의 경험이 평생 동안 음악에 대한 젊은 영혼을 깨워 줄 것입니다.
― 코다이

두 개의 선택지 사이에서 고민할 때, 선택지를 살펴보는 것보다 먼저 해야 할 일은 근본적인 문제에 집중하는 것이다. A라는 문제 상황에서 B와 C라는 선택지가 놓였을 때, A의 본질을 고민해야 한다는 것. 헝가리 음악가 코다이의 삶은 '본질을 찾는 과정'의 연속이었다.

19세기 말부터 20세기 초까지 헝가리 음악계는 둘로 분리되어 있었다. 서유럽 중심의 음악을 추구하던 음악가와 유럽 전체를 뒤흔든 민족주의의 영향을 받은 음악가. 후자는 기성 음악계에 반하여 등장했기 때문에 진정으로 헝가리 음악에 관심이 있었다기보다 피상적인 민족주의를 지향했다는 의견도 있다. 이러한 상황에서 코다이는 발 벗고 나서서 헝가리 민요를 수집했다. 그는 여러 음악에 헝가리 민요 요소를 차용했고, 오늘의 곡도 그중 하나다. 도입부에 등장하는 도샤프#와 파샤프, 솔샤프와 도샤프는 완전4도 진행으로 헝가리 민요에서 종종 찾아볼 수 있다.

혼란한 환경에서도 본질을 찾은 코다이 그리고 민요를 차용해 자신만의 예술 작품으로 풀어낸 첼로소나타가 더욱 아름답게 느껴진다.

● **벤저민 브리튼, 단순 교향곡 작품4**
Benjamin Britten, Simple Symphony Op.4

> 어린아이는 천진난만이요, 망각이며, 새로운 시작, 놀이, 스스로의 힘으로 굴러가는 수레바퀴이고, 최초의 운동이자 신성한 긍정이다. ― 니체, 『자라투스트라는 이렇게 말했다』

얼마 전에 내 SNS에서 '3년 전 오늘'이라는 테마로 내가 업로드했던 사진을 보여 줬는데, 3년이 숨 가쁘게 지나가 변화가 없을 줄 알았는데 너무나도 많은 차이가 있었다. 나는 친구에게 말했다. "와, 나 3년 동안 너무 많이 변했어. 이제는 자라는 게 아니라 나이가 드네!" 그러자 친구가 답했다. "나는 나이 드는 게 좋아. 어릴 때는 순수하기보다 너무 뭘 몰랐거든. 조금씩 무언가를 알아 가는 게 성장하는 느낌이 들어서 좋더라고."

과거의 나를 끊임없이 그리워하며 사는 나에게 친구의 말은 너무도 신선하게 다가왔다. 이런 사람도 저런 사람도 있겠지만, 뭘 몰라서 순수했던 과거의 나를 기억 속에라도 간직하고 싶다는 생각이 있었기 때문이다.

제목부터 흥미로운 『단순 교향곡』은 벤저민 브리튼이 아홉 살부터 열두 살의 어린 나이에 작곡한 곡을 엮은 것으로, 왕립음악원을 졸업할 즈음에 완성해 발표했다. 작품에 어린 자신의 모습을 담아 두고자 했던 그의 작곡 기법은 어릴 때 써 놨던 짧은 곡을 합쳐 발표하는 것이 특징이다. 흐린 날씨와 각이 잡힌 근위대로 대표되는 런던 그리고 신사의 나라라는 별명 때문에 자유롭고 활동적인 분위기와 거리가 멀 것 같은 영국에서 브리튼은 이렇게 유머러스하고 재미있는 곡을 써냈다.

9월

자코모 푸치니, 나비 부인 ― 어느 맑게 갠 날
Giacomo Puccini, Madama Butterfly
SC.74 Un Bel Dì Vedremo

우리는 소녀들에게 그들의 목소리가 중요하다 격려할 필요가 있다. 세상에는 수백 수천 명의 나와 같은 여자가 있다고 생각한다. ― 말랄라 유사프자이

푸치니의 오페라 『나비 부인』에서 일본 여성 초초상은 지극히 수동적이고 감성적으로 그려진다. 이는 당대 서구가 동양 여성을 바라보던 관점이 투영된 것으로, 이를 음악으로 표현한 서구 남성 작곡가인 푸치니의 관점도 크게 다르지 않다.

음악 비평에서 흔히 쓰이는 성차별적 표현이 있다. 선율 진행이 좁은 폭으로 이루어지고 리듬이 약한 느낌이 들면 '여성적'이라고 하는 것이 대표적인데, 이 작품에서 초초상의 노래는 이런 수동적인 '여성스러움'에 완벽하게 부합한다. 초초상은 같은 자리에서 핑커튼을 늘 기다리고 누가 불러도 대답하지 않고 숨어 버리는 비합리적인 여성으로 그려지며, 핑커튼의 초초상을 향한 사랑은 강대국이 약소국을 지배하고자 하는 정복 의지를 반영한다.

동양과 여성을 대상화해 바라본 작품으로 논란이 많은 『나비 부인』. 지금은 분명 과거보다 나아졌지만, 오늘날 우리도 예술 작품을 올바르게 접하고 있는지 늘 확인해 봐야 한다. 오늘 내가 본 그림이, 내가 들은 음악이 누군가를 진정한 이해와 공감의 시선이 아닌 객체화된 시선으로 보고 있는 건 아닌지 말이다.

● **니콜라이 림스키코르사코프, 셰에라자드 작품35** Nikolai Rimskii-Korsakov, Scheherazade Op.35

『셰에라자드』를 작곡하면서 암시를 주는 표제들을 통해 청중이 나의 상상이 맴돌았던 길을 함께 걸어가 주기를 원했다. — 림스키코르사코프, 『나의 음악 인생에 관한 연대기』

먼 옛날 페르시아를 다스리던 샤리아르 왕이 있었다. 그의 왕국에는 아주 잔혹한 법이 있었는데, 바로 '하룻밤에 한 명씩 새로운 아내를 맞이하고 다음날 아침에 사형에 처하는 것'이었다. 유례없는 상황에 온 나라가 떨고 있을 때, 대재상의 딸 셰에라자드가 학살을 멈추기 위한 꾀를 내어 자진해서 왕의 침소에 들겠다고 했다. 그 꾀는 매일 밤 재미있는 이야기를 들려주는 것이었는데, 왕은 곧 흥미진진한 이야기에 마음을 빼앗겨 결국 1,001일째 되는 날 셰에라자드를 아내로 맞이했다.

『아라비안나이트』는 서구에 오리엔탈리즘을 촉발함과 동시에 동양 문화에 대한 관심을 불러일으켰다. 우리가 잘 아는 「알라딘」도 이 이야기 중 하나다.

평소 러시아 민요와 전설에 관심이 많았던 림스키코르사코프는 『아라비안나이트』의 여러 이야기 중 인상 깊었던 내용을 음악으로 표현했다. 1888년에 작곡한 이 곡의 제목을 '셰에라자드'로 붙인 이유는 각기 다른 네 이야기 중 어느 하나에 치우치지 않기 위해서였다. 덧붙여 셰에라자드라는 이름을 통해 듣는 이가 신비로움과 오리엔탈리즘을 느끼길 원했다고도 전해진다. '동양적인' 느낌을 상당히 강조했다는 점에서 이질감이 들기도 하지만, 그가 바라본 동양의 모습이 상당히 흥미롭기도 하다.

프란츠 슈베르트, 피아노소나타 21번 작품960 Franz Schubert, Piano Sonata No.21 D.960

> 무슨 상관이야? 슈베르트의 음악을 듣다 잠들면 깨어났을 때는 천국에 가 있을 텐데. — 슈베르트의 음악이 너무 길다는 슈만의 의견에 대한 차이콥스키의 답

작곡가에게 '최후의 곡'이란 마지막으로 쓴 곡 이상의 가치를 지닌다. 죽기 전에 마지막으로 남긴 의미 있는 것은 사람마다 다르지만, 작곡가에게 작품은 자신의 삶을 담은 것이기에 마지막 작품은 그의 말년이 어땠는지 보여 주는 지표이자 그가 세상에 마지막으로 남기고 싶었던 메시지가 된다.

피아노소나타 21번은 그의 마지막 작품은 아니지만, 피아노소나타로는 가장 마지막에 작곡한 곡이다. 그가 세상을 떠나기 두 달 전에 남긴 이 곡은 그가 매독(사망 원인으로 가장 유력하게 꼽힌다) 때문에 힘겨워하던 때에 탄생했다. 슈베르트가 가난과 질병으로 힘든 삶을 살았다는 점을 고려하면 마지막에 쓴 음악은 절절하고 지독하게 처절하리라 예상되지만, 그의 마지막 피아노소나타는 의외로 담담하고 우아하다. 죽음이 가까워졌음을 직감하고는 이전의 고통을 잊고 초월 상태에 도달했던 것일까?

그의 삶은 고난과 역경의 연속이었을지 몰라도, 차이콥스키의 말처럼 그는 듣는 이에게 천국을 선물했다. 나는 늘 음악은 편한 자세로 무겁지 않게 들어야 한다고 이야기하지만, 이 곡만큼은 눈을 감고 고요하게 감상하길 권한다. 여러분이 천국을 경험해 봤으면 하는 바람이다.

가스파르 카사도, 무반주 첼로 모음곡
Gaspar Cassadó, Suite for Cello Solo

> 색채는 훨씬 더 설명적이다. 시각에 대한 자극 때문이다. 어떤 것은 평화롭고, 어떤 것은 위로를 주며, 또 어떤 것은 대담하여 흥분을 일으킨다. ― 폴 고갱

카사도를 좋아하는 나를 위해 직접 연주한 영상을 보내 줬던 후배 B가 생각난다. 처음 만난 날, B는 첼로 전공자라고 말하며 첼로곡 중 어떤 것이 가장 좋으냐고 물어봤다. 카사도, 코다이, 이자이 등 내가 닳도록 들은 첼로 음악을 이야기했더니, 카사도를 좋아하면 코다이도 좋아하고, 코다이를 듣는 사람은 대부분 이자이도 듣더라면서 사람 좋게 웃었다. 그 대화가 있고 얼마 후 메신저로 카사도의 『무반주 첼로 모음곡』에서 한 악장을 연주한 영상을 보내왔다. 그다지 친한 사이도 아니었는데 손수 찍은 영상을 보낸 것이다. 그 친절이 부담스럽지 않았다면 거짓말이겠지만, 그 뒤로도 종종 영상을 보내와 금방 익숙해졌다. 실기곡을 보내오면 피드백도 해 줬던 기억이 난다.

　스페인 출신 첼리스트이자 작곡가 카사도의 곡은 과연 연주자의 곡답게 첼로를 활용하는 능력이 대단하다. 음악어법보다는 악기를 훈련해 온 감에 의존해 쓴 느낌이 강하게 든다. 형식을 고려하기에 앞서 형태를 그린 것 같다. 이 곡을 들을 때마다 첼로를 연주할 수 있었으면 하는 아쉬움이 들지만, 손이 작고 아귀힘이 없는 터라 훌륭한 연주자가 되리라는 보장이 없어 결국 오늘도 열렬한 청자로 남는다.

가브리엘 피에르네, 칸초네타 작품19
Gabriel Pierné, Canzonetta Op.19

> 즐기며 살아야 합니다. 저녁은 하루 중에 가장 좋은 때니까요. — 가즈오 이시구로, 『남아 있는 나날』

즐기며 살자. 아주 쉽고도 어려운 일이다. 인생은 한 번뿐이니 후회하지 않을 만큼 놀고 싶지만, 한편으로는 한 번뿐인 인생이라 놀면서 시간을 낭비하고 싶지 않다. 시칠리아 사람들의 일상을 담은 다큐를 본 적이 있다. 그들의 일과는 일어나서 커피와 토스트를 먹고, 피곤하지 않을 만큼 일을 한 뒤 옆집 친구네 오렌지 농사를 돕는 식이다. 시칠리아의 풍경을 보면 힐링이 될까 싶어 봤는데, 힐링은커녕 부러움에 속만 끓였다. 즐기며 살았다간 정말 큰일이 나는 대한민국의 청년에게 그런 일과는 그야말로 판타지다.

피에르네가 로마 대상을 받은 곡은 칸타타지만, 나는 칸초네타를 훨씬 좋아한다. 이탈리아의 세속성악음악에서 유래한 칸초네타는 듣기만 해도 여유롭고 행복해진다. 지극히 이탈리아적이랄까. 당장 할 게 산더미인 상황에도 이 음악을 들으면 눈을 감고 그저 감상하게 된다. 이때 자연스레 찾아오는 낮잠을 거부하지 않는 것도 좋다. 꿈에서 시칠리아의 바닷바람 냄새가 나는 듯하다.

피에르네의 칸초네타는 이탈리아의 유쾌함과 프랑스의 발랄함이 적절하게 조화를 이룬다. 프랑스든 이탈리아든 어디론가 떠나고 싶다면, 계획되지 않은 여유를 부리고 싶다면 벨기에 작곡가 J. 타신스의 클라리넷과 오케스트라를 위한 편곡 버전으로 칸초네타를 들어 보자. 오늘 못한 것은 내일의 내가 하겠지!

헨리 퍼셀, 내 주는 나의 빛
Henry Purcell, The Lord is My Light

> 좋은 감정, 나쁜 감정이란 없다. 적합한 감정만이 있을 뿐이다. —크리스텔 프티콜렝, 심리학자

감정을 단 몇 가지로 분류할 수 있다면 어떨까. 슬프다, 기쁘다, 좋다, 나쁘다, 사랑한다, 싫어한다와 같이 단순하게. 내 감정을 나도 모르는 피곤한 상황은 피할 수 있겠지만, 어쩌면 자기밖에 모르는 이기주의자가 될 수도 있다. 너무 단순하면 감정에 관해 딱히 생각하지 않게 될 것이고, 스스로의 감정에 관해 고민하지 않는 것은 반성 없는 생을 사는 것과 같으니 말이다.

17세기, 모든 것을 이성으로 파악할 수 있다는 합리적 사고 아래 데카르트는 감정을 크게 여섯 가지로 나눌 수 있다고 이야기했다. 그리고 감정을 표현할 수 있는 수단을 고민하는 것이 바로크 음악가의 일이었다. 슬픔을 표현하기 위해 점점 낮은음으로 하행하는 베이스를 쓴다든가. 영국의 대표적인 바로크 음악가 퍼셀 역시 '내 주는 나의 빛'이라는 제목이자 주제를 표현하기 위해 '거룩함'을 나타낼 수 있는 온갖 선율과 상징을 사용했다.

한 대학 동기는 복잡한 인간관계로 감정 소모가 심할 때 바로크 음악을 듣는다고 했다. 인간의 감정이 한없이 단순하게 느껴진다나. 그렇다면 중요한 결정을 앞두고 있을 때도 효과가 있지 않을까 싶다. 다 차치하고 내가 좋은지 싫은지만 생각하는 직관이 필요할 때 말이다.

알프레트 슈니트케, 콘체르토그로소 1번
Alfred Schnittke, Concerto Grosso No.1

쉰다 아주 오래 그리고 아주 세게. — 슈니트케 묘비명

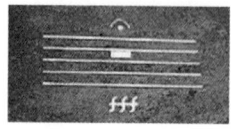

성격이 급한 나는 조금 해 보고 진척이 없으면 쉽게 포기하는 경향이 있다. 그래서 한 가지를 꾸준히 하기보다는 여러 가지를 동시에 하다 가장 잘하는 것을 하기로 마음을 굳힌다. 곧 잘하게 될 거라는 기대 뒤에 올 실망을 견딜 용기가 없는 셈이니, 겁쟁이라고 해도 할 말 없다. 그래도 한번에 많은 걸 하는 게 결코 나쁜 것만은 아니라고 생각했다. 남들이 하나 할 때 나는 열 개를 할 수 있으니 말이다.

얼마 전 나 같은 멀티태스킹 꿈나무에게 청천벽력 같은 소식이 들려왔다. 연구 결과 이삼십대 치매율이 늘어나는 이유가 바로 '멀티태스킹' 때문이라는 것이다. 이후로 공부할 때는 공부만, 일할 때는 일만, 쉴 때는 쉼만 하려고 한다. 특히 아주 오래 그리고 아주 '세게' 쉬는 것에 죄책감을 가지지 않기로 했다.

슈니트케는 음악계 멀티태스킹 강자다. 20세기 후반에 작곡한 그의 음악에는 중세음악과 바로크음악은 물론이고 낭만주의까지 숨어 있다. 그래서 잘 들어 보면 쇼팽과 베토벤이 들리는데 형식은 또 바로크를 대표하는 '합주협주곡' 형식이다. 정말 정신없고 복잡한 작업이 아닐 수 없다. 문득 멀티태스킹도 제대로 하면 된다는 생각이 든다. 적어도 슈니트케는 멀티태스킹을 열심히 해서 다중 양식을 대표하는 작곡가가 되지 않았나.

패니 멘델스존, 한 해—9월
Fanny Mendelssohn, Das Jahr—
September

펠릭스에게 음악은 직업이 될 수도 있을 거다. 그러나 너에게는 장식품 같은 것일 뿐이니 앞으로도 분별 있게 처신해라. 그것이 여자다운 것이고, 여성스럽게 행동하는 것이야말로 명예로운 일이다. — 아버지가 패니 멘델스존에게 보낸 스물세 번째 생일 편지

우리가 잘 아는 작곡가 펠릭스 멘델스존의 누나 패니 멘델스존은 동생 못지않게 뛰어난 작곡가였다. 패니는 여성이라는 이유로 매번 동생 이름을 빌려 작품을 출판했는데, 여기에 얽힌 재미있는 에피소드가 있다. 어느 날 펠릭스는 빅토리아 여왕 앞에서 연주할 기회를 얻었다. 연주는 기대만큼 성공적으로 끝났고, 여왕 역시 아주 만족했다. 그런데 연주가 끝난 후 여왕에게 가장 마음에 드는 곡이 무엇이냐 물었더니, 펠릭스의 이름으로 출판된 패니의 곡을 이야기했다. 제아무리 사랑하는 누나의 음악이지만 펠릭스가 얼마나 자존심이 상했을지 상상이 간다.

오늘의 곡 『한 해』는 패니가 슬럼프를 극복하기 위해 가족과 함께 떠난 이탈리아에서 썼는데, 말 그대로 한 해 즉 열두 달을 소재로 해서 마치 일기장 같다. 이 음악은 듣기에도 아름답지만 보는 것도 아름답다. 패니의 남편이자 화가였던 빌헬름 헨젤은 악보 첫 장에 각 달에 걸맞은 시를 모티브로 삼아 그림을 그려 주었다. 그림과 악보는 마치 그 자체로 하나의 작품인 것마냥 잘 어우러진다. 헨젤은 패니의 음악 활동을 적극적으로 장려한 몇 안 되는 사람이었다. 시대적 상황을 초월한 마음이 악보에 그려진 아름다운 그림으로 나타난다.

외젠 이자이, 6개의 무반주 바이올린소나타 작품27 3번 Eugène Ysaÿe, 6 Sonatas for Solo Violin Op.27 Sonata No.3

> 나는 나의 환상을 마음대로 흘러 다니게 놔두었다. 에네스코와의 우정과 그에게 느끼는 존경과 감탄, 밝은 여왕님이었던 카르멘 실바의 음악실에서 같이 연주했던 기억들이 나의 펜을 이끌었다. ― 이자이

얼마 전에 가장 친한 친구의 생일 선물을 준비하며 일주일 동안 고민한 기억이 있다. 친구가 이미 갖고 있지는 않을지, 취향에 맞지 않으면 어떡하지 등 온갖 걱정을 하며 선물을 고르느라 배송 일정을 겨우 맞출 수 있었다. 이처럼 누군가에게 언어 이외의 수단으로 마음을 전하는 것은 결코 쉬운 일이 아니다. 이는 소중한 누군가를 위해 마음을 써서 선물을 준비해 본 사람이라면 누구든 공감하리라.

  작곡가가 누군가를 위해 곡을 쓰고 헌정하는 것은 감사와 애정 표시 이상의 가치를 갖는다. 상대방을 완벽하게 파악하는 것뿐만 아니라 그의 음악적 취향과 나의 음악관 사이에 접점을 찾는 등 복잡한 과정을 포함하기 때문이다. 외젠 이자이의 6개의 무반주 바이올린소나타는 각각 다른 여섯 명에게 헌정하기 위해 작곡한 곡이다. 때문에 하나의 작품 번호로 묶여 있어도 여섯 개의 곡은 매우 다른 스타일이며 형식 또한 다채롭다. 그중 '발라드'라는 부제가 붙은 3번은 바이올리니스트 제오르제스 에네스쿠에게 헌정되었다. 이 곡에는 이자이가 그와 나눈 우정, 그에게 느끼는 존경과 감탄이 담겨 있다.

로베르트 슈만, 여인의 사랑과 생애 작품42 제2곡 누구보다 고귀한 그이 Robert Schumann, Frauenliebe und Leben Op.42 No.2 Er, der Herrlichste von allen

내가 목소리를 내기까지 오랜 시간이 걸렸다. 그리고 나는 지금 목소리를 내고 있다. 나는 침묵하지 않을 것이다. ― 매들린 올브라이트

로베르트 슈만의 연가곡 『여인의 사랑과 생애』의 바탕이 된 샤미소의 동명 연작시는 제목 그대로 여인이 설렘을 느끼고, 사랑에 빠져 결혼하고, 아이를 낳고, 남편과 사별하는 생애를 그리고 있다. 가곡에서 여인은 자신의 이야기를 담담하게 노래로 풀어 나간다.

그중 제2곡 「누구보다 고귀한 그이」는 여인이 사랑하는 상대를 '별'이라 지칭하며 그가 자신보다 너무 뛰어나 자신을 사랑하지 않을 것이라고 이야기한다. 여인은 소극적으로 그를 바라보기만 한다. 광채를 발하는 그를 바라보는 자신은 '초라한 소녀'라고 지칭하며 심장이 부서져도 그를 사랑하겠다고 말한다. 자신을 한없이 작게 표현하는 이 여인에게 공감하기 어려웠던 것은 나뿐일까.

동등한 위치에서 애정을 표현하기보다 상대를 높은 위치에 두고 공경하는 여인의 관점이 단순히 짝사랑으로 인한 콩깍지라고만 느껴지지 않는다. 당대 남성이 원하는 수동적이고 헌신적인 여성상이 다분히 느껴지는 이 시에서 여인이 부르는 노래를 마냥 아름답다고 느끼기는 어렵다.

모데스트 무소륵스키, 민둥산의 하룻밤
Modest Mussorgsky, Night on Bald Mountain

아버지, 왜 죽음을 두려워하십니까? 아직 죽음을 경험해 본 사람은 없지 않습니까? ― 러시아 속담

서구 설화 중 해가 가장 긴 하지에 온갖 요괴가 민둥산에 모여 축제를 벌이는 이야기가 있다. 이들은 괴상한 소리를 내며 소란을 피우는데, 여명을 알리는 종소리가 나면 황급히 자리를 떠난다. 마치 그들의 모습을 음악으로 그리듯 무소륵스키는 일정하지 않은 음을 지속해서 내며 그들의 괴이함을 표현한다. 넓은 음역 폭을 극적으로 오가며 갑작스럽게 등장하는 거대한 금관과 소용돌이치는 듯한 현악기와 타악기의 조화가 이들의 표정을 눈앞에서 보는 듯 소름 끼치는 감상을 준다. 한바탕 소동이 일어난 후에 등장하는 평화로운 선율은 축제가 끝났음을 암시한다.

「전람회의 그림」으로 잘 알려진 무소륵스키는 정식 음악교육을 받지 않은 음악가로, 자기 작품에 자신이 없어 공개하지 않은 곡이 많다고 한다. 오히려 다듬어지지 않은 그의 음악이 더욱더 독창적이고 직접적으로 다가오는데 말이다! 이 곡에서 러시아 야생의 흙과 언덕이 느껴지지 않는가?

이 곡은 다듬어지지 않은 무소륵스키에 반했던 림스키코르사코프의 도움으로 세상에 나올 수 있었다. 무소륵스키 사후에 약간의 수정을 가해 이 곡을 공개한 림스키코르사코프가 얼마나 무소륵스키의 음악성을 높이 평가했는지 느껴진다. 더불어 원석 그대로의 「민둥산의 하룻밤」이 더 궁금해지기도 한다.

니콜로 파가니니, 무반주 바이올린을 위한 24개의 카프리스 작품1 Niccolò Paganini, 24 Caprices for Solo Violin Op.1

> 음악으로 숨 쉬는 사람. 가슴의 울림과 작은 움직임까지도 음악에 불어넣는 사람. — 영화 『파가니니: 악마의 바이올리니스트』

'바이올린 좀 한다' 하는 사람이 다른 이들에게 실력을 뽐내기 위해 선택하는 곡 중에 가장 잘 알려진 곡이 아닐까 싶다. 설명이 필요 없을 정도로 화려하고 난도 높은 기교를 자랑하는 이 곡은 전공생에게는 화를 불러일으키고 바이올린을 취미로 배우는 이에게는 도전을 요구하는 곡으로 늘 꼽힌다.

중학교 음악 시간에 파가니니의 생애를 담은 영화 『파가니니: 악마의 바이올리니스트』를 본 기억이 있다. 우리 반에는 시끄러운 학생이 많았는데, 음악 선생님이 우리 반에 들어올 때면 늘 심호흡을 했을 정도다. 그랬던 친구들이 다 이례적으로 숨죽였던 순간이 있으니, 파가니니를 연기한 데이비드 개릿이 카프리스 24번을 연주하는 장면에서였다. 그가 신들린 듯한 기교로 연주를 끝내자 우리 교실에서는 박수와 탄성이 쏟아져 나왔고, 반에서 바이올린을 다루는 몇 안 되는 학생이었던 나는 질문 세례를 받았다.

이 곡은 악명 높은 난도의 기교 때문인지 여러 음악가에 의해 다른 변주가 만들어졌다. 극한의 테크닉을 시험해 보고자 하는 이의 노력에 기합하다가도, 역시 파가니니의 원본으로 돌아오는 것은 나뿐만이 아닐 것이다.

● **라몬테 영, 작품 1960 #7**
La Monte Young, Compositions 1960
#7

> 절대적인 것은 없다. 모든 것은 바뀌고, 모든 것은 움직이고, 모든 것은 회전하고, 모든 것은 떠오르고 사라진다. ― 프리다 칼로

어릴 때 읽었던 책 중에 가장 기억에 남는 책은 『프린들 주세요』다. 주인공 닉이 '펜' 대신 '프린들'이라는 단어를 쓰면서 벌어지는 작은 소동이 그 내용인데, 어린 마음에 '와, 나도 닉처럼 내 주변의 것들부터 뒤집어 생각해 봐야지'라는 창의적인 고민을 하게 해 준 고마운 책이기도 하다.

내가 발 딛고 선 이곳에서 그리고 관계 맺고 있는 수많은 사람 사이에서 그들과 다른, 완전히 구별되는 생각을 하기란 매우 어렵다. 그런 의미에서 라몬테 영은 대단히 용기 있는 작곡가라는 생각이 든다. '형식 파괴, 과거 탈피'를 향한 움직임이 극에 달했음을 보여 주는 대표적인 예인 12음기법은 당대 음악계에서 당연하게 받아들여졌다. 그러나 '당연한 것'을 깨부수고 '시간과 지속성'이라는 아예 다른 개념에 집중한 라몬테 영은 다양한 문화를 접하며 자신만의 음악관을 단단하게 만들어 나갔다.

이 곡은 시B와 파샤프F# 두 음을 오래 지속하는 것이 시작이자 마무리인 곡이다. 계속해서 혁신해 나가고 과거에서 벗어나려는 노력으로 가끔 지칠 때, 가만히 앉아 시간에 나를 맡기고 나의 존재를 느껴 보는 것이 중요하다. 이 곡은 음악으로 완벽하게 그것을 실행한 듯하다. 오늘만큼은 복잡한 생각 없이 이 곡처럼 시간을 느껴 보길!

● **자크 오펜바흐, 호프만 이야기―아름다운 밤, 오 사랑의 밤이여** Jacques Offenbach, Les Contes d'Hoffmann―Belle Nuit, O Nuit D'amour

> 아름다운 밤, 오 사랑의 밤이여. 우리의 술잔치에 미소를 보내라! 밤은 낮보다 훨씬 달콤하다. ― 아리아 「아름다운 밤, 오 사랑의 밤이여」

상상력이 부족한 시대에 상상으로 가득한 소설이 각광받는 것은 자연스러운 일일지도 모른다. 문학계 안팎으로 부쩍 장르문학에 대한 관심이 커지고 있다는 것은 우리가 상상이 없는 시대에 살고 있다는 반증이 아닐까. 호프만의 소설은 장르문학의 전성기인 오늘날에도 여전히 좋은 선택지다. 그의 소설은 이해를 요구하지 않는다. 그저 읽고 빠져들기만 하면 된다. 그의 기괴한 세계관에 빠져든 오펜바흐는 호프만의 세 소설을 기반으로 기가 막힌 오페라를 썼다. 소설가 호프만과 동명인 주인공 호프만이 경험한 세 개의 사랑 이야기가 오페라의 주된 내용이다.

그중 마지막인 3막은 이탈리아 베네치아를 배경으로, 줄리에타라는 여인에게 반한 호프만이 자신의 그림자를 바치게 된다는 줄거리다. 「아름다운 밤, 오 사랑의 밤이여」는 3막을 대표하는 아리아인데, 매혹적인 사랑, 첫눈에 반한 사랑을 상징하는 음악으로 여러 매체에서 사랑받아 왔다. 특히 유대인 학살을 다룬 영화 『인생은 아름다워』에 나와서 더욱 유명해졌는데, 수용소에서 주인공은 다른 방에 갇혀 있는 부인이 들을 수 있도록 「아름다운 밤, 오 사랑의 밤이여」를 크게 튼다.

테오도르 뒤부아, 토카타 G장조
Théodore Dubois, Toccata in G major

> 행복하여라! 악인의 뜻에 따라 걷지 않고, 죄인의 길에 들지 않으며, 오만한 자의 자리에 앉지 않는 사람. ―「시편」제1편

내 친구는 독실한 개신교 신자였음에도 주말마다 미사에 갔다. 이 미심쩍은 신앙 행위는 뜻밖에도 오르간에서 비롯했는데, 성당에서 울려 퍼지는 오르간 음색에 홀린 친구는 오르간으로 전공까지 바꿨다. 한참 후에 프랑스의 오래된 성당에서 미사를 드리며 왜 친구가 오르간 앞에 앉았었는지 짐작할 수 있었다. 낡은 성당의 오르간 소리는 그 어떤 공연장의 음색보다도 마음을 울리는 구석이 있었다.

과거 글을 모르던 사람에게 최고의 전도 방법은 바로 음악이었다. 고된 노동으로 굳게 닫힌 농민들의 입술은 찬송가를 부를 때 가장 자유롭고 부드러웠다. 오르간은 성전이 허용한 최초의 악기이기도 하다. 이전에는 주님이 직접 창조한 인간의 목소리만이 성전에 울려 퍼질 수 있었다.

장조의 선율이 돋보이는 뒤부아의 토카타. 테오도르 뒤부아는 생상스의 뒤를 이어 마들렌 성당의 오르간 주자로 활동했다. 재미있는 사실은 다른 악기를 위한 곡과 달리 오르간 곡은 보통 위대한 오르가니스트가 작곡했다. 생상스가 그 유명한 오르간 교향곡을 작곡했듯이, 뒤부아는 토카타로 오르간의 아름다움을 빚어냈다. 마들렌 성당의 곳곳에는 수많은 작곡가의 연주가 메아리치고 있을지도 모른다.

조반니 피에를루이지 다 팔레스트리나, 교황 마르첼루스의 미사 4악장 상투스
Giovanni Pierluigi da Palestrina, Pope Marcellus Mass 4. Sanctus

> 팔레스트리나는 신성한 음악의 진정한 왕이자 이탈리아 음악의 영원한 아버지다. — 베르디

어제에 이어 종교음악에 관한 이야기를 조금 더 풀어 보자면, 팔레스트리나는 종교음악의 양식을 확립한 작곡가다. 루터의 종교개혁 이후 발등에 불이 떨어진 구교는 부패한 가톨릭을 개혁하기 위해 긴급 회의를 열었다. 그게 바로 트리엔트 공의회인데, 흥미로운 점은 공의회 안건에 교회음악 관련 내용이 포함되었다는 것이다. 공의회에서는 세속화된 교회음악을 바로잡으려면 첫 번째로 가사 전달이 잘되지 않는 다성음악을 금지해야 하고, 두 번째로 세속음악에 종교적인 가사를 입히는 행위를 금지해야 한다고 했다.

팔레스트리나는 다성음악으로도 충분히 종교적 메시지를 잘 전달할 수 있다는 것을 보여 주기 위해『교황 마르첼루스의 미사』를 작곡했다. 젊은 작곡가의 야심 찬 도전은 당연히 성공했고, 아직까지도 전례음악의 표본은 팔레스트리나가 확립한 팔레스트리나 양식이다. 그만큼 이 작품이 종교적, 아니 음악적으로 미친 영향은 정말 엄청나다. 그런 면에서 나는 팔레스트리나를 바흐, 모차르트와 같은 선상에 두고 싶다.

● **엘리자베트 자케 드 라 게르, 바이올린, 비올라다감바와 통주저음을 위한 소나타 2번** Elisabeth Jacquet de la Guerre, Sonata No.2 pour Violin, Viola da gamba and Basso continuo

우리 시대의 경이. —『메르퀴르 갈랑』

당시 프랑스 사회에서는 유서 깊은 음악가 집안이 아니면 음악으로 성공하기가 매우 어려웠다. 여성 음악가는 더욱이 그랬다. 엘리자베트의 집안은 대대로 하프시코드를 제작해 왔고, 그 덕에 그는 겨우 다섯 살 때 루이 14세 앞에서 노래와 하프시코드를 선보일 수 있었다. 왕의 사랑을 먹고 자란 엘리자베트는 베르사유궁전에서 정식으로 데뷔했다.

베르사유궁전에 가려다 지하철표를 잘못 끊는 바람에 3만 원의 벌금을 냈다. 무지 더운 날이었는데, 가뜩이나 먼 베르사유궁전을 벌금까지 내고 가다니 짜증이 머리끝까지 치솟았다. 그런데 궁전 안에 들어서자마자 아우성치던 온갖 불만이 조용해졌다. 예술 작품 속을 거니는 듯 눈이 호강한 것은 물론이고, 오랫동안 많은 관광객의 무게를 버틴 삐걱거리는 나무 바닥 역시 경이로웠다. 엘리자베트도 긴 드레스 자락으로 그 바닥을 훑으며 무대를 준비했겠지. 타고난 운을 지혜롭게 사용한 그의 음악이 귓가에 울려 퍼지는 듯했다.

● **드미트리 카발렙스키, 첼로협주곡 1번**
Dmitrii Kabalevsky, Cello Concerto No.1

저는 태어나서부터 줄곧 고통이 중심에 놓인 인생을 보냈어요. 혹독한 고통과 어떻게든 공존하는 것을 유일한 목적으로 살아왔던 것이죠. ― 무라카미 하루키, 『태엽 감는 새 연대기 2: 예언하는 새』

공산 정권이 러시아를 점령한 이후 예술가는 국가가 원하는 예술을 실현시켜 주는 도구에 불과했다. 이에 많은 음악가가 자의로 망명을 선택했고, 그 대표적인 인물이 라흐마니노프다. 그렇다고 모두가 고향을 떠난 것은 아니었다. 카발렙스키는 그를 둘러싼 환경에 수긍하고 조국에서 평생을 살았다.

20세기 초에 태어난 그는 청소년기에 러시아제국의 몰락을 지켜보았다. 이후로는 평생 공산 정권 아래에서 국가를 위한 음악을 작곡했고, 덕분에 스탈린상, 레닌 훈장 등 각종 상을 휩쓸었다. 그럼에도 카벨렙스키의 첼로협주곡 1번에는 변화를 달가워하지 않는 나라의 작곡가가 직면한 고민의 흔적이 남아 있다. 장조와 단조를 넘나드는 모습이 특히 그렇다. 일관적이면서도 자신만의 음악 세계를 구축해 나가야 했던 그는 아마도 자신을 둘러싼 제약적인 환경을 극복해야 한다는 마음가짐으로 첼로협주곡 1번을 썼을 것이다.

콜 포터, 사랑합시다
Cole Porter, Let's Do It(Let's Fall in Love)

> 진정한 사랑은 죽음마저 잊게 만든다네. 두려운 건 사랑하지 않거나, 제대로 사랑하지 않아서지. ― 영화 『미드나잇 인 파리』 중 헤밍웨이의 대사

옛 감성을 좋아하지만, 도시의 화려함도 놓칠 수 없는 나에게 최고의 여행지 두 군데를 꼽으라면 망설임 없이 뉴욕과 파리를 꼽을 것이다. 그리고 두 도시를 떠올릴 때 빠지지 않고 머릿속에 등장하는 음악이 있으니, 바로 콜 포터의 곡이다.

콜 포터는 뉴욕 브로드웨이의 전설로 여겨지는 작곡가다. 1948년 초연한 『키스 미 케이트』는 셰익스피어의 희곡 「말괄량이 길들이기」의 뮤지컬 버전으로, 토니 뮤지컬 작품상의 초대 수상작이기도 하다. 이 뮤지컬의 음악을 맡은 콜 포터는 이내 최고의 뮤지컬 작곡가로 자리매김한다.

자, 뉴욕을 거쳤으니 이제 파리로 여행을 떠나 보자. 콜 포터의 첫 번째 브로드웨이 뮤지컬에 등장한 이후, '파리' 하면 빼놓을 수 없는 영화 『미드나잇 인 파리』에도 쓰여 현재까지 큰 인기를 끌고 있는 「사랑합시다」가 흘러나온다. 영화가 끝나고도 한참을 흥얼거렸던 이 노래는 자꾸만 내게 사랑에 빠지라고 이야기한다. 이 글을 쓰며 뉴욕과 파리를 상상하니, 사랑에 빠질 수 있는 도시가 있다는 것이 참 감사하게 느껴진다. 아, 그 도시에 딱 알맞은 음악이 있다는 것도 말이다.

● **에드워드 엘가, 바이올린소나타 작품82 2악장 로망스** Edward Elgar, Violin Sonata Op.82 2. Romance

자연은 신의 묵시이며 예술은 인간의 묵시다. — 헨리 워즈워스 롱펠로

우리는 음악을 통해 작곡가가 본 세상을 만날 수 있다. 우리가 음악을 감상할 때 작품의 탄생 배경을 찾아보는 것도 그가 무엇을 보고 이 작품을 창작했는지 그리고 어떤 마음가짐을 음악에 담아냈는지 공감하고 이해하기 위해서가 아닐까. 오랫동안 음악이 '공부해야 할 대상'이었던 나는 감상을 위해서는 억지로라도 편안하고 부드러운 음악을 들으려 한다. 버릇을 고치지 못하고 쉴 때 즐겨 듣는 음악의 배경을 찾아봤을 때, 휴양지에서 작곡했거나 아름다운 자연환경에서 영감을 받은 경우가 대부분인 것은 우연이 아니다.

엘가가 노년에 병을 앓고 영국 서식스의 '브링크웰스'라는 별칭을 가진 전원주택에서 요양하며 작곡한 바이올린소나타는 그가 본 평화로운 자연환경을 눈앞에 그린다. 신비롭고 구슬픈 멜로디로 흐르는 2악장「로망스」는 나무가 이리저리 흔들리는 모습을 표현한 듯한데, 그는 이 곡을 완성하고 작곡 당시에 세상을 떠난 친구에게 헌정한다. 이미 세상에 없는 친구에게 자신이 본 아름다운 환경을 그려 보내는 듯한 이 곡으로 엘가의 시선과 마음을 느껴 보자. 나도 모르게 눈물을 흘릴지도 모른다.

알렉산드르 보로딘, 이고리 공 — 폴로베츠인의 춤 Aleksandr Borodin, Prince Igor — Polovtsian Dances

> 이 세상에는 위대한 진실이 하나 있어. 당신이 어떤 사람이건 무엇을 하건 무언가를 진심으로 바란다면, 반드시 그렇게 된다는 거지. — 파울로 코엘료, 『연금술사』

학창 시절에 문화 교류 행사에 참여한 경험이 있다. 동아시아 국가 간의 어린이 문화 교류 행사라 중국, 일본, 러시아 학생이 모였는데, 가까운 나라도 이렇게나 문화가 다르구나 놀랐던 기억이 난다. 그중에서도 가장 신기했던 건 러시아에서 온 친구들의 외형과 피부색이 제각각이라는 것이었다. 누구는 백인처럼 생기고 누구는 동양인처럼 보였다. 이후 물어보니 러시아에는 정말 다양한 민족이 있고 여러 문화가 혼합되어 있다는 답이 돌아왔다.

러시아에서 가장 인기 있는 오페라 중 하나인 보로딘의 『이고리 공』은 러시아의 대표 서사시 「이고리 원정기」를 바탕으로 보로딘이 각색한 오페라다. 여느 서사시든 종교를 빼놓고 설명할 수 없듯 이 이야기에서도 러시아의 종교 문화가 돋보인다. 러시아는 민족이 다양한 만큼 종교도 굉장히 다채로운데, 여기에서는 기독교와 슬라브족의 민간신앙이 결합해 나타난다. 이고리 공의 배우자인 야로슬라브나가 기독교인임에도 이고리 공이 무사히 집에 도착하기를 자연신에게 간절히 기원하는 모습과 극 전체에 걸쳐 자연의 능력을 강조하는 대목에서도 러시아의 다채로운 종교 문화를 볼 수 있다. 초월적인 존재에게 기대는 인간의 모습은 그 기원이 어디에 있든 퍽 비슷하다는 생각이 든다.

어니스트 샌드, 전설 작품201
Ernest Shand, Légende Op.201

> 과거에 행복했던 곳에서 행복이 나온다고 생각하지만, 사실 그 중심은 우리 자신이다. — 슈베르트

예술가와 돈에 관해 생각하다 문득 기형적이라는 생각이 들었다. 예체능 중에 돈이 많이 드는 공부인 순수예술의 경우 스타 연주자가 아닌 이상 대학이나 대학원을 마친 후에 경제적인 어려움을 호소하는 이가 많다. 대학까지는 부모님의 지원으로 넉넉하게 공부하지만, 독립한 후에는 작품만으로 생활이 불가능해 아르바이트까지 하며 생계를 유지하는 예술가가 적지 않다. 이렇게 요즘 예술가는 현실과 이상 사이에서 엄청난 괴리를 느끼며 힘들게 살아간다. 적어도 자신이 그리는 예술적 '이상'이 있는 이는 말이다.

예술가의 이야기를 그린 영화나 드라마를 볼 때 늘 등장하는 장면이 있다. 자신이 원하는 작품이 아닌 현실적으로 돈을 벌 수 있는 작품을 해야 한다는 것에 자괴감을 느끼는 장면인데, 영국 음악가 어니스트 샌드도 이러한 갈등을 겪었다. 기타가 비인기 장르였던 당대 영국에서 자신이 가진 최고의 재능인 기타를 포기해야 했기 때문이다. 그는 서른 살 이전에 이미 150편 이상의 기타 곡을 작곡했지만 대중은 기타에 관심이 없었고, 그는 극장에서 배우로 생활하며 생계를 유지해야 했다. 음악가의 간절함과 열정이 묻어 있는 이 기타 곡을 들으며 그의 마음을 헤아려 본다.

필리프 하인리히 에를레바흐, 오중주소나타 2번 알망드 Philipp Heinrich Erlebach, Sonata Quinta 2. Allemande

> 그 민족의 가장 진실된 표현은 민족의 음악과 춤에 있다. 몸은 결코 거짓말을 하지 않는다. — 애그니스 드 밀, 무용가

춤은 한 문화를 이해하는 데에 중요한 수단이다. 사회에서 어떤 움직임을 춤이라고 정의하는지 그리고 그것이 춤이라면 사교 목적인지 아니면 그저 유흥과 감정의 표현인지 등 춤을 통해 그 문화를 깊이 알 수 있기 때문이다. 음악도 마찬가지다. 우리가 '음악'이라고 부르는 것이 다른 곳에서는 그저 소음일 수 있고, 반대로 타문화의 음악 활동이 우리 귀에는 의미 없는 소리의 나열처럼 여겨질 수 있기 때문이다. '음악'이라는 개념이 없는 곳도 있지 않을까, 이 개념조차 우리의 잣대로 만들어진 게 아닐까 걱정이 드는 때도 있다. 이처럼 춤과 음악 같은 인간의 행위는 그 문화를 반영하기 때문에 그들의 삶을 엿볼 수 있는 좋은 요소다.

파반, 알망드, 부레, 사라반드 등 유럽의 수많은 춤곡이 대표적이다. 그중에서도 독일의 춤곡 알망드는 보편적으로 사용되어 모음곡에서 자주 발견되는데, 18세기 바로크 작곡가에게 인기를 끈 장르다. 에를레바흐는 바로크 시대 독일 작곡가로, 그의 「알망드」를 통해 당대 사람들의 삶을 경험해 볼 수 있다. 그의 작품 대부분이 화재로 유실되었기에 그가 그린 음악이 더욱 소중하게 느껴진다.

아람 일리치 하타투랸, 가면무도회 모음곡 1번 왈츠 Aram Iliich Khachaturyan, Masquerade Suite No.1 Waltz

> 가장 평범한 사건이 하나의 모험이 되기 위해서는 그것을 이야기하기 시작해야 하고…… — 사르트르, 『구토』

극작가 루벤 시모노프의 연극 『가면무도회』를 위한 음악인 『가면무도회 모음곡』은 왈츠, 녹턴, 마주르카 등 다섯 개의 작품이 묶인 형태다. 하타투랸은 카발렙스키의 뒤를 잇는 소련 작곡가다. 그도 카발렙스키같이 소련의 음악적 이상에 부합한 음악을 작곡했는데, 그래서인지 곡을 들어 보면 비교적 익숙한 선율을 마주할 수 있다. 물론 『가면무도회 모음곡』은 극음악이지만, 꼭 극음악이 아니어도 하타투랸의 음악은 전반적으로 극적이다. 정말 말 그대로 극(음악)적이기도 하고, 전개가 가파르다는 의미에서 극적이기도 하다.

가까스로 여름을 벗어나니 다시금 여름이 아쉽다. 제대로 놀지 못한 아쉬움 반, 여름만의 분위기를 누리지 못한 아쉬움 반. 여름만 지나면 시원섭섭한 기분은 매년 반복되지만, 당장 여름을 즐기기에는 체력이 뒷받침되지 않는다. 『가면무도회 모음곡』은 또 한번 지나 버린 여름의 열기를 상기시킨다.

가브리엘 포레, 레퀴엠
Gabriel Fauré, Requiem

자비로우신 예수님, 그들에게 안식을 주소서. 영원한 안식을 주소서. — 「자비로운 예수」

음악을 듣다 보면 국가별로 음악이 확연하게 다르다는 느낌이 든다. 이탈리아 음악은 정말 '이탈리아적'이고, 프랑스 음악은 '프랑스적'이며, 스페인 음악 역시 '스페인스럽다'. 레퀴엠의 시초라 불리는 위령미사곡은 네덜란드 음악가 요하네스 오케겜에 의해 시작되었지만, 이탈리아 작곡가 베르디, 잘츠부르크에 살던 모차르트 그리고 남프랑스 출신 작곡가 포레의 레퀴엠을 들어 보면 저마다 자신이 자란 국가의 색채를 실었음을 알 수 있다. 포레의 레퀴엠 4악장 「자비로운 예수」는 프랑스 음악의 느낌이 물씬 풍긴다.

작곡가가 레퀴엠을 쓰게 된 뒷이야기를 듣다 보면 자신이 경험한 죽음과 밀접한 연관이 있는 경우가 많다. 브람스가 어머니와 스승 슈만의 죽음 이후 『독일 레퀴엠』을 썼다면, 포레는 부모님의 죽음을 경험한 후 이 곡을 썼다. 음악을 듣는 행위에 큰 의미를 부여하는 편은 아니지만, 레퀴엠만큼은 마냥 가벼운 마음이 아닌 조금 무거운 마음으로 들었으면 좋겠다. 이미 내 곁을 떠난 사람과 앞으로 떠날 사람을 위해.

앙리 비외탕, 바이올린협주곡 4번
Henri Vieuxtemps, Violin Concerto No.4

그의 연주는 파가니니에 필적할 만하다. — 슈만

언제부턴가 밖에서 클래식 음악이 흘러나오면 긴장하게 된다. "이게 무슨 곡이야?"라는 물음에 대답하지 못하면 농담 섞인 야유가 날아오기 십상이다. 거의 음악 검색 어플 역할을 맡고 있다고 보면 된다. 나는 AI가 아닌데 말이다. 주변인의 기대를 충족하기 위해서라는 멋없는 동기는 연주회를 예매할 때도 작용한다. 일부러 낯선 프로그램을 찾는다든가, 국내 초연을 놓치지 않는 것도 그런 노력의 일환이다. 비외탕과의 인연도 그렇게 시작됐다.

앙리 비외탕(1820~1881년)은 파가니니, 요아힘과 어깨를 나란히 하는 전설적인 바이올리니스트다. Vieuxtemps. 쓰기도 발음하기도 어려운 이름 때문인지 국내에서는 바이올린 전공자가 아니면 낯설어하는 음악가이지만, 최근 여러 음악회의 프로그램에 등장하며 탄생 200여 년 만에 이름을 알리고 있다.

그가 자신의 악기 바이올린을 위해 작곡한 음악은 좋다 못해 신선하다. 특히 바이올린협주곡 4번에는 무려 '개혁'이라는 부제가 붙어 있다. 작품은 이름처럼 혁신적인데, 1악장에는 마치 오페라의 레치타티보 같은 짧은 구절이 나오고, 2악장에서는 하프가 등장한다.

요하네스 브람스, 피아노를 위한 4개의 소품 작품119 Johannes Brahms, 4 Klavierstücke Op.119

우리는 멜로디에 집착하느라 불안해하지만, 실은 멜로디를 자유롭게 만들거나 그것으로부터 새로운 것을 창조하지 않는다. 단지 점점 무겁게 만들 뿐이다. — 브람스

브람스 이야기를 결혼이라는 주제로 시작하는 것은 지나치게 보편적이다 못해 유치하다는 사실을 안다. '음악과 결혼한 작곡가' '스승의 아내를 사랑한 순정남' 등 브람스의 수식어 대부분이 사랑과 결혼에 관한 것이기 때문이다. 브람스가 말년에 작곡한 『피아노를 위한 4개의 소품』 1악장을 두고 클라라는 불협화음이 많은, 슬프고 감미로운 곡이라고 평가했다. 이 곡뿐만 아니라 말년에 작곡한 여러 곡이 초중기 곡보다 훨씬 서정적이고 구조적이다.

잘 알고 지내던 음악가 K는 말년의 브람스가 가정도 없이 외로웠기에 초반의 반짝거림을 잃은 것이 아니냐고 말했다. 충분히 그렇게 생각할 수도 있다. 하지만 결국 그는 존경해 마지않던 베토벤과 슈베르트 옆에 나란히 묻혔다. 자세한 내막은 알 길이 없지만, 그가 결혼 대신 음악을 택한 것이 결코 잘못된 선택 같지는 않다.

● 루이지 보케리니, 현악오중주 6번 마드리드 거리의 야상곡 Luigi Boccherini, String Quintet No.6 La Musica Notturna delle strade di Madrid

나는 밤의 고요한 시간을 사랑한다. 행복한 꿈이 그때 시작되기 때문이다.
— 앤 브론테

따뜻하다 못해 더웠던 안달루시아와 달리 마드리드의 1월은 꽤 쌀쌀했다. 버스에서 내리자마자 숙소로 가는 택시를 잡았는데, 기사는 말이 통하지 않는 나와 엄마가 답답했는지 내내 적대적이었다. 마드리드의 울퉁불퉁한 바닥과 환상적인 컬래버를 이룬 못 미더운 운전 실력은 덤. 심지어 택시에서 내려 맞닥뜨린 마드리드의 첫인상은 컴컴한 주택 골목의 분리수거장이었다. 아무래도 밤에 마드리드에 도착한 것은 크나큰 실수였던 듯싶었다.

보케리니가 마드리드 궁정악장으로 재직할 당시 마드리드의 밤거리는 조용하고 서정적이었는지, 그 거리를 주제로 야상곡까지 썼다. 마드리드의 솔 광장에는 발을 만지면 마드리드에 다시 오게 된다는 곰 동상이 있다. 왔으니 사진은 찍어야겠고, 그렇다고 또 오기는 싫고…… 그때를 떠올리면 복합적인 감정이 들지만, 보케리니의 경험을 음악으로 전해 들으니 다시 찾을 용기가 생긴다. 다음 번 마드리드는 부디 그의 음악처럼 평안하기를.

고든 게티, 플럼프 잭
Gordon Getty, Plump Jack

> 이 작품에는 긴박함과 공격의 날카로움 그리고 귀를 흥분시키는 결단력이 있습니다. — 마이클 화이트, 칼럼니스트

전업 작곡가가 아닌 이에게 작품 활동은 쉬운 일이 아니다. 자신의 모든 시간을 작품 창작에 쓸 수 있는 전업 작곡가와 달리 자신에게 주어진 또 다른 역할을 해내며 작품을 만들어야 하기 때문이다. '고든 게티'를 검색하면 음악가보다 사업가로 소개되는 경우가 많다. 영화 『올 더 머니』의 소재로도 잘 알려진 게티 집안은 대대로 석유 사업을 해 왔고 예술에 후원을 아끼지 않은 것으로 유명하다. 양질의 미술 작품을 대중에게 무료로 개방하는 게티 미술관이 그 예다.

집안 분위기의 영향인지 고든 게티는 사업가이자 투자가이지만 음악 활동을 활발하게 한 음악가이기도 하다. 그의 오페라 『플럼프 잭』은 셰익스피어의 희곡 「헨리 4세」와 「헨리 5세」를 바탕으로 만든 작품인데, 왕으로 임명된 헨리 왕자가 폴스타프를 배신하고 추방하는 내용이다. 게티는 이 작품을 시작으로 오페라를 여러 편 작곡했으며, 종합예술인 오페라에 흥미를 느꼈다는 점에서 단순히 음악만이 아니라 문화예술 전반에 깊은 이해가 있었음을 알 수 있다. 심지어 그의 작품은 뉴욕 카네기홀 등 세계 유수의 음악당에서 울려 퍼지고 있으니, 이건 반칙이라는 생각도 든다!

아스토르 피아졸라, 부에노스아이레스의 사계 — 가을 Las 4 Estaciones Porteñas — Otoño

> 곡은 잘 썼지만, 곡 안에서 자네를 찾을 수 없군. 진정한 피아졸라를 잊지 마시게. — 나디아 불랑제

어느덧 나무엔 단풍이 들고 장롱 안쪽에서 잠자던 긴 옷을 꺼내 입을 계절이 되었다. 사계절 중 가을은 유독 짧은 느낌이 든다. 자연이 색색으로 변하는 모습을 채 만끽하기도 전에 저물어 버리니 말이다. 시간이 지날수록 짧게 느껴지는 계절의 변화가 예술가에게는 영감이 되었던 모양이다. 비발디, 하이든, 심지어 대중음악가까지 많은 음악가가 변화하는 계절을 모티브로 삼곤 했는데, 그중 피아졸라가 그린 부에노스아이레스의 항구에 찾아든 가을의 모습을 나는 가장 좋아한다.

언젠가 이 곡을 삼중주로 연주할 기회가 있어 피아노 파트를 열심히 연습했다. 그리고 레슨 선생님 앞에서 준비한 연주를 선보이기 위해 첫 음을 친 순간, 선생님이 나에게 마음속으로 그림을 그려 보라고 했다. 새까만 공간에 검붉은 장미가 한 송이 피어 있고, 그곳에 하얀 연기가 스멀스멀 들어오는 장면을 잘 기억해 두고 그대로 피아노로 옮겼다. 그제야 나는 제대로 이 음악을 표현할 수 있었고, 피아졸라의 「가을」은 날이 추워지면 꼭 들어야 하는 음악이 되었다.

10월

라인홀트 글리에르, 하프협주곡 작품74
Reinhold Glière, Harp Concerto Op.74

내 안에 음악이 가득하면, 인생은 노력 없이도 흘러가는 것 같다. — 조지 엘리엇

언젠가 극장 경영과 공연기획을 배우는 수업에서 선생님이 "우리나라 사람이 가장 좋아하는 작곡가는 어느 나라 사람일까?"라고 물었다. 답은 바로 '러시아'였다. 국내 유명 음악당에서 러시아 음악가 특집 공연까지 할 정도이니 그 인기는 더 말하지 않아도 충분할 듯하다.

이후 러시아 작곡가가 국내에서 인기를 끄는 이유를 곰곰이 생각해 보았다. 내가 내린 결론은 러시아 음악의 특징인 '민속 선율'을 익숙한 서양 음악어법으로 풀어내 새로움과 익숙함의 조화가 우리에게 '아름다운 음악'으로 다가오기 때문이라는 것이었다. 적어도 나에게는 그랬다.

글리에르는 러시아 작곡가이지만 독일에서 유학했기 때문에 그 '아름다운 음악'을 작곡한 사람의 전형처럼 느껴진다. 그의 대표작인 하프협주곡은 서정성과 하프의 음색이 더해져 그야말로 우리 귀에 기쁨을 선사하는 요소의 집합체다. 완연한 가을, 10월의 첫날. 진지하게만 느껴지는 가을을 아름다움 가득한 음악으로 시작해 보는 건 어떨까? 왠지 가을이라서 느끼게 되는 삶의 무게를 음악으로 조금이나마 덜 수 있지 않을까.

● 페르난도 소르, 모차르트 주제에 의한 서주와 변주 작품9 Fernando Sor, Introduction and Variations on a Theme by Mozart Op.9

음악은 사람에게 영감을 불어넣어 새로운 발전 과정으로 이끄는 포도주다. 그리고 나는 인류를 위한 영광스러운 포도주를 쥐어짜는 바쿠스다.
― 모차르트

작곡가가 이 곡에 이 악기를 사용한 이유가 무엇일까 하는 생각에 빠질 때가 있다. '이 부분은 다른 악기가 더 간드러지게 잘 연주할 수 있을 것 같은데, 좀 아쉽군!' 하고 소심하게나마 대가의 음악에 의문을 제기해 보곤 하는 것이다. 이 책을 읽는 독자에게 좋아하는 편곡이 있는지 물어보고 싶다. 없다면 오늘의 곡이 좋은 선택이 될 테니 꼭 들어 보길 바란다.

모차르트의 오페라 『마술피리』를 성악과 오케스트라가 아닌 다른 악기로 연주하는 상상을 해 본 적이 있는가? 대부분의 경우 작곡가가 악기를 편성한 이유가 있기에 원래 악보대로 연주하는 것이 가장 익숙하고 편안하게 들린다. 『마술피리』는 파파게나와 파파게노의 깜찍한 이중창 그리고 강력한 「밤의 여왕 아리아」로 대표되기 때문에 나 또한 다른 악기로 연주되는 것을 상상하기 어려웠다. 그러나 페르난도 소르는 『마술피리』를 마치 기타를 위한 곡처럼 완벽하게 연주한다.

빼어난 발성으로 고음과 저음, 강약을 넘나드는 성악보다 편안한 음악을 듣고 싶은 날이라면 페르난도 소르의 「마술피리」를 들어 보길 추천한다. 편안함과 함께 '좋은 편곡'을 찾았다는 기쁨도 느끼기를 바라며.

구스타프 말러, 교향곡 5번
Gustav Mahler, Symphony No.5

교향곡은 하나의 세계와 같이 모든 것을 포함해야 한다. — 말러

베토벤의 생가를 꾸며 놓은 박물관에는 베토벤의 친필 악보가 전시되어 있다. 그중 몇 곡에는 종이가 덧붙여져 있다. 지우개나 화이트가 없던 당시 종이를 오려 붙여 곡을 수정한 것인데, 완벽한 곡을 향한 그의 열정을 보여 주듯 열 조각이 넘는 종이가 덧붙어 있는 악보도 있다. 이처럼 역사에 길이 남은 음악가는 대부분 엄청난 노고 끝에 작품을 세상에 내놓았다. 악보에는 과거로부터 탈피해 자신만의 색을 만들어 가기까지 기나긴 여정이 들어 있기에 그들의 악보를 보면 명성을 비로소 실감하게 된다.

엄청난 규모의 음악을 쓴 작곡가로 잘 알려진 말러를 가장 잘 설명하는 장르는 교향곡이다. 그의 철학, 문학, 시를 향한 관심은 1900년 이전까지 쓴 1번부터 4번 교향곡에 잘 드러난다. 1번을 제외한 나머지 교향곡이 시를 소재로 쓰였기 때문이다. 이러한 경향은 5번을 작곡한 1901년을 기점으로 줄어드는데, 5번부터는 기악을 중심으로 작곡이 이루어졌다.

말러는 1910년 병으로 쓰러지기 직전까지 이 곡을 계속해서 수정했다고 한다. 그로 인해 출판사와 갈등이 있었을 정도라니, 그가 얼마나 애착을 가지고 이 곡을 완벽한 작품으로 만들고자 했는지 조금 알 것도 같다. 손에서 펜을 놓기 전까지 이 악보를 잡고 있었기에 그의 마지막 작업으로도 여겨지는 이 작품에서 그의 숨결을 느껴 보자.

● **조아치노 로시니, 첼로와 베이스를 위한 이중주**Gioacchino Rossini, Duetto for Cello and Bass

> 방금 전에 그 목소리, 내 귓가에 맴돌아요. 내 마음엔 린도로라는 사랑의 싹이 텄지요. ―『세비야의 이발사』중 아리아「방금 들린 그대 음성」

『세비야의 이발사』『세미라미데』같은 오페라로 큰 성공을 거둔 작곡가라 그런지 로시니가 실내악곡을 작곡했다는 사실은 나에게 다소 어색하게 다가왔다. 하지만 음악을 듣고 나니 금세 웃음이 터졌다. 이 곡을 한 단어로 정리하자면 로시니 오페라의 '엑기스'라고 말할 수 있겠다. 특유의 간질거림은 물론이고 코믹한 오페라부파와 같은 기승전결이 느껴진다. 마치 오페라를 시음하는 것처럼 말이다. 심지어 두 개의 낮은 음역 현악기가 『세비야의 이발사』에 나오는 두 주인공 피가로(바리톤)와 알마비바 백작(테너)을 연상시키기도 한다. 비록 음역이 낮은 악기들이 사용되었지만 그려 내는 선율은 제법 경쾌하다.

니노 로타, 플루트와 하프를 위한 소나타
Nino Rota, Sonata for Flute and Harp

> 어느 날 다리오의 아버지이자 제작자였던 살바토레가 저한테 그러더군요. "자네가 작곡하는 음악들은 하나같이 똑같아." 그래서 제가 그랬어요. "따로따로 듣지 마시고 계속 이어서 들어 보세요. 전혀 그렇지 않다는 걸 느낄 수 있을 거예요." ― 엔니오 모리코네·안토니오 몬다, 『엔니오 모리코네와의 대화』

"나 영화음악을 해 보려고." 오페라 관련 작업을 함께했던 친한 후배가 얼마 전 영화음악 작곡가가 되겠다며 작편곡 프로그램과 음향을 공부하기 시작했다. 더불어 영화 공부도 하는 것 같았는데, 밤새 시나리오를 읽는 모습을 보며 영화음악을 쉽게 생각했던 나의 무지에 탄식할 수밖에 없었다. 후배는 '적재적소에 음악 삽입하기'라는 영화음악의 대전제에서 첫 단계인 '적재적소'를 찾는 것부터 공부가 필요하다고 말했다. 내 멋대로 하다가는 관객의 감정과 별개로 나만 감동받는 영화가 된다나.

그는 클래식 작곡가이자 『8과 2분의 1』 『달콤한 인생』 등 여러 고전영화의 사운드트랙을 담당한 영화음악 작곡가 니노 로타를 닮고 싶다고 했다. 로타의 클래식 작품 『플루트와 하프를 위한 소나타』는 그가 작곡한 여느 영화음악처럼 다수가 공감하며 쉽게 감상할 수 있는 음악이다. 로타는 음악을 만들 때 대중이 얼마나 거부감 없이 편안하게 감상할 수 있는지를 최우선에 둔다고 한다.

로타의 음악성을 짚다 보니 후배가 왜 그를 닮고 싶어 하는지 알 것 같았다. 많은 사람에게서 공감을 얻는 한편 각기 다른 감상을 주고 싶은 것이다.

마누엘 데 파야, 베티카 환상곡
Manuel de Falla, Fantasía Bética

나는 항상 내가 할 수 없는 것을 한다. — 피카소

베티카란 스페인 안달루시아의 옛 지명으로, 『베티카 환상곡』을 달리 말하면 '안달루시아 환상곡'이 된다. 스페인 민족주의를 대표하는 작곡가 마누엘 데 파야는 플라멩코, 세기디야 같은 춤곡의 리듬으로 안달루시아를 표현한다.

 오로지 피아노 음색만으로 그려 낸 안달루시아의 모습은 동시대 다른 스페인 민족주의 음악에 비해 현대적이고 딱 떨어지는 맛이 있다. 온갖 상징과 은유를 기가 막히게 사용하면서도 이토록 깔끔할 수 있다니! 그런 면에서 파야와 피카소가 닮았다는 생각을 종종 하는데, 피카소 역시 스페인의 해안 도시 말라가 출신으로 현대 미술의 거장이라 불리지만, 동시에 그가 그려 내는 주제는 사람들의 삶 안에서 이루어지는 작은 행위나 사소한 이야기와 맞닿아 있다. 독서를 하고 있는 여인이라든가 인형을 가지고 노는 딸 마야처럼 보다 일상적인 모습에 집중했다. 실제로 파야가 작곡한 발레 음악 「삼각모자」의 무대미술과 의상 작업을 피카소가 맡는 등 인연이 깊다. 같은 시대에 태어난 두 거장의 합을 오늘날 볼 수 있다는 것에 무한한 감사를 표한다.

마리아 테레지아 폰 파라디스, 시칠리엔느
Maria Theresia von Paradis, Sicilienne

> 장미에 왜 가시가 있냐며 불평하는 사람들이 있다. 나는 가시에 장미가 있음을 감사한다. — 장바티스트 알퐁스 카

합스부르크가의 군주인 마리아 테레지아와 같은 이름인 마리아 테레지아 폰 파라디스는 무척이나 부유한 환경에서 살았지만 다섯 살 무렵 시력을 완전히 잃고 장애인이 되었다. 그럼에도 장애를 극복하기 위해 60여 곡을 모두 암보해 연주하는 노력을 기울였다. 악보를 완전하게 외우는 행위인 암보가 얼마나 많은 시간을 필요로 하는지 잘 알기에 파라디스가 외운 '60곡'이 얼마나 큰 가치를 갖는지 더욱 와닿는다.

우리 사회의 많은 부분이 비장애인 중심으로 설계되었기 때문에 장애인은 별도의 노력을 기울여야 한다. 그리고 우리는 이것을 '극복'이라고 부른다. 파라디스는 1785년 시각장애인을 위한 학교 설립을 후원하고, 1808년 빈에 여학생을 위한 음악학교를 설립했다. 자신의 극복은 물론이고 다른 시각장애인의 극복을 위해 평생을 바친 것이다. 「시칠리엔느」를 듣고 시각장애를 가진 여성 작곡가가 썼다는 사실을 유추하지 못하는 것처럼 음악에는 성별도 편견도 없다. 장애인이 '극복'하지 않아도 원하는 것을 편리하게 영위하는 세상이 조금 더 일찍 왔으면 한다.

카를 오르프, 카르미나 부라나
Carl Orff, Carmina Burana

> 거대하고 공허한 운명이여, 너는 돌고 도는 수레바퀴, 비열한 너는 생각하는 대로 건전한 자를 곤경으로 이끌고 숨어서 우리를 위압한다! ―『카르미나 부라나』

카를 오르프를 잘 모르는 사람도『카르미나 부라나』는 안다. 나도 오르프를 알기에 앞서 이 곡을 알았다.『카르미나 부라나』는 중세 시가집을 바탕으로 만든 곡으로, 종교적인 칸타타가 아닌 세속적 칸타타다. 오르프는 코다이와 함께 음악교육계에 지대한 영향을 준 음악가인데, 그런 그가 술집에서의 여흥, 외설적인 이야기를 다룬 세속적 칸타타를 작곡하자 많은 사람이 비판하고 나섰다.

『카르미나 부라나』의 가사를 이루는 시가집은 그것이 쓰인 중세 시대에도 환영받지 못했다. 모든 것이 교회를 중심으로 굴러가던 중세 시대에 이토록 세속적인 노래는 금기시되었다. 신과의 약속을 저버린 채 술집에서 연애 놀음에 열중하는 것은 지나치게 인간다웠기 때문이다.

거센 반대 여론 속에서 겨우 탄생한 음악이 오르프의 대표곡이 되었다는 사실이 재미있다. 아무리 버둥대 봤자 결코 인간의 생각대로 굴러가지 않는 것이 생임을 음악을 통해 또 한번 배운다. 운명의 수레바퀴를 관장하는 운명의 여신이 인간의 인생을 어떻게 주무르는지, 운명 앞에서 개인은 얼마나 작은 존재인지!

장 프랑세, 호른과 피아노를 위한 디베르티멘토 Jean Françaix, Divertimento for Horn and Piano

예술은 하나하나가 연속적으로 모여 만들어진 것이고, 걸작은 그 후에 무엇이 작곡되든 간에 남아 있습니다. 걸작이 우리에게 남겨 준 음악적 문법을 왜 버려야 하나요? — 음악이 참신하지 못하다는 평가에 프랑세가 남긴 말

최근 내가 편식이 심하다는 것을 알았다. 계기는 의외로 간단했다. 이십대 초반, 닭발과 곱창을 함께 먹어 주던 친구들이 이제는 샐러드 맛집을 공유하기 시작한 것이다. 양상추나 양배추, 치커리는 소스와 함께 잘 버무려 맛있게 먹겠지만, 병아리콩은 아직 도전의 영역으로 남아 있다.

음악도 음식과 별다를 것 없다. 호른이라는 악기에 그다지 큰 흥미가 없어서인지 호른을 위한 곡도, 호른 연주자도 잘 모른다. 어떠한 계기가 있었다기보다 자연스레 그렇게 되었다. 다시 말해 호른은 병아리콩과 같은 선상에 있었던 것이다.

어느 날, 무슨 결심이었는지 호른에 호기심이 생겼고, 마침 영화음악 작곡가를 준비하는 친한 후배 애인이 호른 연주자라는 사실을 떠올렸다. 그리고 몇 곡을 추천받았는데, 그중 장 프랑세의 「호른과 피아노를 위한 디베르티멘토」가 마음에 들었다. 모차르트의 디베르티멘토에만 머물러 있던 좁은 시야를 넓힐 수 있었던 것도 바로 프랑세의 곡 덕분이다. '기분 전환'이라는 뜻인 '디베르티멘토'. 호른으로 연주하는 짧고 빠른 선율은 기분도 기분이지만 시야를 전환시켰다. 여전히 호른 곡을 많이 듣지는 않지만 좋은 결과를 낳은 시도에 감사하기로 했다. 하지만 여전히 병아리콩은 안 되겠다.

파블로 데 사라사테, 스페인 무곡집 작품22 1번 안달루시아 로망스 Pablo de Sarasate, Spanish Dances Op.22 No.1 Romanza Andaluza

> 천재라니요! 37년 동안 하루 14시간을 연습했는데, 날 천재라고 부르다니요! ― 사라사테

최근 많은 이가 자신이 가장 애정하는 음악을 '인생 음악'이라고 부른다. 지인과 서로의 인생 음악에 관해 이야기를 나누다 보면 재미있는 점을 발견할 수 있는데, 각자의 인생 음악에는 스토리가 따른다는 것이다. 여행지에서 연세가 지긋한 할아버지가 연주를 하는데 너무 좋았다거나, 작곡가가 곡을 작곡하게 된 계기에서 동질감을 느끼는 등 인생 음악에는 그들의 이야기가 담겨 있다.

언젠가 스페인을 여행하고 돌아온 친구가 핸드폰으로 녹음한 자신의 목소리를 들려주며 곡의 제목을 아느냐고 물었다. 정답은 사라사테의 「안달루시아 로망스」였고, 왜 이 음악을 녹음했느냐고 물으니 스페인 여행 중에 한 골목에서 어떤 할아버지가 자유롭게 연주하는데 노을이 지던 스페인의 풍경과 완벽하게 어우러져 넋 놓고 감상했다는 것이었다. 할아버지는 피아노 반주도 없이 혼자 연주했지만, 연주회장에서 정장을 갖춰 입고 바이올리니스트가 연주하는 것과는 비교가 되지 않는 경험이었다는 말도 덧붙였다.

완벽하게 준비된 음악이라기보다 즉흥적으로 만들어 낸 음악 같은 사라사테의 『스페인 무곡집』은 집시의 무곡을 담고 있다. 어딘가 엇갈린 듯하지만 계속해서 유사한 형태로 유지되는 피아노 반주와 역동적인 바이올린 선율의 대조가 플라멩코를 연상시킨다.

에릭 사티, 6개의 그노시엔느
Erik Satie, 6 Gnossienne

나는 너무 늦은 세상에 너무 젊어서 왔다. ― 에릭 사티

언젠가 시창청음 수업 시간에 선생님이 음악의 3요소에 관해 이야기한 적이 있다. 으레 초등학교 음악 시간에 배운 리듬, 선율, 화성이라는 말이 나올 줄 알았는데 전혀 다른 이야기를 꺼냈다. 음악의 3요소는 깨진 지 오래며, '리듬'만 있으면 음악이 만들어진다고. 개인적으로 리듬, 선율, 화성이 모두 없어도 누군가가 그것을 '음악'으로 받아들이면 음악이라고 생각했던 나로서는 이해하기 어려웠지만, 일단 선생님의 말씀을 끝까지 들어보기로 했다. 어떤 부족의 음악을 예로 들며 그들은 북으로 리듬만 치는데도 음악이 만들어진다고 했는데, 그 끝에는 박자표와 마디의 중요성이 있었다. 결국 마디를 제대로 그리라는 말을 하기 위한 서두였던 것이다.

이런 선생님의 말씀에 반박할 수 있는 악보가 여기에 있다. 에릭 사티의 「그노시엔느」 1번 악보에는 마디도 박자표도 없다. 작곡가는 '느리게'와 '노래하듯이' '혀끝으로' 등 알 수 없는 추상적인 지시어만 적어 놓은 채 연주자에게 음악을 맡긴다. 연주자의 입장에서는 꽤나 도전을 요하는 작곡가인 사티. 그의 지시어를 완벽하게 연주한 이가 있을지 궁금하다.

● **프란스 베르발드, 교향곡 3번 희귀한 교향곡 Franz Berwald, Symphony No.3 Sinfonie Singulière**

> 진정한 예술가는 작곡가의 관점에서 이해를 거친 다음 작품에 몰두한다.
> — 호프만

음악가에게 음악을 하면서 가장 떨리는 순간은 아마도 관객을 만나는 순간이 아닐까. 음악가는 무대에서 관객과 교감하며 비로소 진정한 의미의 음악을 만들어 내기 때문에 관객과 만나는 몇 분을 위해 무수한 시간을 연습에 할애한다. 작곡가 역시 세상에 작품을 내보이기 위해 엄청난 시간과 노력을 창작 활동에 쏟는다. 그러나 곡을 세상에 내보이지 못하는 작곡가가 있다. 대중에게 큰 호응을 얻지 못하거나 경제적 어려움, 자신의 존재를 숨겨야 하는 문제 등 현실적인 이유 때문에 초연하지 못한 작곡가는 이 중요한 순간을 놓친 채 떠난다.

프란스 베르발드는 작품 활동을 할 당시 조국 스웨덴에서는 인기를 얻지 못했다. 이후 의사, 발명가 등 다양한 직업으로 생계를 유지하다 말년에 이르러서야 작곡가로 인정받았는데, 그가 작곡한 여섯 개의 교향곡 중 첫 번째 교향곡만이 그의 생전에 초연되었다. 오늘의 곡인 3번 「희귀한 교향곡」은 초연되기까지 60년이 걸렸다고 하니, 그가 관객을 만나지 못한 순간들이 너무나 안타깝게 느껴진다.

● **헨리크 비에니아프스키, 2대의 바이올린을 위한 8개의 에튀드 카프리스 작품18 2번**
Henryk Wieniawski, 8 Études-Caprices for 2 Violins Op.18 No.2

제 말을 꼭 기억하세요. 당신은 살아 있는 한 이 바이올리니스트가 타르티니나 파가니니 같은 전설이 되는 순간을 보게 될 것입니다. ─ 유제프 시코르스키, 『음악적 순간』

예술계에 몸을 담고 여러 음악가의 이야기를 접할 때면 종종 자신이 작게 느껴지곤 한다. 누구는 다섯 살에 왕 앞에서 연주할 만큼 실력이 뛰어났다는 이야기, 나는 한창 대입을 준비했을 나이에 누구는 연주 여행을 끝내고 후학을 양성했다는 전설을 듣노라면 정말로 세상은 넓고 천재는 많다는 말이 실감나곤 한다. 비에니아프스키도 그런 천재 중 한 명으로 파리 오케스트라의 바이올리니스트였던 샘 프랑코가 "비에니아프스키의 연주는 나를 최면 상태로 이끌었다"라는 평을 남겼다고 전해진다. 그의 발밑이라도 따라가고 싶은 바이올린 학도의 심정이 이해되는 순간이다.

에튀드는 종종 '기교를 듣기에 좋은 곡'으로 인식되지만, 사실 연습곡을 가리키는 단어다. 당연히 기교 연습을 위해 작곡되었기에 연주자의 기량을 확인하기 좋은 곡인 건 틀림없다. 카프리스는 '자유로운 기악곡'이라는 뜻으로, 오늘의 곡은 '자유롭고 즉흥적인 연습곡' 정도로 해석하면 좋을 듯하다. 세기의 바이올리니스트 비에니아프스키가 설계한 연습곡. 그의 천재성을 느끼고 싶다면 음악을 들으며 손가락으로 짚어 보는 것은 어떨까. 그가 걸어온 바이올리니스트의 길이 보이는 작품이다.

요한 요아힘 크반츠, 플루트협주곡 G장조
Johann Joachim Quantz, Flute Concerto in G major

나에게 셰익스피어는 매우 현대적이며, 미켈란젤로는 늙은 조각가가 아니다. 바흐와 몬테베르디는 그 시대의 것이 아니라 보편적인 인물이다.

— 니콜라우스 아르농쿠르

지나치게 이른 줄은 알지만 가끔 내가 이 세상에서 없어지고 난 뒤를 생각해 보곤 한다. 누구나 그러하겠지만, 나는 꽤 괜찮은 사람으로 기억되었으면 한다. 그리 오래는 말고, 이만하면 됐다 싶을 때 잊힐 수 있는 사람이었으면 한다.

안타깝게도 바로크 시대를 바라보는 후대의 시선은 그 시대의 음악가가 원한 방향은 아닌 듯싶다. 포르투갈어로 '일그러진 진주'를 의미하는 바로크는 (범위를 음악으로 제한하자면) 화려한 장식음과 즉흥연주의 중요성이 부각된 당대 음악을 비판하고자 후대에 붙여진 이름이다. 그러니까 뭐든지 과한, 기괴한 음악 정도로 평가받았다는 것이다. 그래서 누군가 바로크음악을 좋아한다고 하면 가끔 실없는 웃음이 나온다. "저는 기괴한 음악을 좋아한답니다."

크반츠는 『플루트 연주의 예술』라는 음악이론서를 직접 집필했을 만큼 바로크음악을 제대로 이해한 작곡가다. 본인이 살던 시대와 몸 바쳐 만든 음악이 얻은 오명은 억울하겠다 싶지만, 이제 바로크 시대를 바짝 뒤쫓은 낭만주의 시대 역시 우리에게 너무나 먼 과거가 되어 버렸다. 21세기의 '일그러진 진주' 음악 마니아는 크반츠의 음악을 몹시 사랑하니 다행이다.

오토리노 레스피기, 류트를 위한 고풍스러운 무곡과 아리아 3번 Ottorino Respighi, Anitiche Danze ed Arie per Liuto No.3

> 우리 삶이 아리스토텔레스의 '시간'처럼 선이 아니라, 이런 감정적인 순간들을 하나하나 놓고 생각하는 것임을 알면, 연인의 식탁에서 8년을 기다린 것이 조롱거리나 기행이나 강박관념처럼 보이지 않고, 그저 퓌순 가족의 식탁에서 보냈던 행복한 1593일의 밤으로 보일 것이다. — 오르한 파묵, 『순수박물관』

을지로에 있는 레코드 가게에 들른 적이 있다. 주로 쿨재즈나 올드 팝을 취급하는 곳이었는데, 그날따라 클래식을 틀어 놓았기에 호기심이 생겼다. 그래서 사장님과 친분이 있던 터는 아니었지만 한번 물어보았다. "이 곡 뭐예요? 되게 특이하다." "뭐였더라? 저도 잘 몰라요. 저쪽에 케이스 있으니 제목 찍어 가요." 어찌어찌 흘러들어 온 중고 레코드판을 마침 그때 틀었던 것이다. 벗어난 말이지만, 도이치 그라모폰이 발매하는 레코드판은 특유의 감성 덕에 인테리어 소품으로 큰 인기가 있다. 꽤 괜찮은 브리콜라주다.

어쨌든 나는 카라얀의 얼굴이 대문짝만 하게 박힌 레스피기의 음반을 보고 무릎을 탁 쳤다. "레스피기곡이네! 그래서 과거의 곡을 편곡한 것처럼 시대 구분이 어려웠구나"라며 감상의 실마리가 풀렸기 때문이다. 르네상스 시대에 작곡한 류트곡을 수세기가 지나 관현악곡으로 편곡한 이 곡에는 어느 한 시대의 산물로 한정 지을 수 없는 혼란스러움의 미학이 있다. "이거 파는 거죠?" "그거 뭐 얼마 받나, 그냥 만 원 줘요." 그렇게 해서 카라얀과 베를린필하모닉이 연주한 레스피기의 『류트를 위한 고풍스러운 무곡과 아리아 3번』은 우리 집에 오게 되었다.

세르게이 프로코피예프, 3개의 오렌지에 대한 사랑 모음곡 작품33 행진곡 Sergey Prokofiev, Love for Three Oranges Op.33 March

오렌지 세 개 중 하나만 열어 봐도 될까? 오렌지들이 너무나 사랑스럽고 시원해 보여! ―『3개의 오렌지에 대한 사랑』

『3개의 오렌지에 대한 사랑』. 이 오페라가 말이 안 되지만 말이 되는 이런 제목을 가지게 된 데에는 이유가 있다. 마치 제목을 이렇게 지을 수밖에 없었다며 변명하듯이, 제목이 곧 내용이다. 아주 옛날에 웃음을 잃은 지 오래인 왕자가 살았다. 그런 왕자의 잠자던 웃음을 깨운 것이 하필 마녀가 넘어지는 모습이었고, 자존심이 상한 마녀는 왕자에게 세 개의 오렌지를 사랑하게 될 것이라는 저주를 내렸다. 그리고 왕자는 세 개의 오렌지 중 마지막 오렌지에서 나온 공주와 사랑에 빠졌다.

프로코피예프는 이 오페라에 쓰인 여섯 개의 음악을 관현악으로 편곡한 모음곡을 발표했고, 그중 가장 유명한 것이 바로 오늘의 곡인 「행진곡」이다.

만약 TV 퀴즈쇼에 "다음 중 오페라에 등장하지 않는 것은?"이라는 문제가 나왔다고 치자. 보기가 1) 전쟁에서 승리한 여성 장군 2) 오렌지 3) 춤추는 자동인형이라면 아마 압도적으로 2번을 선택할 것이다(몇몇은 너무 뻔히 보이는 답에 애써 3번을 선택할 것 같아 만장일치가 아닌 '압도적'이라는 표현을 썼다). 그러나 어처구니없게도 답은 1번이다. 오렌지 공주가 등장하는 마당에 승리한 여성 장군의 귀환이 없다는 것이 슬플 따름이다.

● 소피아 구바이둘리나, 쿼터니언
Sofia Gubaidulina Quaternion

> 오늘날 대다수의 작곡기술은 소진되었다. 그러나 구바이둘리나 같은 창의적인 사람이 이 일을 맡는다면 '새로운 것'이 탄생하게 된다. 하지만 구바이둘리나의 경우 그것은 '기술'의 문제가 아니라 유일무이한, 바로 그래서 '새로운' 개인적인 음색의 문제다. ─ 기돈 크레머

뉴스레터를 발행하면서 각별히 주의하는 것이 있다면 바로 용어의 사용이다. 특히 '여류 작곡가'라는 표현을 지양하는데, 작곡가면 작곡가지 여류 작곡가는 대체 무슨 종류의 작곡가인지 모르겠다. 용어가 주는 인상은 대단하다. '여류'라는 말이 붙으면 제아무리 칭찬이어도 남자보다는 부진하지만 여자치고는 잘한다는 의미로 들린다.

소피아 구바이둘리나의 음악은 기돈 크레머가 이야기한 것처럼 정말 '새롭다'. 마치 발명가가 특허를 내는 것처럼, 구바이둘리나는 자신의 작곡 기법에 관해 자세히 말하지 않는다. 자신의 무기가 무엇인지 안다는 것이다. 1996년 작곡한 「쿼터니언」은 네 대의 첼로로 연주하는 곡이다. 악기 네 개로 구성된 연주 편성을 콰르텟 quartet이라고 한다면, 쿼터니언은 무엇일까. 구바이둘리나는 제목을 「쿼터니언」으로 지은 이유가 네 개의 개별적 악기보다는 악기가 모여서 만들어 내는 음악에 더 초점을 맞추었기 때문이라고 말했다. 역시 소련을 대표하는 현대음악가답게 콰르텟을 작곡하는 데도 이렇게 특별하다!

장바티스트 아르방, 판타지 브릴란테
Jean-Baptiste Arban, Fantasie Brillante

완전한 두려움 따위는 어디에도 없다. 그건 단지 상상일 뿐이기에 결코 도달하지 못할 것이다. — 살바도르 달리

학교에서 재즈 수업을 들은 적이 있다. 수업 자체는 그다지 흥미롭지 않았지만 '재즈 바에 가 보기'라는 과제만큼은 인상 깊었다. '과제니까 별수 없지'라는 마음으로 들른 재즈 바는 예상보다 훨씬 편안한 곳이었다. 이전에 재즈 바에 관심이 아예 없었던 것은 아니다. 다만 쿨하게 드나들기에는 조금 두려운 곳이었을 뿐. 재즈 바는 어떤 곳일까, 술값이 학생에겐 부담스럽지 않을까, 만약 들어갔다 못 나오면 어떡하지 등등 지나치게 많은 우려가 걸음을 멈추게 했다.

용기 내어 들어간 이태원의 재즈 바는 상상만큼 무서운 곳은 아니었다. 비록 『호밀밭의 파수꾼』의 홀든처럼 버번위스키를 마시지는 못했지만 맥주 한 병과 함께하는 재즈 경험은 굉장했다. 그리고 그곳에서 코넷이라는 악기를 처음 만났다. 트럼펫인가? 그렇다고 하기에는 묘하게 작은데. 고민하던 악기의 정체는 집에 돌아와서야 알았다. 곡을 검색하고 악기를 찾아보니 재즈에서 자주 쓰이는 소프라노 음역의 금관악기였다. 루이 암스트롱이 킹 올리버 악단에서 활동할 때부터 알아주는 코넷 연주자였다는 이야기를 들으니 갑작스레 코넷이 친근하게 느껴졌다. 역시나 위대한 코넷 연주자였던 장바티스트 아르방의 「판타지 브릴란테」는 코넷으로도, 트럼펫으로도 연주한다. 성량 좋은 관악기 소리를 노동요 삼아 일하다 보면 사기가 절로 오른다.

● **윌리엄 히르츠, 오즈의 마법사 환상곡**
William Hirt, Wizard of Oz Fantasy

경험만이 지식을 쌓게 합니다. 그리고 더 많이 살수록 더 많은 경험을 하게 되죠. ― 라이먼 프랭크 바움, 『오즈의 마법사』

어린 시절 내 방 책장에 빼곡하게 꽂혀 있던 동화책을 기억한다. 그 중에서도 가장 자주 뽑아 보던 책이 다름 아닌 『오즈의 마법사』였는데, 회오리바람으로 새로운 세상에 던져져 그곳에서 만난 친구들과 의지하고 협업하며 위기를 극복하는 내용이 어린 마음을 끌었던 것 같다. 삽화와 상상으로만 머물던 등장인물을 영화로 본 것은 어른이 된 후였다.

주디 갈런드가 맑은 목소리로 부르는 「무지개 너머 어딘가에」와 흑백으로 시작하는 영화는 도로시가 오즈로 이동하면서 색을 입는다. 첫 색채영화라는 기념비적 작품임을 인지하고 봐도 눈과 귀의 재미를 완벽하게 충족시킨 영화였다. 영화를 본 후 「무지개 너머 어딘가에」를 계속 흥얼거린 사람은 나뿐만이 아닐 거라 생각한다. 도로시의 희망과 꿈을 표현한 이 노래는 세계적으로 열풍을 일으켰고, 수많은 음악가가 이를 소재로 음악을 만들었다. 윌리엄 히르츠의 「오즈의 마법사 환상곡」은 4핸즈, 그러니까 두 명의 피아니스트가 함께 치는 곡으로 『오즈의 마법사』에 나오는 음악을 자유롭게 풀어낸다. 영화를 보지 않고 들어도 영화를 감상하는 듯한 환상적인 느낌을 주는 이 곡은 곳곳에 숨은 익숙한 선율을 찾는 재미가 있다. '동심'이 귀한 요즘이지 않은가. 어린 날 들었던 선율을 다시금 느껴 보길 바란다.

표트르 차이콥스키, 6개의 소품 작품51 6번 감성적인 왈츠 Pyotr Tchaikovsky, 6 Pieces Op.51 No.6 Valse Sentimentale

> 봄은 언어 가운데서 네 노래를 고르더니, 가을은 네 노래를 헤치고 내 언어의 뼈마디를 이 고요한 밤에 고른다. ― 김현승, 「가을」

이 책을 쓰기로 다짐하고 가장 먼저 "가을을 위한 곡은 이거지!" 하며 마음에 담아 두었던 곡이 바로 차이콥스키의 『6개의 소품』 중 여섯 번째 곡 「감성적인 왈츠」다. 감동의 순간은 경험에서 온다고 생각하는 사람으로서 내가 이 곡에서 감동을 얻은 순간을 독자들과 공유해 보고자 한다. 『6개의 소품』은 종종 듣던 곡이지만 마음에 다가온 것은 2018년 어느 가을날 음원사이트의 추천으로 우연히 차 안에서 듣게 된 때였다. 마침 낙엽이 막 떨어지는 깊은 가을이었고, 다양한 색으로 가득한 길을 지나며 들은 이 곡은 입 밖으로 감탄을 자아내기에 충분했다. 시간이 꽤 지난 지금도 음악을 들으면 눈앞에 그 풍경이 그려질 정도로 생생하게 기억나니, 음악이 주는 힘은 실로 대단하다는 것을 또다시 느낀다.

음악을 평생 공부하고 업으로 삼다 보면 음악으로 '감동'을 느끼기 어려울 때가 있다. 비판적으로 음악을 바라보고 항상 질문해야 하는 사람으로서 이렇게 음악이 마음을 잡아먹을 듯 들어온 순간이 참 소중하다. 내가 경험한 완전한 가을의 순간이 이 음악으로 당신에게도 닿기를 바란다.

조제프 캉틀루브, 오베르뉴의 노래 — 양치기 아가씨 Joseph Canteloube, Chants d'Auvergne — Pastourelle

> 음악은 아름답고 시적인 것들을 가슴에 들려주는 신성한 방법이다. — 파블로 카살스, 첼리스트

완벽하게 정제되어 말 그대로 잘 만들어진 하나의 교과서 같은 연주나 개인적 경험이 만들어 낸 특별한 감상의 순간 혹은 작곡가의 의도를 파악하고 최대한 그대로 재현하는 연주 등 다양한 '좋은 연주'가 있다. 그러나 많은 이가 연주자의 기량이나 음향의 질보다 자신이 상상하는 음악의 색과 가장 잘 어울리는 감상을 이끌어 내는 연주를 좋은 연주로 꼽는다. 당연히 상상은 경험에서 오는 것이기에 결국 개인의 경험에 따라 '좋음'의 기준이 만들어진다.

이 곡은 잘 훈련된 소프라노보다 프랑스 시골의 순박한 여인이 맑은 목소리로 부르는 것이 더 '좋은 연주'라는 평을 듣는다. 작곡가가 고향인 프랑스 오베르뉴의 민요를 편곡한 것으로, 땅이 척박한 탓에 목축업을 택했던 이 지방의 일상이 고스란히 담겨 있다. 총 다섯 권의 민요집 중 2권의 첫 번째 곡인 「양치기 아가씨」는 사랑에 확신이 없는 양치기 소녀와 목동의 이야기를 주제로 한다. 만나지 못하는 이들의 슬픔을 담담하게 녹여 낸 이 곡을 잘 연주하기 위해 필요한 것은 다듬어진 목소리도, 뛰어난 음향기술도 아닌 사랑에 갈팡질팡해 본 경험이 아닐까.

레오 브라워, 소나타 1번
Leo Brouwer, Sonata No.1

> 갈대의 나부낌에도 음악이 있다. 시냇물의 흐름에도 음악이 있다. 사람들이 귀를 가지고 있다면 모든 사물에서 음악을 들을 수 있다. — 바이런

오늘날 한국에서 클래식기타는 흔하게 연주되는 악기는 아닌 듯하다. 밴드의 전자기타나 대중음악을 어쿠스틱하게 연주하는 기타 음악은 어렵지 않게 접할 수 있는데 말이다. 그래서 클래식기타라고 하면 고개를 갸우뚱하는 경우가 많다. 기타 재질이 다른 건지, 아니면 연주하는 음악이 클래식인 건지 그 기준을 잘 모르겠다는 것이다. 클래식기타는 주로 클래식 음악을 연주할 때 사용되며, 르네상스 시대에도 있었던 류트가 발전해 오늘날 우리에게 익숙한 형태로 정착한 것이다. 한국의 음대는 1년에 뽑는 학생이 다섯 명도 안 되는 경우가 대다수이며, 아예 과가 없는 대학도 있을 만큼 연주하는 학생 수가 적기에 대중적으로 알려지기란 쉽지 않았을 것이다.

레오 브라워는 20세기 기타계에 가장 큰 역할을 한 기타리스트로, 쿠바 출신 중에서 손에 꼽히는 명성을 누린 작곡가이기도 하다. 그가 남긴 여섯 곡의 기타소나타는 현재 많은 기타리스트의 필수 레퍼토리다. 기타의 다양한 음색과 더불어 우리가 기존에 기타에 대해 가지고 있던 고정된 이미지에서 벗어날 수 있는 기회를 제공한다. '기타' 하면 부드럽고 편안한 어쿠스틱 선율만 떠올렸다면 이 곡을 통해 클래식기타의 새로운 매력에 흠뻑 빠져 보길 바란다.

● 미셸 코렛, 고독의 즐거움 작품20 소나타 2번 Michel Corrette, Les délices de la Solitude Op.20 Sonata No.2

> 당신의 음악, 당신이 하는 것들은 오직 당신만이 할 수 있어요. — 영화 『그린 북』

음악회에서 음악을 듣노라면 뛰어난 연주자의 기량에 놀람과 동시에 이들은 어떤 방법으로 음악을 학습했기에 이렇게 완벽한 연주를 할 수 있을까 감탄한다. 그 바탕에는 스승의 노력뿐만 아니라 긴 역사를 거슬러 온 클래식 음악의 뿌리가 있을 것이며, 이 뿌리는 지금까지 음악을 만들고 향유해 온 사람들의 흔적으로 더욱 단단해진다.

미셸 코렛은 프랑스의 오르가니스트이자 작곡가, 스승, 음악 이론가였다. 최초의 첼로 교본을 만들었고, 많은 오르간 곡을 남겼다. 여러 중요한 음악이론서도 썼으니, 그가 음악의 뿌리에 미친 영향은 상당하다. 미셸 코렛의 소나타 2번은 당대 여느 음악과 특별하게 다른 점은 없다. 돋보이는 선율도, 돋보이는 형식도 없지만 그의 음악은 클래식 음악의 뿌리에 단단하게 스며 있다.

최근 평론이나 책을 읽을 때 '특별하고 새롭다'는 표현이 칭찬의 상투어처럼 굳어진 느낌을 받는다. 마치 특별하고 새롭지 않으면 변화를 이끄는 주역이 될 수 없으며, 꼭 변화를 이끌어야만 대단한 성과인 것처럼 말이다. 그러나 특별하지 않고 새롭지 않아도 충분히 아름답다. 미셸 코렛의 음악도 그렇다. 유난히 새롭거나 튀지 않지만, 그의 음악 활동으로 우리는 지금의 음악을 누릴 수 있다.

새뮤얼 바버, 현을 위한 아다지오
Samuel Barber, Adagio for Strings

> 인간의 내부에는 무엇이 있는가? 인간에게 허락되지 않은 것이 무엇인가? 사람은 무엇으로 사는가? 이 세 가지를 알게 되는 날에 너는 하늘나라로 돌아올 수 있을 것이다. — 톨스토이, 『사람은 무엇으로 사는가』

음악은 감정을 나타내는 완벽한 수단이 될 수 없는 것은 물론이고 꼭 그래야 할 필요도 없다. 음악이 감정을 그대로 표현할 수 있다는 생각은 대체로 낡은 것일 때가 많다. 그럼에도 우리가 새뮤얼 바버의 「현을 위한 아다지오」를 들을 때 슬픈 감정이 드는 것은 그렇게 교육받았기 때문일 것이다.

우리는 느리고 단조인 곡은 슬픔과 연관 지어서 생각한다. 사실 이 과정은 본능보다는 학습된 것인데, 그 역사는 바로크 시대로 거슬러 올라간다. 바로크 시대부터 빠르기와 감정을 연결 짓는 시도가 많았다. 한편, 단조의 음악이 슬픈 감정을 자아낸다는 것은 조의 성격을 정리한 음악 평론가 마테존의 영향이 크다. 마테존은 그 유명한 갠제마르크트 혈투*의 당사자이기도 하다.

느린 곡인 「현을 위한 아다지오」는 비록 장조지만, 죽음을 기억하는 음악이 되었다. 엔니오 모리코네, 아인슈타인 등 수많은 유명인의 장례식장에서 울려퍼져 죽음과 떼려야 뗄 수 없는 사이가 되어 버렸기 때문이다. 그래서 이 곡만 들으면 알 수 없이 가슴이 먹먹해진다.

---

* 1704년 헨델의 오페라 무대에 테너로 선 마테존이 헨델의 마음에 들지 않게 연주를 하자, 헨델은 그 길로 하프시코드 연주를 그만두고 밖으로 나갔다. 이에 화가 난 마테존이 뛰쳐나가 결투를 신청했고, 헨델은 옷에 달린 금박 단추 덕에 마테존의 검을 막을 수 있었다.

프레데리크 쇼팽, 에튀드 작품10 5번 흑건
Frédéric Chopin, Étude Op.10 No.5
Black Keys

늘 취해 있어라. 다른 건 상관없다. 그것만이 문제다. 그대의 어깨를 눌러 땅바닥에 짓이기는 시간의 끔찍한 짐을 느끼지 않으려거든 쉼 없이 취하라. ― 유진 오닐,『밤으로의 긴 여로』

쇼팽의 에튀드 중 어떤 것을 소개할까 고민을 거듭한 끝에 작품 번호 10번과 25번 에튀드 중 작품 번호 10번의 5번「흑건」을 소개하기로 했다. 쇼팽이 제목을 붙였다는「혁명」이나 뉴스레터에서 다뤘던「겨울바람」역시 후보에 있었다. 하지만 쇼팽 주간을 시작하는 첫날부터「혁명」처럼 강렬한 곡은 과하지 않을까 싶었고, 겨울이 아닌데「겨울바람」을 소개하는 것은 시기적 오류라고 생각했다. 제목을 줄줄이 이야기하는 까닭은 당신이 잘 알 법한 이 곡들이 바로 에튀드라는 것을 상기하기 위함이니 너그러이 이해해 주길 바란다.

'흑건'은 오른손이 오로지 검은 건반만 연주한다고 붙은 제목이다. 피아노를 처음 배울 때 기억을 되살려 봤다. 비교적 면적이 넓어 손의 미끄러짐이 덜한 하얀 건반과 달리 좁고 높은 검은 건반은 조금이라도 헛짚으면 미스터치가 나고 말았다. 그래도 나는 이 곡을 좋아했다. 연습곡(에튀드는 연습곡이라는 뜻이다)이라는 제목과는 다르게 무대에서 연주하는 곡처럼 화려했기 때문이다. 조금 더 연습곡이라는 본분에 충실하자면,「흑건」이야말로 피아노 초보자가 겪는 어려움을 해소하기에 제격이다. 검은 건반의 위치와 감을 익히는 데는 둘도 없다.

● **프레데리크 쇼팽, 프렐류드 작품28 7번**
Frédéric Chopin, Prelude Op.28 No.7

- 백사장. 그건 꼭 '우리'라는 말과 같은 것이 아닐까요. 그저 수없이 많은 모래알. 그것이 어쩌다 한곳에 모였을 뿐. 아무런 유기적 관계도 없이. 안 그렇습니까? — 이범선, 「몸 전체로」

프렐류드(전주곡)의 기원에는 크게 두 가지가 있다. 하나는 오르간 연주자가 성가를 연주하기 전에 음높이와 선법을 성가대원에게 알려주려고 즉흥적으로 연주하던 것이고, 다른 하나는 악기의 조율 상태를 확인하기 위한 짧은 곡이다. 이런 프렐류드는 바로크 시대에 가장 성행했는데, 쇼팽은 바로크 시대의 음악, 특히 바흐의 『평균율 클라비어 곡집』에서 영향을 받아 프렐류드를 작곡했다.*
그 기원처럼 프렐류드는 정말 짧은 곡도 있어서 작품 번호 28번에 속한 스물네 곡을 듣는 데 불과 30분 남짓밖에 안 걸린다.

급한 내 성격과 아주 잘 맞는 장르여서 프렐류드를 좋아하지만, 때로는 너무 좋은 주제와 변주가 금방 끝나 버려 허무함을 감내할 길이 없다. 그래도 벌써 끝난 거냐며 투덜대기도 잠시, 바로 다음 곡이 재생되면 듣느라 여념이 없다. 그래서 프렐류드를 듣다 보면 나 자신이 얼마나 감각이 무디고 단순한 사람인지 깨닫게 된다.

프렐류드 중에 작품 번호 28번의 7번을 가장 좋아한다. 모든 곡을 번호와 함께 기억하지는 않지만 적어도 6번, 7번, 8번은 외우는 이유도 여기에 있다. 6번을 들으면서 7번을 기대하고, 폭풍 같은 50여 초가 지나가면 8번이 찾아온다.

---

* 이호건, 「쇼팽 24개의 프렐류드 op.28 연구」, 국내 석사학위 논문, 한양대학교, 2017.

● **프레데리크 쇼팽, 녹턴 작품48 1번**
Frédéric Chopin, Nocturne Op.48 No.1

> 고갱과 베르나르에게도 썼지만, 나는 화가들의 의무가 꿈꾸는 것이 아니라 사고하는 것이라고 생각한다. ― 고흐, 『반 고흐, 영혼의 편지』

하루 중 가장 평화로운 시간은 단연 새벽이다. 한때 수면 패턴이 엉망이 되어 새벽 5시쯤에야 잠이 들었는데, 그 시간에 기상하시는 아빠가 내 방에서 기척이 들리면 방문을 열고 "아직도 안 자?" 하고 묻곤 하셨다. 아빠가 하루를 시작하는 시간에 내 하루가 마무리된다는 게 그리 유쾌하지만은 않았다. 그래도 새벽 시간대를 완전히 포기할 수는 없었던 것은 그때에만 떠오르는 심상이 있었기 때문이다. 모두가 바쁘게 움직이는 낮에는 아무리 집중하려 해도 안 되던 것이 새벽만 되면 기승을 부려 잠에 들 수가 없었다. 아주 사소한 것부터 계속 회피해 왔던 생각까지, 난리도 그런 난리가 없었다.

도저히 생각을 떨쳐 내지 못해 본격적으로 몰두하기로 작정하면 쇼팽의 녹턴을 들었다. 그럴 땐 녹턴이라는 장르가 있다는 것 자체가 큰 위안이 되었다. 다른 사람도 늦은 밤 생각에 잠기겠지, 그러니까 이런 음악도 탄생했겠지. 그래서 이 곡을 들으면 여름방학이 떠오른다. 다른 사람이 정해 둔 시간 패턴에 나의 시간을 욱여넣어야 하는 요즘, 자유로이 머릿속을 유영하던 그때가 부쩍 그립다.

프레데리크 쇼팽, 발라드 4번
Frédéric Chopin, Ballade No.4

> 나는 피아노를 배우는 이들을 위해 내가 경험으로 익힌 단순하고도 실용적인 생각을 전하고 싶다. — 쇼팽

클래식에 취미를 붙이고 싶은데 아무리 들어도 잘 와닿지 않는다는 주위 사람들에게 쇼팽의 발라드를 추천하곤 한다. 발라드에는 쇼팽의 친구이자 시인이었던 미츠키에비치의 시에서 가져온 이야기가 담겨 있다. 1번부터 4번까지 각각 이야기가 다른데, 오늘의 곡인 4번은 담비를 잡으러 간 세 형제의 이야기인 시 「버드리의 세 형제」를 기반으로 한다. 담비를 잡아 오라고 내보낸 세 형제가 돌아오지 않자 아버지는 아들들이 전쟁에 징집된 줄 알지만, 신붓감을 데려오느라 늦은 것이었다는 내용이다.

어쩌면 친구의 시로 음악을 만드는 것이 진정 낭만이 아닌가 싶다. 사실 발라드는 원래 음악이 아니라 시였다. 일정한 부분을 반복하는 시 형식이 음악으로 발전한 것이다. 한편 발라드Ballade의 어원은 춤을 뜻하는 단어 Balar인데, 그러다 보니 미츠키에비치의 시와 쇼팽의 음악은 마치 춤을 추는 한 쌍의 연인처럼 아름다운 합을 이룬다.

● **프레데리크 쇼팽, 마주르카 작품7 1번**
Frédéric Chopin, Mazurkas Op.7 No.1
Vivace

춤은 영혼의 감추어진 언어다. — 마사 그레이엄, 무용가

피아노를 공부할 때 꼭 연주해 보고 싶은 작곡가를 꼽으라면 나는 항상 쇼팽을 외쳤다. 그래서 중학교 3학년 때 선생님에게 "다음 곡은 쇼팽을 해 보는 게 어때?"라는 말을 듣고 얼마나 기뻤는지 모른다. 어릴 때부터 상상해 온 피아니스트의 모습에 가까워졌다는 느낌이 들어서였다.

처음 쇼팽의 곡을 배울 때 선생님은 폴란드에 관해 이야기해 주셨다. 다른 작곡가는 출신 국가에 관해 얘기한 적이 없는데 이유가 뭘까 궁금해하던 찰나, 폴란드가 걸어온 고된 역사에 대해 들으니 그의 음악이 조금 더 이해되는 듯했다. 어린 날 이야기는 이쯤 하고, 쇼팽을 대표하는 장르 중 하나인 마주르카를 소개하겠다.

마주르카는 폴란드의 민속춤곡으로, 쇼팽에게는 타국에서 찾은 자신만의 정체성과도 같은 것이었다. 그는 마주르카를 음악 장르로 발전시켜 열 살에 첫 마주르카를, 그리고 세상을 떠난 1849년에 마지막 마주르카를 작곡했다. 베토벤의 일생이 피아노소나타에 담겨 있듯 쇼팽의 삶과 정체성은 마주르카에 담겨 있다.

마주르카는 춤곡이지만 마냥 밝지만은 않다. 그중에서 활발한 편에 속하는 작품 번호 7번의 1번은 마치 이 음악에 맞춰 폴란드 사람들이 신나게 스텝을 밟는 느낌이다. 왠지 모르게 슬프지만 그 안에서 웃음을 찾고 춤을 추려는 사람들의 모습이 그려지는 마주르카. 이 곡으로 폴란드를 잠시 경험해 보길 바란다.

프레데리크 쇼팽, 폴로네즈 작품40 1번 군대 Frédéric Chopin, Polonaises Op.40 No.1 Military

죽거든 내 심장을 꺼내 조국 폴란드에 묻어 주세요. ― 쇼팽이 누이에게 남긴 유언

내가 쇼팽의 폴로네즈를 처음 접한 것은 중학교 때 가장 친했던 친구 덕분이었다. 피아노를 너무 잘 쳐서 친해지고 싶었고, 그 친구가 연주한 폴로네즈 6번 「영웅」은 나에게 '쇼팽의 폴로네즈를 꼭 쳐야지'라는 다짐을 하게 만들었다. 물론 악보를 들고 갔을 때 선생님은 "에튀드 먼저 치자"고 했지만 말이다(이 책을 쓰는 지금까지도 폴로네즈를 제대로 연주해 본 적이 없다).

폴로네즈는 제목에서도 알 수 있듯 폴란드의 춤곡이다. 민속춤 마주르카와 달리 행렬을 지어 남녀가 한 쌍으로 추는 춤이다. 사람들은 화려한 옷차림으로 3박자에 맞춰 당당하게 발걸음을 옮긴다. 머리를 꼿꼿이 든 자신감 있는 태도는 춤에 강렬함을 더한다.

프랑스 출신이었던 쇼팽의 아버지는 코시치우슈코 봉기에 참여하면서 폴란드 사회에서 인정을 받았는데, 가정에 흐르는 '애국적' 분위기는 그로 하여금 폴란드 음악을 가까이 접할 수 있도록 해 주었다. 곡을 쓰던 도중 폴란드 군대의 행렬이 다가오는 환각에 휩싸여 방에서 뛰쳐나간 쇼팽. 비록 혼혈이지만, 폴란드인으로서 긍지를 가진 만큼 그의 음악에서는 폴란드인의 의지와 다짐이 드러난다.

프레데리크 쇼팽, 왈츠 작품64 2번
Frédéric Chopin, Waltzes Op.64 No.2

나에겐 당신의 시선이 모든 비평가의 찬사보다 의미 있어요. ― 쇼팽

영화에서 사교댄스를 통해 사랑에 빠지는 이들의 모습을 보며, 그리고 사교계 데뷔가 여성에게 인생의 거대한 관문처럼 여겨지는 모습을 보며 '사교계란 어떤 것일까' 하는 망상에 빠졌던 기억이 있다. 다행히 지금은 이성을 되찾은 상태다.

이런 과거를 가진 내가 왈츠 음악에 익숙하지 않을 리 없다. 왈츠야말로 유럽 사교계를 대표하는 음악이며, 나의 환상에 배경음악처럼 깔렸던 음악이기 때문이다. 그러나 쇼팽의 왈츠는 내가 알던 기존의 왈츠와 달랐다. 춤곡이라기보다 피아노 독주곡 같았고, 무도회장보다 음악당에 더 어울렸다. 쇼팽의 왈츠가 특별한 이유가 바로 여기에 있다. 쇼팽은 무곡일 뿐이던 왈츠를 피아노 작품으로 탈바꿈한 첫머리에 있는 작곡가다. 쇼팽이 생전에 작곡한 여덟 곡의 왈츠 중 후기 작품에 해당하는 이 곡은 초기 작품보다 훨씬 서정성이 강조된다. 쇼팽이 사망하기 2년 전에 괴로움과 고통에 허덕이며 작곡했는데, 초기 춤곡의 분위기를 풍기는 왈츠보다 완전한 연주곡 같은 감상을 준다.

11월

앙리 라보, 솔로 드 콩쿠르 작품10
Henri Rabaud, Solo de Concours Op.10

> 모든 음악은 그것이 추구하고 수반하는 순수함, 주의력, 순종, 명상, 평정 등으로 인해 종교와 같다. ― 알랭

어떤 것에 대해 잘 모르면 창의력과 상상력이 높아진다는 말이 있다. 전공자는 생각하기 어려운 독창적인 생각을 비전공자가 하는 것처럼 말이다. 나에게는 관악기가 그렇다. 관악기를 배워 본 경험이라고는 플루트를 반년 배운 것이 끝이며, 관악을 굳이 검색하고 찾아가며 들을 열정은 없기에 관악에 대해 대단한 상상과 환상을 갖게 되는 것이다. 오랜 시간에 걸쳐 나에게 형성된 관악기의 이미지는 고즈넉한 어느 나라의 시골 풍경이다. 노을이 지고, 별빛과 달빛과 촛불빛이 그 공간에 존재하는 유일한 빛이며, 그 속에서 관악기 선율이 울려 퍼진다.

클라리넷은 내가 생각한 관악기의 이미지와 가장 부합하는 악기다. 귀를 때리는 소리가 아닌 언제 들어도 놀라지 않는, 여유를 가진 악기이기 때문이다. 속도가 빠르고 기교가 복잡해도 언젠가 그 무게를 덜어 낸다. 파리 음악원에서 클라리넷을 공부하는 학생을 위해 대회용으로 작곡한 이 곡은 테크닉을 많이 요한다. 그럼에도 이 음악의 뒤에는 여유로움이 묻어난다. 바로크와 고전의 경계에 선 이 곡은 공개된 당시에도 큰 인기를 끌었다. 음악을 듣는 귀와 감성은 세월이 지나도 바뀌지 않나 보다. 아, 그게 클래식의 매력일지도 모른다.

로베르토 몰리넬리, 뉴욕에서 온 4개의 사진 2번 탱고 클럽 Roberto Molinelli, Four Pictures From New York 2. Tango Club

다른 방법으로도 명확한 전달이 가능한 것은 굳이 사진을 이용할 필요가 없다. ― 에드워드 웨스턴, 사진가

어떤 연예인이 인터뷰에서 여행지에 가면 꼭 향수를 사서 향으로 그곳을 기억한다고 말해 화제가 된 적이 있다. 많은 사람이 오감을 비롯한 다양한 감각으로 여행지를 기억하려 노력한다.

나는 여행을 가면 관광지를 둘러보기보다 그들의 일상을 체험해 보려 노력한다. 뉴욕에 가면 자유의여신상을 가기보다 아침 일찍 베이글을 사서 괜히 『뉴욕 타임스』를 펼쳐 본다. 뉴요커 사이에서 핫한 바도 가 보고 음악회도 간다. 이렇게 도시를 마음속에 기록하는 방식은 저마다 다르지만, 많은 사람이 이따금씩 그 기억을 꺼내 볼 때마다 그때의 감각이 생생하게 되살아나는 경험을 한다.

이탈리아 작곡가 몰리넬리는 네 곡의 음악을 통해 뉴욕을 그린다. 마치 사진을 찍듯이 음악으로 도시를 기록했고, 뉴요커의 모습과 일상, 뉴욕의 문화를 여기에 녹여 냈다. 그는 새벽 여명과 탱고 클럽, 재즈 바에 있는 듯한 감성적인 오후 그리고 화려한 브로드웨이로 우리를 데려간다. 오늘의 곡인 「탱고 클럽」은 그야말로 뉴욕의 '빅애플'다운 모습을 보여 준다. 뉴욕에서 오랫동안 지낸 사람이 아닌 외부인의 시선으로 몰리넬리가 그린 뉴욕은 이런 모습이다.

● **마누엘 데 파야, 사랑은 마술사 8번 불의 춤**
Manuel de Falla, El Amor Brujo No.8
Danza Ritual del Fuego

"난 쓸모가 없어. 하지만 당신을 사랑해." "그래. 나도 당신을 사랑해."
— 제임스 M. 케인, 『포스트맨은 벨을 두 번 울린다』

추운 날씨에 잘 어울리지 않는 선곡이라 생각할지도 모른다. 에디터 S와 날짜별 선곡을 할 때 계절과 잘 어울리는 곡과 그렇지 않은 곡을 적절히 배치하느라 애썼다. 꼭 어울리지 않는 곡을 넣을 필요가 있는지 고려해 보다가, 여름이라고 신나고 화려하고 활기찬 곡만 듣는 것은 아닌 것처럼 초겨울에도 정열적인 따뜻함이 일부 필요하다고 생각했다. 그것도 신비로운 이야기와 함께라면 타당한 이유가 되지 않겠는가?

마누엘 데 파야는 발레 음악 『사랑은 마술사』의 여러 곡을 관현악 모음곡으로 편곡했고, 「불의 춤」은 그중 여덟 번째 곡이다. 『사랑은 마술사』의 주인공인 스페인 여인은 죽은 남편의 망령이 떨어지지 않아 고민이다. 새로운 사랑을 시작하려고만 하면 귀신이 나타나 훼방을 놓는 것이다. 결국 여인의 지혜로 남편의 망령은 영영 떠나고, 여인은 새 출발에 성공한다. 「불의 춤」 도입부는 꽃을 찾아다니는 벌의 날갯짓 소리같이 들리는데, 이게 마치 여인 곁을 맴도는 남편의 망령 같아 소름이 끼친다.

리하르트 슈트라우스, 위령제
Richard Strauss, Allerseelen

마치 이전의 5월처럼. ―「위령제」

죽은 사람의 혼을 기리고 죽음 이후의 세상으로 인도하는 위령제. 예로부터 우리 조상은 굿이나 간단한 의식으로 영혼을 위로해 왔다. 세계 곳곳의 위령제는 각자 생김새는 다르지만 목적은 같다. 이곳에서의 생은 마쳤지만, 다른 곳에 가서도 부디 잘 지내기를 바라는 것이다.

그러고 보면 누구나 죽음을 맞이하지만 죽음에 관해 아는 것은 너무 적다. 죽음 이후에 인간은 어디로 갈까? 수십 년간 인간이 품었을 고통, 사랑, 욕심, 두려움은 어디로 사라지는 것일까? 위령제는 가늠하지 못하는 죽음에 닿고자 하는 노력이다. 그간 내 곁에서 살아 숨 쉬던 사람에게 닿고자 함이다.

슈트라우스가 헤르만 폰 길름의 시에 곡을 붙인「위령제」는 만령절에 죽은 애인의 무덤을 찾은 사람의 독백을 더욱 절절하게 전달한다. 가곡을 여러 파트로 나누면, 각 파트의 끝은 늘 '마치 이전의 5월처럼'으로 끝이 난다. 5월에 이들은 어떤 사랑을 했을까.

프란츠 레하르, 금과 은
Franz Lehár, Gold und Silber

어떤 이는 조용히, 어떤 이는 분명하게 자신이 할 수 있는 방식으로 자신이 되려고 최선을 다한다. ― 헤르만 헤세, 『데미안』

한창 고민 많던 이십대 초반, 『음대 나와서 무얼 할까』라는 책을 정독한 적이 있다(물론 이 고민은 현재진행형이다). 뚜렷한 해답을 얻진 못했지만 몰랐던 음악 관련 직업을 몇 개 알게 되어 작은 꿈을 꿀 수 있게 되었다. 라디오 음악 피디가 될 거라며 언론 고시 스터디에 들어간 것도 그 책의 영향인데, 그때 함께했던 친구들은 꿈을 이뤘는지 궁금하다. 잘 지내니? 나는…… 금방 포기했어!

사실 음악을 하면서 큰돈을 벌기란 쉽지 않다. 내가 아는 음악가는 거의 부업을 함께 하고 있다. 연습실 대여나 쇼핑몰 등등. 그러다 얼마 전 우연히 들어간 선배의 SNS에서 '내 꿈은 돈 많은 예술가'라는 소개 글을 보고 한참 웃었다. '돈 많은'과 '예술가'라는 키워드가 영 부조화했기 때문이다. 물론 정말 돈과 친한 음악가도 있다. 오늘의 작곡가 레하르도 오페레타 『메리 위도』로 돈방석에 앉은 후 평생을 왕족처럼 호화롭게 보냈다. 하지만 레하르를 롤 모델로 삼아 한 방 터지기만을 학수고대하는 것은 굉장히 위험한 일이다. 잘 알겠지만 한 방은 준비된 사람에게만 오기 때문이다. 레하르가 한 귀족 부인의 무도회를 위해 작곡했다는 「금과 은」은 제목부터 '부내'가 나는 것이, 레하르와 잘 어울린다. 그를 설명할 때 꼭 빠지지 않는 곡이 된 것 역시 그래서이지 않을까.

아돌푸스 헤일스토크, 오케스트라를 위한 3개의 영가 2악장 쿰바야 나의 주여 Adolphus Hailstork, Three Spirituals for Orchestra 2. Kum Ba Ya My Lord

> 깊은 강, 내 집은 요단 강 너머에 있네. 깊은 강, 주님, 고향으로 건너가기를 원합니다. — 흑인 영가 「깊은 강」

대학 수업 시간에 '가사에 영어가 들어간 국내 대중음악'에 관해 이야기를 나눈 적이 있다. 간만에 재미있는 주제를 문 우리는 이런 현상이 왜 점점 커지는지, 사대주의는 아닌지, 여기에 어떤 태도를 취하는 것이 바람직할지 치열한 설전을 벌였다.

그때 한 친구가 입을 열었다. "나는 이왕 쓸 거면 잘 썼으면 좋겠어. 발음 부분을 더 신경 쓰면서. 특히 R 발음이 되게 신경 쓰이지 않아? 그럴 바에는 안 쓰는 게 차라리 더 세련되어 보이겠다." 다소 날카로웠지만 어느 정도 동의하는 바였다. 그러자 다른 친구가 "오히려 한국적이고 재미있는데?"라면서 콩글리시 자체에 대한 다른 시선을 제시했다. 발음이 어색할지라도 분명하게만 말한다면 의사소통에는 큰 문제가 없다는 것이었다.

아돌푸스 헤일스토크가 작곡한 『오케스트라를 위한 3개의 영가』는 전통적인 흑인 영가에서 따왔다. 그중 2악장이 가장 잘 알려졌는데, 그 제목에서 '쿰바야'는 영어에 없는 단어다. 백인 교회에서 흘러나오는 'Come by here, my lord'(오소서, 나의 주여)를 그들 식대로 '쿰바야, 마이 로드'로 바꿔 부른 것이다. 그럼에도 '쿰바야'는 전혀 웃기게 느껴지지 않는다. 정말 신이 있다면 우리에게도 와 달라는 간절함이 '쿰바야'라는 말을 통해 더욱 가닿을 것이다.

● **존 윌리엄스, 게이샤의 추억 OST—
사유리의 테마 John Williams, Memoirs
Of A Geisha OST—Sayuri's theme**

> 이미 밝은 태양에 어찌 더 많은 빛을 원하리오. 게이샤는 아내가 될 수 없다. 우린 그저 연인일 뿐. —영화『게이샤의 추억』

고등학교 2학년, 중고서점에서 산 두꺼운 책은 겨울이 다 가도록 내 가방 안에 들어 있었다. 쉬는 시간에, 레슨 갈 때 계속 끼고 다니다 보니 책 표지가 너덜너덜해졌는데, 그게 또 애착이 가서 다 읽은 뒤에도 보이는 곳에 꽂아 두었다. 이 책을 원작으로 만든 영화가 있다는 것은 나중에 알았다. 혹시 영화가 소설 감상에 좋지 못한 영향을 미칠까 봐 매번 미뤘는데, 존 윌리엄스의 음악을 듣기 위해서라도 영화를 꼭 봐야 한다는 말에 보게 되었다.

　예상처럼 나는 영화보다 소설이 훨씬 좋았다. 소설에서도 느껴졌던 불편함이 영화에서 극대화된 것은 매체의 특성상 어쩔 수 없는 일일지도 모른다. 그 불편함이란 좁게는 게이샤를 바라보는 남성의 시선이고, 넓게는 동양 여성을 바라보는 서구 기득권의 시선이었다. 어찌 됐든 음악만큼은 매우 성공적이었다고 말하고 싶다. 영화의 몰입도를 확 높여 준 것은 물론이고, 그 자체로 완결성이 뛰어나 음악만 들어도 손색이 없다(어떤 영화음악은 영화 없이는 소금을 안 친 곰국마냥 맹숭맹숭하다). 영화『해리 포터』나『스타워즈』OST만 들어도 알 수 있듯이 존 윌리엄스는 테마를 기막히게 잘 활용하는 작곡가다. 「사유리의 테마」역시 사유리의 기구한 인생을 그대로 압축해 놓은 듯하다. 아, 음악과 책을 함께 보는 것도 좋은 감상이 될 것 같다.

리처드 애딘셀, 바르샤바 협주곡
Richard Addinsell, Warsaw Concerto

불 속에서 잃어버린 것은 잿더미 속에서 구하지 않으면 안 된다. — 폴란드 격언

언젠가 피아노 선생님이 내게 "쇼팽의 음악을 공부할 때는 폴란드 역사를 살펴봐. 우리나라 음악에 한이 있듯 폴란드 음악에도 비슷한 감정이 있어"라고 말한 기억이 있다. 폴란드도 한국처럼 아픈 역사가 있는 나라다. 문화와 예술은 창작자가 속한 사회의 영향을 받기 때문에 역사를 보면 작곡가의 감정을 조금이나마 파악할 수 있다.

「바르샤바 협주곡」은 제목에서 유추할 수 있듯 폴란드 바르샤바와 연관이 있다. 아마 많은 사람이 나치에 맞서 싸우는 폴란드를 그린 영화『위험한 달빛』에 나오는 곡으로 알고 있을 것이다. 영화의 하이라이트인 콘서트 장면에 등장하는 이 곡은 폭풍이 몰아치듯 강렬하다. 작곡가 애딘셀은 영국인이지만, 폴란드가 겪은 고통과 거기에서 벗어나려는 의지가 잘 와닿았는지 이 곡에선 폴란드인의 힘이 느껴진다.

게오르크 프리드리히 헨델, 세르세 — 나무 그늘 아래에서 George Friedrich Händel, Serse — Ombra Mai Fu

> '표준'에서 '이탈'이 생기고, 새로 생긴 '이탈'이 또 다른 하나의 새 '표준'을 낳고 했던 것이 서양음악 양식의 변천사다. ― 이강숙, 『열린 음악의 세계』

어느 날 이 곡의 선율을 나도 모르게 흥얼거렸다. 옆에서 성악을 전공한 언니가 "이 노래를 어떻게 알아?"라며 놀랐고, 나도 "어? 내가 이 노래를 어떻게 알지?"라며 당황해 웃었다. 헨델의 오페라는 제목과 내용보다 음악의 선율이 더 기억에 남는 듯하다.

헨델은 바흐와 같은 시대 작곡가이지만 참 다른 길을 걸었다. 둘은 성격이 완전히 정반대였는데, 음악도 성격을 따라가는지 서로 다른 부분이 많다. 대표적인 것이 장르이다. 바흐가 음을 계산하며 건반악기를 위한 곡을 작곡할 때 헨델은 오라토리오나 오페라 등 극음악을 주로 작곡했다.

「나무 그늘 아래에서」는 그의 오페라 『세르세』를 여는 아리아다. 이 오페라가 인기를 얻게 된 과정은 상당히 흥미로운데, 내가 헨델의 음악에 대해 갖고 있던 생각과 결을 같이하기 때문이다. 『세르세』는 초연 당시 관객의 미적지근한 반응 때문에 공연 기회가 많지 않았다. 그러나 한참이 지난 후에 다시 인기를 얻었는데, 헨델의 오페라를 본격적으로 연구하는 움직임을 타고 사람들 사이에서 인기를 끈 것이다.

헨델은 극음악의 대가라고 불린다. 상황에 걸맞은 음악을 적재적소에 배치하는 면모가 이 아름다운 선율에서 드러난다.

● **빅토르 코셴코, 11개의 로맨틱한 에튀드 작품8 Viktor Kosenko, 11 Études Romantique Op.8**

예술이란 조절하고 한계를 지키고 연습할수록 더욱더 자유로워진다.
— 스트라빈스키

20세기 서양음악가의 음악이 다채로운 이유는 그들이 살아온 사회 환경에 있다. 어떤 나라는 오랫동안 기다린 독립을, 또 다른 나라는 정의를 향한 투쟁을, 어딘가는 정복과 항복을 반복하며 과도기를 겪던 20세기. 이 시기를 살아온 작곡가의 음악은 그들의 환경만큼이나 다채롭다. 빅토르 코셴코는 러시아 상트페테르부르크에서 태어났지만 우크라이나 국적으로, 어린 시절에는 폴란드에서 음악을 공부했다. 그야말로 혼돈의 정점이었던 러시아와 동유럽 사이에 있었던 것이다. 다행히 어머니와 누나가 피아노를 연주했기에 음악가로 성장하기 적합했지만, 여러 혼란한 상황에 직면할 수밖에 없었다.

그의 혼란한 배경과 달리 음악은 과도하리만큼 환상적이고 낭만적이다. 우크라이나의 선율을 음악에 적극적으로 활용했고, 특유의 우울함과 그가 지닌 낭만성의 결합은 그에게 '우크라이나의 쇼팽'이라는 별명을 붙여 줬다. 『로맨틱한 에튀드』, 낭만적인 연습곡이라니. 참 어울리지 않지만 피아노를 치는 사람에게는 최적의 조합이 아닐까?

● **크리스토프 빌리발트 글루크, 오르페우스와 에우리디케 작품30 멜로디 Christoph Willibald Gluck, Orfeo ed Euridice Wq.30 Melodie**

나는 음악을 단지 귀를 즐겁게 하는 예술의 하나로 볼 뿐만 아니라, 마음을 움직이고 감정을 자극시키는 아주 대단한 도구라고 생각한다. ― 글루크

몇 년 전 각종 인터넷 커뮤니티에서 하나의 밈으로 유행한 만화가 있다. 바로 그리스 로마 신화의 내용을 담은 『올림포스 가디언』인데, 깨져 버린 흥을 책임지라는 디오니소스의 말에 한 남성이 리라를 쥐고 연주를 시작한다. 그의 이름은 오르페우스로, 그가 리라를 연주하면 사람은 물론이고 온갖 동식물, 심지어 돌덩이 같은 무생물까지 귀를 기울이고 음악에 심취했다. 오르페우스는 사실 비극적 사랑 이야기의 주인공이기도 한데, 이 이야기는 현존하는 최초의 오페라 주제이자 수많은 예술가의 창작욕을 불러일으켰다.

오르페우스의 아내 에우리디케가 독사에게 물려 즉사하자 오르페우스는 아내를 되찾기 위해 지하 세계로 과감한 여정을 떠난다. 그의 용기에 놀라는 것도 잠시, 그는 리라 연주로 지하 세계의 왕과 왕비인 하데스와 페르세포네를 감동시켜 결국 아내를 데리고 가도 된다는 허락을 받는다. 다만 조건이 있었으니, 두 사람이 지상에 도착할 때까지 오르페우스가 절대로 뒤를 돌아보면 안 된다는 것이었다. "그렇게 지상으로 무사히 올라온 두 사람은 잘 먹고 잘 살았답니다"로 끝나길 바라는 우리의 기대와 달리 출구에 거의 다 왔을 즈음 오르페우스는 어김없이 뒤를 돌아보고, 그 순간 에우리디케는 다시 지하로 끌려간다. 그러나 예술은 창작이 아닌가. 글루크는 이 결말이 안타까웠는지 해피엔드로 마무리한다.

미시 마졸리, 매브 여왕을 위한 사중주
Missy Mazzoli, Quartet for Queen Mab

꿈이란 한가로운 두뇌의 산물이라고 할 수 있지. 그것이 생겨난 것은 공허한 환상이고, 그리고 환상이란 공기처럼 실속 없고 바람보다 더 변덕스러워서 북극의 얼어붙은 가슴에 사랑을 호소하다가도 분노가 치밀면 풍향을 바꾸어 이슬비가 내리는 남쪽으로 방향을 돌리지. ― 셰익스피어, 「로미오와 줄리엣」

세상에는 내가 통제할 수 있는 것보다 그렇지 않은 것이 훨씬 많으며, 우리는 종종 무의식의 지배를 받기도 한다. 이러한 인간의 본성에 많은 사람이 호기심을 가졌는지, 이에 관한 연구는 물론 영화나 소설도 많다. 우리 내면의 감정을 캐릭터로 형상화한 영화 『인사이드 아웃』은 아이 어른 할 것 없이 공감을 이끌어 내며 각자의 감정을 고찰해 볼 계기를 만들어 주었다.

매브 여왕은 사람들의 코를 통해 머릿속으로 들어가는 작은 요정으로, 뇌에 들어가 자고 있는 사람이 꿈을 꾸도록 해 준다. 「매브 여왕을 위한 사중주」에서 중간에 나오는 장식음은 연주자 사이에서 튀는 멜로디를 휘감고, 생각처럼 통제되지 않는 감정과 꿈을 표현한다.

에런 코플런드, 엘 살롱 멕시코
Aaron Copland, El Salon Mexico

> 음악을 경험하고 음악에 대한 글을 쓰는 시간이 누적될수록 이 음악의 근본적인 속성이 점점 수수께끼처럼 느껴졌다. 어디에 있는지, 어떤 촉감인지, 어떻게 생겼는지 추측조차 할 수 없는 데다 형체 없이 둥둥 떠다니는 것 같은 이 음악에 도대체 어디부터 어떻게 접근해야 할지 도무지 알 수가 없었다. ― 신예슬, 『음악의 사물들』

20세기 이후 미국 작곡가들은 미국 문화를 음악에 적극 이용하기 시작했다. 인디언의 노래와 흑인 영가, 카우보이의 노래가 음악에 자연스레 녹아들었고, 이는 곧 미국 음악의 정체성이 되었다. 에런 코플런드는 당시 미국 상황을 가장 미국적인 음악으로 풀어낸 작곡가다.

코플런드는 멕시코시티의 한 댄스홀을 방문하고 그곳에서 영감을 받아 「엘 살롱 멕시코」를 작곡했다. 물론 그 댄스홀의 이름이 '엘 살롱 멕시코'였다. 하지만 이 곡이 멕시코 음악같이 느껴지지 않는 이유는 멕시코 전통 리듬을 사용했을 뿐 전적으로 차용하지는 않았기 때문이다. 여러 문화가 혼합된 모습이 과연 미국 음악답다. 글을 쓰면서 든 생각인데, 당신에게 「엘 살롱 멕시코」의 감상을 말하지 않기로 했다. 음악을 듣고 멕시코의 댄스홀을 떠올릴 수도, 1930년대 격동의 미국을 떠올릴 수도 있다. 당신의 자유에 맡기겠다!

● **카를 슈타미츠, 플루트협주곡 G장조 작품29**
Carl Stamitz, Flute Concerto in G major Op.29

> 우리는 바흐 시대 이후에 쓰인, 본질적으로 드라마틱한 성격의 음악에 노출되어 있습니다. 그 결과 우리는 어느 작품에나 어느 정도의 드라마를 기대하고, 드라마가 느껴지지 않을 때는 실망하고 지루해합니다. — 레너드 번스타인, 『레너드 번스타인의 음악의 즐거움』

전고전파음악을 들으면 다 비슷하게 느껴진다는 사람들이 있다. "슈타미츠? 한번 들어 보자. 아, 어디서 분명 들어 본 것 같은데?" 그런 분들을 위해 만하임악파를 소개하고자 한다. 이들은 만하임의 궁정에 모인 엘리트 음악가로, 당시 이곳을 방문했던 음악가들은 그들의 수준에 적잖이 놀랐다고 전해진다. 만하임악파의 음악에는 공통된 특징이 있는데, 한숨을 표현하는 음형이라든가 새소리 같은 장식음 사용이 그것이다. 그러다 보니 만하임악파의 음악은 다 비슷하게 들릴 수밖에 없다. 듣는 귀가 없어서가 아니라 오히려 너무 좋아서이니 걱정 말자.

　만하임악파 중에서도 슈타미츠의 음악은 특별하다고 할 수 있다. 카를 슈타미츠의 아버지 요한 슈타미츠는 만하임악파의 창시자였다. 덕분에 카를은 만하임에서 나고 자랐다. 만하임 궁정의 바이올리니스트로 커리어를 쌓은 카를 슈타미츠는 수많은 기악 협주곡을 남겼고, 그중 플루트협주곡 G장조는 많은 플루티스트의 레퍼토리로 자리 잡았다.

요한 제바스티안 바흐, 무반주 바이올린 파르티타 2번 작품1004 5악장 샤콘

Johann Sebastian Bach, Partita for Violin Solo No.2 in D minor BWV.1004
5. Chaconne

> 11월의 엷은 노란빛은 사람들이 말하는 그 어떤 와인보다 더 따뜻하고 상쾌하다. — 헨리 데이비드 소로

가장 좋아하는 달을 꼽으라고 할 때 '11월'이라는 사람은 잘 만나보지 못했다. 가을이 좋다고 하면 9월이나 10월을 이야기하지 11월은 아니라고 한다. 연말의 아쉬움과 설렘이라는 모순된 감정이 좋다며 12월을 이야기하는 사람도 종종 있지만 11월은 아니란다. 11월은 어쩐지 끼인 달이다. 가을치고는 옷이 두꺼워 밖에 나다니기도 번거롭다. 가끔 내가 어딘가에 속하지 못한 채 끼인 사람처럼 느껴질 때가 있다. 그럴 땐 11월을 생각한다. 그래도 누구나 11월을 지나가니까, 남이 의식하지 못해도 나는 꼭 필요한 사람일 것이라 여기며 자기 위안을 삼는다.

11월에 어울리는 음악으로 바흐의 무반주 바이올린 파르티타 2번 중 5악장 「샤콘」을 가지고 온 것은 나를 위로하는 데 전적으로 도움이 되기 때문이다. 춤곡 모음인 이 음악은 전통적인 춤곡 형식 알망드-쿠랑트-사라반드-지그로 구성되어 있다. 바흐는 이 뒤에 스페인의 춤곡 샤콘을 붙였다. 그러니 5악장 「샤콘」은 곡의 구성에서 있어도 그만 없어도 그만인 옵션이다. 그래도 오늘날 가장 많이 연주되는 곡이 5악장이다. 이제 당신도 내가 왜 11월에 「샤콘」를 들으며 위로를 받는지 이해할 줄 안다.

프레데리크 쇼팽, 안단테 스피아나토와 화려한 대 폴로네즈 작품22 Frédéric Chopin, Andante Spianato e Grande Polonaise Brilliante Op.22

> 사회에서는 '음악'인데 개인에게는 '음악'일 수 없는 상황… 쇼팽이 살던 시대에도 여전히 쇼팽의 '음악'을 '음악'으로 들을 수 없었던 사람이 분명 있을 것이다. 그 사람이 '쇼팽'의 음악을 이해 못한다면, 그 사람은 진정으로 '음악'을 모르는 사람인가. ― 주성혜, 『음악읽기 세상읽기』

'반전 매력'이라는 말을 최근에 많이 듣는 것 같다. 이전에도 원래 이미지와 다른 모습을 발견하면 매력적이라고 느꼈겠지만 용어가 생겨나 통용된 것은 최근 몇 년 사이의 일이다. '부캐'도 비슷한 맥락이다. 분명 나인데 나와 다른 정체성을 가진 캐릭터를 더 가지고 있는 것이다. 이전이었으면 "무슨 지킬 박사와 하이드 씨도 아니고, 대체 무슨 변덕이야?"라고 했겠지만, 요즘은 겉으로 보이는 연예인의 모습과 자연스러운 일상 사이의 격차가 벌어질수록 사람들은 열광한다. 온라인과 오프라인 세상을 철저하게 구분하는 모습은 코로나19라는 천재지변이 이렇게 사람의 사고방식을 바꿔 놓을 수도 있구나 생각하게 만든다.

쇼팽의 「안단테 스피아나토와 화려한 대 폴로네즈」는 마치 본캐와 부캐를 같이 앉혀 놓은 것 같다. 앞서 얌전한 안단테 스피아나토가 곡을 시작하고, 불과 몇 초도 지나지 않아 마치 말이 달리는 것마냥 우레와 같은 건반 연타가 시작된다. 원래 관현악곡으로 작곡되었지만 피아노곡으로 더 자주 연주되는 이 곡. 반전 매력이 엄청나니 듣기 전에 단단히 준비하는 것이 좋다!

엘프리다 안드레, 바이올린소나타 내림E장조 Elfrida Andrée, Violin Sonata in E-flat major

많은 이들이 수 세기 동안 여성들을 괴롭혀 온 이 악의적이고 터무니없는 고정관념에 도전했다. 이들은 여성들도 최고의 음악을 작곡할 수 있고, 실제로 하고 있다는 사실과, 이들이 전수받은 의미론적 약호 전체를 다룰 수 있는 충분한 능력이 있음을 증명했다. — 수잔 맥클러리, 『페미닌 엔딩』

이케아, 유시 비엘링, 아바. 이름에 'ㅇ'이 들어가는 것 빼고는 전혀 연결고리가 없어 보이는 이들의 유일한 공통점은 스웨덴 출신이라는 것이다. 스웨덴이라는 나라는 익숙하지만 그 나라에 관해 아는 것은 별로 없다. 무지가 자랑은 아니지만, 스웨덴에 관해 잘 알기도 쉬운 일은 아니라고 스스로를 위로해 본다. 그러고 보니 스웨덴의 음악은 더더욱 낯설다. 클래식 음악의 본거지인 서유럽에서 빗겨나 있기 때문이다.

그래도 스웨덴 음악이라는 키워드를 보고 바로 떠오른 두 사람이 모두 여성이라는 점이 반갑다. 그중 헬레나 뭉텔은 스웨덴 최초의 여성 오페라 작곡가였고, 오늘의 주인공 엘프리다 안드레는 스웨덴 예테보리에서 대성당의 오르간을 친 유능한 연주자였다. 안드레의 바이올린소나타는 귀에 쏙 들어오는 멜로디가 매력적이다. 한 번만 들어도 흥얼댈 수 있을 정도다.

● **게오르기 스비리도프, 눈보라 Georgy Sviridov, Snow Storm**

눈은 머물러 있기에 너무 가벼웠고, 땅은 간직하기에 따뜻했다. — 섀넌 헤일, 『프린세스 아카데미: 돌의 궁전』

11월은 계획을 세우기에 가장 좋은 달이라고 한다. 한 해를 만회할 수 있는 시간이 한 달 더 남았고, 다음 해의 상황도 어느 정도 예측할 수 있는 시기이기 때문이다. 매일의 경험을 통해 깨달은 사실이 있다. 내가 아무리 노력해도 일상이 계획대로 흘러가기란 불가능에 가깝다는 것이다.

너무나도 사랑하는 사람과 결혼식을 올리는 날을 상상해 보자. 가족의 반대에 몰래 시간과 장소를 약속한 연인은 이 순간만을 기다려 왔을 것이다. 그러나 이날은 혹독하게 춥고 매서운 눈보라까지 몰아쳤다. 남자는 제시간에 도착하지 못했고, 약속 시간에 우연히 다른 남자가 도착했다. 얼떨결에 여자는 알지도 못하는 남자와 결혼식을 올렸고, 그가 자신의 연인이 아니라는 사실을 안 후에는 엄청난 실의에 빠졌다. 사랑은 타이밍이라는 말이 있듯 이미 남자는 여자가 자신의 인연이 아니라고 생각했다. 자신을 잊고 잘 지내라는 편지만 남긴 채 전투에 나선 남자는 끝내 목숨을 잃었다.

푸시킨의 소설 『벨킨 이야기』에 수록된 「눈보라」의 내용이다. 우리 삶에는 수많은 눈보라가 있다. 계획이 의미 없다는 게 아니다. 그저 우리 일상에는 우리가 통제하지 못하는 일이 있음을 인지하고 준비하자는 것이다. 오늘 하루만 해도 우연의 연속이었으니!

로베르트 슈만, 시인의 사랑 작품48
Robert Schumann, Dichterliebe Op.48

화가는 시를 그림으로 바꾸고, 음악가는 그림에 음악성을 부여한다.
― 슈만

친한 언니와 음원 스트리밍서비스 비용을 아껴 보겠다고 패키지 요금제를 이용한 적이 있다. 이메일 주소를 본 나는 곧바로 "언니 정말 슈만을 좋아하는구나!"라고 외쳤다. 본인의 생일과 슈만의 영어 철자를 합해 만든 이메일이 인상적이었다. 이메일 주소에 슈만을 넣을 정도의 사랑이라면 얼마나 좋아하는 것일까 궁금해졌다. 언니에게 슈만의 곡 중에 어떤 것을 가장 좋아하냐고 묻자 언니는 가곡이라고 답했다. 단편적으로만 기억하던 슈만의 가곡을 처음부터 끝까지 들어 본 것은 그때가 처음이었다. 슈만의 연가곡집을 검색해서 가장 많이 나온 『시인의 사랑』을 클릭했고, 첫 곡의 반주부터 홀린 듯이 빠져들었다.

음악가가 사랑의 순간에 작곡한 곡을 들으면 연애에 딱히 관심이 없는 나도 '사랑이 뭐기에 이런 곡을 작곡할 수 있을까' 궁금증이 든다. 클라라와 결혼하기 넉 달 전에 작곡한 이 가곡들은 그가 겪어 온 사랑의 감정을 서정적으로 담아낸다. 하이네 시의 화자에게 깊이 공감해 자신을 투영하며 이를 음악으로 탄생시켰다. 사랑의 시작과 실연의 아픔 그리고 공허함과 고통까지. 사랑을 담아낸 이 곡들은 초겨울에, 몸보다 마음이 따뜻해지는 시기에 듣는 것이 딱 알맞다.

에드워드 엘가, 현을 위한 세레나데 작품20 2악장 라르게토 Edward Elgar, Serenade for Strings Op.20 2. Larghetto

현존하는 가장 위대한 작곡가가 누구냐고 물으면, 난 주저 없이 엘가라고 대답할 것이다. 그의 음악은 순수하고 어떠한 영향도 받지 않은 음악이다.
― 크라이슬러

'세레나데' 하면 흔히 떠오르는 이미지가 있다. 남자가 달빛 아래 창문에 기대 여자에게 사랑 노래를 불러 주는 모습인데, 세레나데 중에서도 사랑을 속삭이는 가사가 없는 곡이 있다. 오늘의 곡은 그중 하나로, 성악곡으로 널리 알려진 세레나데가 기악곡에서는 어떤 식으로 나타나는지 잘 볼 수 있다. 사랑 노래를 의미하는 성악곡 세레나데와 달리 기악곡 세레나데는 저녁에 연주하는 가벼운 야외용 음악을 의미한다. 때문에 무겁고 진지하기보다 가볍게 듣기 좋다.

엘가는 『현을 위한 세레나데』를 세 번째 결혼기념일을 맞아 작곡했다. 그래서인지 그의 기악 세레나데는 가사가 없는데도 사랑을 속삭이는 듯하다. 그중에서도 부드러운 선율로 서정성이 강조되는 2악장은 아내를 향한 그의 사랑을 짐작게 한다. 입으로 말하는 가사나 눈에 보이는 것이 아니어도 감정이 전해진다는 것이 음악의 가장 큰 강점이 아닐까.

벨러 버르토크, 비올라협주곡
Béla Bartók, Viola Concerto

사람들은 어떻게 저런 아름다운 음악을 들으면서도 식사를 할 수 있나요?
— 유년 시절의 버르토크

작곡가의 유작을 감상하는 것은 흥미롭고 숭고한 일이다. 눈을 감는 순간에도 포기하지 않았던 악보에는 그가 음악가로서 살아온 인생과 그의 열정이 담겨 있다. 버르토크의 비올라협주곡은 그의 유작으로, 말년에 백혈병 때문에 약을 달고 살면서도 끝까지 놓지 않은 곡이다. 쓰러져 병원에 실려 가기 전에도 악보를 앞에 두고 있었다는데, 그때 작곡하던 곡이 어쩌면 이 곡이 아니었을까.

버르토크는 조국 헝가리의 음악에 큰 애정을 가지고 있었으며, 비주류였던 헝가리 민속음악을 수집하기 위해 친구 코다이와 녹음기를 들고 헝가리 전역을 돌아다녔다. 유년 시절 버르토크의 말에서도 알 수 있듯 그는 음악을 차별 없이 사랑했다. 조명받지 못한 민요를 발굴했고, 이를 자신의 음악으로 온전히 녹여 냈다. 그의 마지막이 묻어 있는 비올라협주곡에서도 음악을 향한 그의 태도가 드러난다. 비록 곡을 완성하지 못하고 스케치만 남긴 채 세상을 떠나 제자인 티보르 셸리가 완성했지만, 그가 마지막까지 이 음악과 함께했다는 사실 자체만으로도 충분히 가치가 있다.

● **다리우스 미요, 2대의 피아노를 위한 모음곡 스카라무슈 작품165b 3번 브라질 사람** Darius Milhaud, Scaramouche Suite for 2 Pianos Op.165b 3. Brazileira

여행은 나의 상상력을 불러일으키는 중요한 역할을 한다. — 다리우스 미요

언젠가 애정하는 친구가 말했다. 여행을 통해 자신을 알아 가는 시간을 갖는 것이 중요하다고 생각하기에 옷과 음식, 친구들을 만나는 비용을 아껴 여행에 투자한다고. 나 역시 일상 공간이 아닌 완전히 다른 공간에서 나를 발견하며 '나'를 더 사랑하게 된 경험을 해 봤기에 이 말에 격하게 공감했다.

전 세계를 흔든 전염병 사태는 해외여행은 물론 집 밖에 나가는 것조차 어렵게 했다. 여행사는 도착지에 탑승객을 내리지 않고 하늘 위만 왔다 가는 상품을 내놓기도 했고, 또 누군가는 여행 가는 느낌이라도 내겠다며 공항을 찾기도 했다. 여행이 주는 힘이 무엇이기에 사람들은 이토록 여행을 간절히 원할까? 아마 새로운 공간이 주는 힘과 자극 그리고 그곳에서만 가능한 생각이 아닐까 가늠해 본다.

다리우스 미요는 프로방스 출신 작곡가로, 주변 풍경과 소음에서 영감을 얻었다. 그는 자서전에서 '내 생애 최고의 행운'이라고 언급한 외교관 폴 클로델을 따라 브라질에 머무르는데, 이를 계기로 브라질에 흠뻑 빠졌다. 이 곡은 미요가 브라질의 자연과 음악에서 영감을 얻어 작곡한 곡 중 하나다. 프랑스 6인조의 일원으로, 숨 쉬는 것같이 자연스러운 음악을 작곡하고자 했던 그가 바라본 브라질을 느껴 보자. 브라질의 활기와 자연이 오감으로 느껴지지 않는가?

● **이언 클라크, 마야**
Ian Clarke, Maya(for 2 Flutes and Piano)

내가 자라투스트라로 존재하는 것을 배웠듯이 너희도 자기 자신이 되는 법을 배워야 한다. 너희는 더 이상 다른 사람이어도 안 되고, 아무것도 되지 않으려고 해서도 안 된다. 다른 사람의 목소리를 흉내 내거나 다른 사람의 얼굴을 자신의 얼굴로 생각해서도 안 된다. ― 헤르만 헤세, 『자라투스트라의 귀환』

피아니스트가 작곡한 피아노곡, 바이올리니스트가 작곡한 바이올린곡, 기타리스트가 작곡한 기타곡처럼 연주자가 작곡한 곡은 믿고 듣는 편이다. 어떻게 해야 자신의 악기가 더욱 매력적으로 보일지 아는 사람이 창조한 것은 틀림없이 아름다우리라는 일종의 믿음 때문이다.

영국의 플루티스트이자 작곡가인 이언 클라크는 1964년생으로 젊은 작곡가인 만큼 세련됨을 잘 안다. 그의 플루트곡 「마야」는 예상대로 아름답다. 특히 조화롭게 어우러지는 두 대의 플루트 음색이 마음을 편안하게 한다. 어떻게 들으면 영화음악 같기도 해서 『오만과 편견』 『작은 아씨들』같이 특정 시대상을 반영한 영화가 떠오르기도 한다. 주로 주인공이 어떤 결심을 하고 갈대밭 사이를 뛰어갈 때 이런 음악이 흐른다. 그런 장면에서 날씨는 주로 흐리다. 11월의 곡으로 이보다 알맞은 곡이 또 있을까!

구스타브 홀스트, 성 바울 모음곡 작품29
Gustav Holst, St. Paul's Suite Op.29

세상에서 가장 어려운 일은 사람이 사람의 마음을 얻는 일이다. 각각의 얼굴만큼 다양한 각양각색의 마음을. 순간에도 수만 가지 생각이 떠오르는데 그 바람 같은 마음을 머물게 한다는 것은 정말 어려운 일이다. ― 생텍쥐페리

이전에 홀스트가 점성술에 상당한 관심이 있었다고 이야기한 바 있다(3월 4일 『행성 모음곡』 참고). 나는 홀스트의 음악에서 드러나는 신비주의적 면모를 매우 사랑한다. 거슈윈이 미국의 정체성을 보여 주는 작곡가라면, 홀스트는 영국만이 가진 특유의 분위기를 가장 잘 보여 주는 작곡가다. 톨킨의 환상문학과 롤링의 『해리 포터』 그리고 타디스를 타고 시간 여행을 하는 『닥터 후』처럼 섬나라 영국의 독특하고 미스터리한 문화는 홀스트의 음악에서도 찾아볼 수 있다.

홀스트는 세인트폴 여학교에서 교사로 재직했는데, 학교 측에서 그를 위해 방음연습실을 만들어 주자 감사의 표시로 이 곡을 헌정했다. 너무나 장엄해서 마치 전쟁영화의 오프닝곡 같은 1악장 「지그」부터 영국의 전통 무곡을 담은 4악장 「다거슨」까지 이 음악은 정말 지나치게 영국적이다! 학교를 위한 음악이라는 스토리와 다소 괴리가 있지만 이 곡 자체가 주는 민속적인 분위기가 좋다.

요한 제바스티안 바흐, 마태수난곡 작품244
Johann Sebastian Bach, Matthäuspassion, BWV.244

> 독일, 아니 세계 연주계의 획기적 사건. — 후고 리만

멘델스존이 어떤 경로로 『마태수난곡』의 악보를 손에 넣었는지 여러 추측이 있지만, 가장 유력한 설은 멘델스존이 외할머니 댁에 놀러 갔다 우연히 발견했다는 것이다. 평생 운을 짧은 생에 몰아서 썼는지, 멘델스존의 삶을 들여다보면 종종 운이 참 좋다고 느낄 만한 지점을 자주 발견할 수 있다. 여기에는 문학 교사로 괴테를 초청할 정도의 재력이 집안 태생이었던 것도 한몫한 듯싶다.

멘델스존의 우연한 발견은 바흐에 대한 시대의 재평가를 이끌어 냈다. 그전까지 바흐는 대위법을 잘 이용한 교회음악 작곡가에 지나지 않았고, 간간이 음악학자가 모차르트보다 우위라고 평가하기는 했지만 오늘날만큼 권위를 얻지는 못했다. 사후 약 70년 만에 재연된 『마태수난곡』은 몇 번의 추가 연주회를 잡아야 할 정도로 폭발적인 인기를 끌었다. 독일 음악학자 후고 리만은 이를 '세계 연주계의 획기적 사건'이라 불렀지만, 어쩌면 음악사 전체를 통틀어 가장 획기적인 사건이 아닐까 싶다.

프란츠 슈베르트, 아르페지오네소나타 작품821 Franz Schubert, Arpeggione Sonata D.821

> 목록에는 완성작 외에도 오페라 세 곡에 미사곡과 교향곡이 하나씩 있습니다. 후자의 작품들을 넣은 이유는 제가 예술에서 최고를 추구한다는 사실을 귀하께 알리기 위해서입니다. — 1828년 2월 21일 슈베르트가 쇼트 출판사에 보낸 편지

한때 '어'敔라는 악기에 큰 충격을 받은 기억이 있다. 국악과 그리 친하지 않아 눈여겨보지 않았는데, 호랑이가 웅크린 형상인 이 악기의 용도는 곡의 끝맺음이다. 이 용도를 알고 더 충격에 빠졌다. 곡의 '종지'를 담당하는 이토록 중요한 악기가 대나무채로 나무 톱니를 긁어 연주하는 것이라니! 그리고 또다시 머리카락을 쥐어뜯었다. 너무나 서양음악 인사이더스러운, 폭 좁은 생각이었다.

내가 어릴 때 만든 '지글지글 타악기'(손톱으로 사포를 긁는 것인데, 이름을 붙일 정도로 애정이 있었지만 연주 중 피를 볼 수도 있다)가 역사의 뒤안길로 사라졌듯이, 인류가 지금까지 발명한 악기는 유한할 수밖에 없다. 그러니까 지금까지 살아남은 악기는 권력의 선택을 받거나 대중의 사랑을 받은 엄청난 악기인 것이다.

슈베르트의 아르페지오네소나타는 화음을 풀어서 연주하는 아르페지오 기법과 연관된 곡이 아니다. 바로 아르페지오네라는 악기를 위해 작곡한, 그 악기만을 위한 세레나데다. 1823년 게오르크 슈타우퍼가 제작한 이 악기는 여섯 개의 현으로 되어 있는데, 약 10년 정도만 사용되었다. 아르페지오네는 사라졌지만 아르페지오네소나타는 꾸준한 인기를 얻었다. 악기를 위한 곡만 남은 것이다. 역시 음악가와 악기는 죽어서 음악을 남긴다는 말이 맞나 보다.

● 안톤 브루크너, 교향곡 4번 로맨틱
Anton Bruckner, Symphony No.4 Romantic

폐하, 부디 한슬리크 선생에게 저에 대한 끔찍한 글을 그만 좀 쓰라고 해 주십시오. ― 부르크너

주위에 둘째가라면 서러울 브루크너 덕후가 있다. 늘 브루크너의 음악을 설파하고 다니는데, 그가 얼마나 위대한지부터 시작해 말러와 바그너에 필적할 만한데 역사가 몰라준다며 섭섭하다는 말로 끝난다. 몇 년쯤 듣다 보니 세뇌되었는지 몇 해 전부터 브루크너의 교향곡을 일부러 찾아 들었다. 구조분석 수업이나 음악사 시간에 꽤 많이 들었음에도 내 손으로 직접 턴테이블을 작동하니 또 다른 느낌을 받았다.

　브루크너의 음악은 호불호가 강하다. 아주 좋아하는 사람도 많지만 아주 싫어하는 사람도 많다. 그의 음악이 너무 길고 지루해서 선호하지 않는다는 것이다. 상반된 평가를 받는 브루크너는 어떤 사람일까?

　당시 빈 평단의 관심은 브람스를 중심으로 한 전통적이고 보수적인 음악가에게 쏠려 있었는데, 브루크너는 바그너와의 인연과 19세기 낭만주의적 성향으로 브람스와 대척하는 진영에 속하게 되었다. 그러다 보니 빈 음악계의 지탄이 두려워 브루크너의 음악을 연주하지 않는 경우도 종종 있었다고 한다. 때문에 브루크너는 학생들을 가르치는 일로 생계를 유지해야 했다. 1880년에 작곡한 교향곡 4번의 표제「로맨틱」은 브루크너가 직접 붙인 것이다. 낭만주의자가 작곡한 낭만은 어떨지 경험해 보길 바란다.

● **에이노유하니 라우타바라, 2개의 세레나데**
Einojuhani Rautavaara, Deux Sérénades

> 어떤 것의 마지막은 동시에 무언가의 시작인 것처럼 느껴집니다. — 힐러리 한

누군가 날 위해 곡을 남기고 세상을 떠난다면 어떤 기분일까. 심지어 그 곡이 완성되지 못한 채 나에게 전달된다면. 2021년 바이올리니스트 힐러리 한은 어디에도 공개되지 않은 곡을 세상에 선보였다. 에이노유하니 라우타바라가 그를 위해 작곡한 곡으로, 2016년 라우타바라가 세상을 떠난 뒤에야 힐러리 한에게 전달되었다. 「두 개의 세레나데」는 라우타바라의 유작으로, 제자 칼레비 아호가 마저 완성했다.

힐러리 한은 한 인터뷰에서 이 곡의 연주에 막중한 책임감을 느꼈다고 했다. 작곡가가 세상에 하려고 했던 말을 자신이 마무리해야 한다는 책임감이 무겁다고. 그리고 어떤 것을 마무리 짓는 것이 동시에 무언가의 시작인 것처럼 느껴진다고 덧붙였다.

매서운 바람이 불기 시작하는 12월을 며칠 남겨 놓지 않은 오늘이다. 이 곡에서 핀란드의 차가운 공기가 느껴지지 않는가? 라우타바라가 세상에 남기려던 메시지를 들어 보자. 힐러리 한이 마침내 마무리한 음악을 통해 또 다른 무언가를 시작할 힘을 얻을 수 있지 않을까? 힐러리 한의 말처럼 말이다.

바르바라 스트로치, 무엇을 할 수 있을까?
Barbara Strozzi, Che si può fare

> 당신이 정말로 읽고 싶은 책이 있는데 아직 그런 책이 없다면, 당신이 직접 써야 합니다. — 토니 모리슨

바로크 시대에 자신의 이름으로 작품을 출판하는 것은 크게 놀랄 만한 일이 아니었다. 그러나 당사자가 여성이라면 꽤 놀랄 일이었다. 19세기에도 여성은 이름을 가리거나 숨긴 채 악보를 출판해야 했으니까. 바르바라 스트로치는 1619년에 태어나 바로크 시대를 산 작곡가임에도 자신의 이름으로 악보를 출판했다. 비록 아버지가 큰 규모로 아카데미를 운영하는 유명 예술가였고 학생들이 바르바라의 작품을 샀다고 전해지지만, 그래도 그의 실력이 뛰어났음은 틀림없는 사실이다. 어린 나이부터 아버지의 친구들이 그의 연주에 깜짝 놀랐다는 기록과 수년간 작품 활동을 하지 않던 바르바라가 다시 작품을 냈을 때 사람들이 크게 기뻐했다는 사실로 짐작해 보았을 때 말이다.

그를 제외한 다른 여성 음악가들이 생각나서일까. 17세기에 여성이 자신의 이름으로 출판물을 냈다는 놀라운 사실을 접했음에도 마음 한편이 씁쓸하다. 남성의 도움 없이는 여성이 자신의 이름을 걸고 출판조차 할 수 없었다는 사실에 다시 한번 나의 목소리를 내야겠다는 다짐을 해 본다.

● **카렌 타나카, 라벤더 필드**
Karen Tanaka, Lavender Field

> 그녀의 음악은 섬세하고 감성적이며, 아름답고 세련됐습니다. 사소한 디테일과 커다란 유기적 형태 모두에 예민한 귀를 가졌음을 보여 주죠. ─『그로브 음악 사전』

동시대를 사는 동양 여성이 주목받는 클래식 작곡가로 자리 잡았다는 사실은 나에게 고무적인 일이다. 클래식을 두고 "죽은 음악이다" "백인 남성만의 음악이다"라는 사람들에게 조금이라도 반격할 수 있는 가능성을 제시해 주기 때문인데, 소외되고 타자화된 위치에 놓이기 십상인 동양 여성이라면 아마 공감하지 않을까 싶다. 그의 모습을 보고 '나도 할 수 있다'는 용기를 얻게 되는 것이다.

카렌 타나카는 일본 출신 작곡가로, 그의 곡은 오늘날 여러 유명 페스티벌과 라디오에서 활발하게 연주되고 있다. 자연에서 영감을 얻는다는 그의 작업물은 자연으로 가득하다. 「메아리 협곡」 「프리즘」 「바다」 「바람의 속삭임」. 그중 오늘의 곡인 「라벤더 필드」는 피아노 독주를 위한 곡으로, 나는 이 곡을 들으면 언젠가 친구와 함께 남프랑스의 라벤더밭에 함께 가기로 약속한 그날의 설렘이 떠오른다.

12월

● **엑토르 베를리오즈, 죽은 자를 위한 대미사(레퀴엠) 작품75 Hector Berlioz, Grande messe des morts(Requiem) H.75**

> 나는 레퀴엠을 작곡하고 싶은 욕망을 오래토록 간직하고 있었다. 막상 나에게 작품 의뢰가 왔을 때, 나는 일종의 분노로 나 자신을 이 작품에 던져버렸다. ― 베를리오즈, 『회상록』

12월은 3대 레퀴엠을 소개하는 것으로 시작한다. 그래도 한 해를 마무리하는 특별한 달인데 전례음악이라니, 당황스러울 독자도 있으리라. 그러나 죽은 이를 위한 미사곡인 레퀴엠은 그 장엄함 때문에 찬바람이 쌩쌩 부는 12월이야말로 감상하기에 딱 좋다. 그래서 12월의 첫 사흘에 걸쳐 3대 레퀴엠을 다뤄 보고자 한다.

"예술은 숭고하다"고들 한다. 상투적으로 쓰는 표현이기도 하지만, 예술철학에서 '숭고'는 학문의 대상이자 오늘날 예술 개념에도 큰 영향을 미친 단어다. 인간이 광대한 자연에서 느끼는 아름다움과 공포, 힘에서 비롯된 숭고의 개념은 단순히 미(아름다움)를 경험하는 것과는 다르다는 점에서 주목받았다.

레퀴엠을 감상할 때면 '숭고'라는 말이 가장 먼저 생각난다. 인간이 통제할 수 없는 죽음, 죽은 이를 기리는 사람들의 합창. 공포와 아름다움이 공존하는 이 감정을 가장 잘 표현하는 음악이 레퀴엠 아닐까. 이전부터 레퀴엠 작곡에 열망을 갖고 있던 베를리오즈는 이 대곡을 3개월 만에 완성했다. 작품의 줄거리가 가슴에 와닿을 때까지 전혀 스케치하지 않았다는 그가 이렇게 빠른 시간 안에 역사에 길이 남을 레퀴엠을 작곡할 수 있었던 것은 인간이기에 느끼는 숭고함을 음악에 그려 냈기 때문이 아닐까.

주세페 베르디, 레퀴엠
Giuseppe Verdi, Requiem

작곡가는 자신의 음악을 대할 때 스스로가 해석한 가사에 자신만의 음악적 방식으로 접근해야 한다. 그리고 다양한 종교가 시대와 지역에 따라 시작과 발전, 변화와 수정이 있어 왔다면, 종교음악도 종교 정신과 방식을 그 시대의 요구대로 반영하되 작곡가의 개성이 각인되어 표현되어야 한다.
— 베르디가 자신의 『레퀴엠』을 향한 평론에 대해 남긴 말

레퀴엠이 레퀴엠으로 불리는 이유는 그 가사에 있다. 레퀴엠은 죽은 이를 위한 추도 미사에서 연주되는 음악으로, 미사의 첫 곡인 입당송의 첫 가사 'Requiem æternam dona eis, Domine'(주여 그들에게 영원한 안식을 주소서)에서 따온 것이다.

사실 종교음악이 공연 무대에 오르는 것은 특별한 일이다. 그러나 레퀴엠은 오늘날 공연 음악으로 관객과 만나며, 심지어 인기 레퍼토리로 자리 잡았다. 레퀴엠이 처음부터 공연 음악으로 활용된 것은 아니다. 17세기 전까지는 레퀴엠의 가장 극적인 부분인 「분노의 날」이 없었고, 모차르트의 레퀴엠이 오케스트라가 함께 구성된 최초의 레퀴엠이었다. 그러나 18세기 이후 오페라와 같은 대규모 음악이 유행을 끌면서 레퀴엠도 변화했다. 극적인 부분이 강조되고 악기와 합창의 규모가 대폭 커졌다. 1874년 베르디의 레퀴엠 초연 무대에는 220명의 합창단과 100여 명의 오케스트라 단원이 동원되었고, 이에 대한 평론가의 반응은 완전히 반으로 갈렸다. 가사와 어울리지 않는 고함과 울부짖음이었다는 평과 천재의 작품이라는 평 등 극단적으로 나뉘었지만, 이 작품을 시작으로 레퀴엠이 공연 무대에 오르게 되었다.

● **볼프강 아마데우스 모차르트, 레퀴엠**
Wolfgang Amadeus Mozart, Requiem

> 우리는 모차르트에 대한 진실을 결코 알 수 없다. 우리가 진리라고 생각하는 것은 상상 속 이미지이며 음악만이 진실을 담고 있다. ─ 니콜라우스 아르농쿠르

영화 『아마데우스』를 보고 기억에 남는 것은 딱 두 가지다. 하나는 모차르트 역을 맡은 배우 톰 헐스의 경박스러운 웃음소리, 다른 하나는 레퀴엠. 웃음소리와 레퀴엠이라니! 안 어울려도 너무 안 어울린다. 어쩌면 모차르트의 삶은 상반된 두 키워드로 요약될 수 있지 않을까 싶다. 아버지에게 혹독한 음악교육을 받으며 천재로 길러진 그는 아이 같은 천진함을 가졌지만, 결국 죽을 때까지 음악과 함께여야 했다. 세상이 모차르트를 사랑하는 데는 이런 극적인 삶의 내러티브도 큰 몫을 한다.

1791년 모차르트는 한 귀족의 의뢰를 받고 레퀴엠 작곡에 착수하지만, 이른 죽음으로 곡을 끝마치지 못한다. 그 레퀴엠을 제자 쥐스마이어가 마저 완성하는데, 따지고 보면 모차르트가 작곡한 부분보다 쥐스마이어의 손길이 닿은 부분이 더 많기에 모차르트의 레퀴엠이라 하기엔 살짝 어폐가 있다. 그래도 모차르트의 레퀴엠은 합창과 독창, 오케스트라가 모두 있는 근대식 레퀴엠의 시작을 알린 중요한 작품이다. 내가 모차르트의 제자였다면 이런 역사적인 음악 제작에 참여했다는 사실 자체에 엄청난 자신감을 가졌을 것 같다.

요한 제바스티안 바흐, 파스토랄레 작품590
Johann Sebastian Bach, Pastorale BWV.590

> 우리 요정들이 마음에 들지 않으셨다 해도 이것만은 잊지 말아 주세요. 여러분이 잠시 꾸벅 조시는 동안 꿈을 꾼 것이라고. 그러심 모든 게 괜찮아질 거예요. 여러분, 한갓 꿈에 지나지 않은 이 초라하고 하찮은 연극을 너무 꾸짖지는 말아 주세요. ― 셰익스피어, 『한여름 밤의 꿈』

예술을 공부하다 보면 신화와 친해질 수밖에 없다. 예를 들어 슈베르트의 가곡 「아틀라스」는 지구를 짊어진 아틀라스의 불행을 노래했고, 신을 배신한 죄로 매일 독수리에게 간을 뜯어 먹히는 프로메테우스는 많은 화가의 뮤즈가 되었다. 내가 아틀라스니 프로메테우스니 하는 어려운 이름을 술술 말할 수 있는 것은 『만화로 보는 그리스 로마 신화』덕이다. 한때 전권을 보유하고 있었는데, 어디로 간 건지 도저히 찾을 수가 없다. 아마 엄마의 '쓸데없어 보이는 것 청산하기' 습관이 여기까지 침범했을 가능성이 크다.

　만화 등장인물 중 제일가는 한량(처럼 보이는) 판은 목동과 가축을 보호하는 어엿한 목신牧神이다. 판은 산과 들을 휘젓고 다니며 관악기 같은 것을 불었다. 이 악기는 판의 이름을 따서 팬플루트라 불렸고, 파이프오르간의 가장 초기 형태로 본다.

　파스토랄레는 전원적인 분위기의 기악곡이나 성악곡을 의미한다. 이 장르가 시칠리아의 양치기가 부는 피리 소리에서 출발했다는 이야기를 들은 이후부터 파이프오르간으로 연주하는 파스토랄레를 좋아하게 되었다. 매일 요정의 뒤꽁무니만 쫓던 판이 없었다면 파스토랄레도 없었을 거라 생각하니 괜히 얄밉다.

자코모 푸치니, 라 보엠―내가 거리를 걸을 때면 Giacomo Puccini, La Bohème―Quando me'n vo

> 그 시절에 대해 말해 줄게요. 스무 살이 안 된 사람들은 알 수 없는, 그 시절의 몽마르트를 ― 샤를 아즈나부르, 「라보엠」

19세기 파리에는 관습에 얽매이지 않는 보헤미안이 있었다. 이들은 주로 예술가였으며, 지독히 가난하고 병과 죽음 가까이에 있었다. 이런 보헤미안의 삶을 그린 『라 보엠』은 국내는 물론이고 세계적으로 사랑받는 오페라다.

친구와 『라 보엠』을 관람한 적이 있다. 퇴근하고 와서 피곤했는지 내내 졸던 친구가 처음으로 눈을 말똥말똥 뜬 순간은 무제타가 「내가 거리를 걸을 때면」을 부를 때였다. 무제타가 옛 연인 마르첼로의 질투심을 유발하기 위해 부르는 곡으로 "내가 반짝거리는 옷을 입고 걸을 때 남자들이 다 나를 쳐다보지"라며 남자를 양옆에 끼고 교태를 부린다. 공연장을 나서며 친구는 이 곡이 가장 마음에 든다고 했고, 나는 열심히 고개를 끄덕여 주었다.

이전에 수없이 연습했던 곡이지만, 조금 더 머리가 크고 난 뒤로는 잘 듣지도 부르지도 않는다. 스스로를 대상화하는 유혹의 몸짓이 불편하게 느껴져서다. 최근 오페라와 페미니즘에 관한 논의를 적극적으로 들여다볼 필요가 여기에 있다. 오페라가 더 사랑받는 장르가 되기 위해서 창작자는 어떤 것을 취하고 어떤 것에서 과감하게 눈을 돌려야 하는가.

헤르만 비프팅크, 켈트 모음곡 1번 옛날이야기들 Herman Beeftink, Celtic Suite 1. Tales of Old

타샤의 어머니는 180센티미터쯤 되는 울타리를 짜서, 마블헤드의 장미정원에 둘러쳤다. 키 작은 나무들이 메사추세츠해안가의 바람을 맞지 않도록 하기 위해서였을 것이다. 물론 여러 해가 지난 후 타샤는 메모를 남겨서 그 비법을 손자에게 전수해 주었다. ― 타샤 튜더·토바 마틴,『타샤의 정원』

"「옛날이야기들」은 제목에 충실하다. 음악은 우리를 스코틀랜드의 작은 오두막으로 데려간다. 그곳에서 우리는 할머니의 옛날이야기를 듣는다. 타닥타닥 장작 타는 소리에 기분이 좋다. 4악장의 피콜로 독주는 할머니가 소녀였을 때 함께 염소젖을 짜던 친구에 관한 에피소드를 늘어놓는다. 늙은 손을 쓰다듬으며 이 손이 조금 더 어렸을 때의 기억을 더듬는다."

이상 내 감상평이다. 어떤가? 지나치게 감상적이지만 용기를 내어 유튜브에 댓글을 남겨 볼 생각이다.

현대음악가의 음악을 듣는 것이 즐거운 이유는 쌍방향 소통에 있다. 책에서만 만날 수 있는 역사적 인물보다 친밀감이 느껴지는 것은 물론이고 실제로 곡에 관한 궁금증을 물을 수도 있다는 것이 특장점이다. 비프팅크는 직접 유튜브 채널을 운영하고 있는데, 가끔 답글도 달아 준다. 만약 이야기를 길게 나눌 수 있다면, 그가 다름 아닌 켈트족의 이야기를 선택한 이유를 묻고 싶다. 그에게 이 곡이 어떤 의미인지, 가장 처음 들려준 사람은 누구인지 등 직접 대화해 보지 않으면 알 수 없는 이야기를 밤새 나누고 싶다.

후기: 답글은 안 달렸지만 하트를 받았다!

● **프랑시스 풀랑크, 첼로소나타**
Francis Poulenc, Cello Sonata

> 진정 치열하고 진실해야 한다. 어느 한 사람에게 진실한 것이 결국 모든 사람에게 진실하기 때문이다. — 오귀스트 로댕

단 몇 마디만 나누어 보아도 결이 보이는 사람이 있다. 작곡가의 언어는 음악이다. 그들은 음악으로 대화한다. 풀랑크의 첼로소나타를 듣다 보면 한 번도 만나지 못한 그가 친숙해진다. 특히 1악장은 매우 익살스러운데, 풀랑크는 틀림없이 센스 있는 사람이었을 것이라 마음대로 추측해 본다. 풀랑크의 주특기는 대규모 곡이 아니다. 그는 가곡이나 소나타 같은 소품 작곡에 재능이 있었다. 비슷한 시기에 함께 활동한 또 다른 프랑스 작곡가 라벨과 비교하지 못하는 까닭도 여기에 있다. 풀랑크의 음악은 작고 아기자기하고 재미있다.

나는 늘 이 곡을 첼리스트 피에르 푸르니에의 연주로 들었다. 단순히 풀랑크가 이 곡을 푸르니에에게 헌정했기 때문에 그의 연주가 다른 연주보다 의미 있을 것이라는 고정관념에서였다. 이 글을 쓰다 첼리스트 브뤼노 필리프가 퀸엘리자베스 콩쿠르에서 연주한 장면을 보았다. 푸르니에와 180도 다른 해석이라 굉장히 신선했다. 반면 첼리스트 피터르 비스펠베이의 연주는 푸르니에보다 더 유려했다. 연주가 왜 해석의 행위인지 다시금 깨닫는다.

파울 힌데미트, 교향곡 화가 마티스
Paul Hindemith, Symphony Mathis der Maler

청중이 그림을 보고 있을 때와 같은 마음 상태를 전달하고자 했다. — 힌데미트

'화가 마티스' 하면 대부분이 앙리 마티스를 떠올린다. 많은 이의 예상과 달리 힌데미트에게 영감을 준 마티스는 독일 화가 마티아스 그뤼네발트다. 르네상스 화풍의 정점을 찍은 마티아스는 가난한 자의 편에 선 예수의 모습을 벽화에 담았는데, 이 작품에 크게 감명받은 힌데미트가 그의 생을 담은 오페라 『화가 마티스』를 작곡한 것이다.

1933년 독일은 큰 변환기를 맞는다. 나치의 집권으로 독재체제에 접어들었고, 나치가 내세우는 예술관에 어긋나는 예술가는 탄압받았다. 힌데미트는 무조성음악보다 조성음악 그리고 실용적인 음악을 작곡했기에 나치가 정해 놓은 '퇴폐적인 음악'에 속하지 않았음에도 나치 정부의 선전상宣傳相이었던 괴벨스에게 비판받았다(여기에는 아내가 유대인이고 유대계 음악가와 친했다는 점도 한몫했을 것이다).

이 상황의 중심에 놓인 곡이 바로 교향곡 「화가 마티스」다. 이 곡을 의뢰한 지휘자 푸르트벵글러는 나치에 협조적이었음에도 기자회견까지 열어 가며 힌데미트의 「화가 마티스」를 연주했다. 약자의 편에 선 예수를 그린 화가와 외부 권력의 탄압을 겪으면서도 그 화가의 모습을 담아낸 음악가. 예술의 역할이 마음에 다시 한번 다가온다.

루트비히 판 베토벤, 11개의 바가텔 작품119
Ludwig van Beethoven, 11 Bagatelles Op.119

> 베토벤, 특히 베토벤에 대한 비판은 작곡가란 어때야 하는지에 대한 모든 사람의 생각을 바꾸어 놓았습니다. 영감을 받을 때만 작곡하는, 자기표현을 추구하는 예술가 이미지를 만들어냈죠. —『그라우트의 서양음악사』

바가텔은 '사소한' '소박한'이라는 뜻을 가진 단어다. 강력하고 열정 넘치는 작곡가로 우리에게 인식된 베토벤이 '사소하고 소박한' 음악을 작곡했다니, 조금 상상하기 어렵다. 사실 베토벤은 후대 작곡가에게 바가텔의 롤 모델이 될 만큼 그 본질을 꿰뚫은 작곡가였다. 작은 것에 관심을 갖고 아름다움을 찾아내 음악에 적절하게 녹여 냈다.

바가텔은 뜻답게 가볍고 서정적인 피아노 소품곡이다. 베토벤의 바가텔 중 가장 유명한 것이 바로「엘리제를 위하여」로 잘 알려진 바가텔 25번이다. 바가텔에서는 그의 음악 양식의 변화를 느낄 수 있다. 오늘의 곡인『11개의 바가텔』은 1번부터 6번 그리고 7번부터 11번까지 두 부분으로 나뉘는데, 앞부분은 1803년에 스케치를 마무리했고 뒷부분은 1821년에 마무리했다. 마지막 11번은 출판을 위해 1822년에 추가했으니, 열한 개의 작품을 18년에 걸쳐 작곡한 것이다.

베토벤의 만년은 우리가 아는 강한 작곡가의 이미지가 아니다. 몸도 정신도 망가질 대로 망가졌다. 이 곡은 그가 합창교향곡에 착수한 시기인 1822년에 완성되었다. 역사에 길이 남은 강렬한 대곡과 이토록 대조적인 음악이라니. 그가 세상을 대하는 태도가 여느 사람과 다르지 않았음이 느껴지지 않는가. 대단한 것을 따르다가도 가끔 사소한 것의 아름다움에 감동하는 태도 말이다.

● **잔 시벨리우스, 핀란디아 작품26**
　Jean Sibelius, Finlandia Op.26

겨울은 뒤돌아보지 않고는 떠나지 않는다. ― 핀란드 속담

머라이어 캐리는 매년 크리스마스 때마다 「올 아이 원트 포 크리스마스 이즈 유」All I Want for Christmas Is You로 엄청난 저작권료를 받는다고 알려졌는데, 처음 발매된 1994년 이후 26년간 꾸준히 사랑받은 탓에 '캐럴 연금'이라는 별명이 붙기도 했다.

　클래식에도 잘 만든 음악 한 곡으로 연금을 받은 작곡가가 있다. 물론 그는 저작권료가 아닌, 정말 국가로부터 연금을 받았다. 바로 오늘의 곡 「핀란디아」로 평생 연금을 받은 시벨리우스다. 제목에서도 살펴볼 수 있듯 교향시 「핀란디아」는 러시아에 대한 저항 정신을 고취하며 핀란드 제2의 국가라고 불릴 정도로 핀란드에서 큰 사랑을 받았다. 그가 1930년에 작곡 활동을 멈춘 이유에 대해 '「핀란디아」로 성공을 거두고 연금을 받아서 돈이 부족하지 않아 곡을 쓸 필요성을 못 느낀 탓'이라고 할 만큼 이 곡은 엄청난 인기를 끌었다.

　벌써 겨울 한가운데에 와 있는 것 같다. 마치 핀란드의 설원에 있는 것처럼. 시벨리우스의 음악에서는 핀란드의 풍경이 느껴진다. 사람들의 표정과 뾰족한 나무 그리고 눈.

세르게이 라흐마니노프, 교향곡 2번 작품27
Sergei Rachmaninoff, Symphony No.2 Op.27

> 내가 교향곡을 작곡했어. 정말로! 한 달 전에 작곡을 마무리하자마자 제쳐뒀어. 이건 나에게 큰 걱정거리였고, 이것에 대해 생각하지 않을 거야.
> — 1907년 2월 라흐마니노프가 친구에게 보낸 편지

피아니스트에게 존경의 대상이자 두려움의 대상인 라흐마니노프. 그에게도 흑역사가 있으니, 스물다섯 살이던 1898년 첫 작곡발표회에서 연습 부족으로 연주를 엉망으로 한 것이다. 자괴감으로 그 후 3년간 작곡에 손을 대지 않았다고 전해지며, 요양이 필요할 정도로 힘든 시간을 보냈다. 심지어 교향곡 1번을 작곡한 후에는 악평에 시달리다 신경쇠약에 걸렸다니, 그가 자신의 음악성을 의심하고 찾아가는 과정이 얼마나 고됐을지 더 말하지 않아도 알 듯하다.

첫번째 교향곡의 참담한 실패로 작곡에 큰 두려움을 느낀 라흐마니노프는 최면요법으로 정신건강을 회복했고, 이후 피아노 협주곡 2번으로 재기에 성공한다. 이후 기분 좋은 마음으로 가족과 드레스덴으로 떠난 후 작곡한 곡이 바로 교향곡 2번이다. 교향곡 1번을 작곡하고 10년 만이다.

길지 않은 시간을 살았지만 그동안 깨달은 것이 하나 있다. 신은 딱 내가 감당할 수 있을 만큼의 힘듦만 준다는 것. 그리고 그것을 이겨 내면 사탕같이 달콤한 시간이 기다리고 있다는 것. 라흐마니노프도 같은 생각을 했을까. 대작곡가의 삶에서 내 깨달음이 맞음을 확인받은 듯하다.

마누엘 폰세, 로맨틱 소나타
Manuel Ponce, Sonata Romántica

기타를 사랑했던 슈베르트에게 바치는 오마주. — 이 곡에 부제로 남긴 글귀

음악가의 우정은 참 깊은 인상을 남긴다. 작곡가는 연주자 친구를 위해 곡을 써 주기도 하고, 연주자는 작곡가 친구의 곡을 연주해 주기도 한다. 이들이 만들어 내는 음악은 둘의 관계는 물론 서로에 대한 이해를 돕기 때문에 편지 같은 역할을 한다. 1923년 마누엘 폰세는 자신의 음악 인생에 충격을 가져온 연주를 접한다. 바로 전설적인 기타리스트 안드레스 세고비아의 연주였는데, 이후 두 사람은 서로에게 영감이 되는 좋은 동료 관계로 성장한다. 어느 날 폰세는 세고비아를 위해 한 쌍의 소나타를 만든다. 「클래식 소나타」와 「로맨틱 소나타」. 그중 「로맨틱 소나타」에는 폰세가 사랑했던 사람들의 이야기가 담겨 있다.

폰세는 애정하는 친구를 위한 이 곡을 자신이 존경한 작곡가 슈베르트를 향한 오마주로 작곡했다. 몇몇 군데에서 슈베르트의 모습이 보이기도 하고, 그만의 스타일이 드러나기도 한다. 슈베르트의 섬세함과 감미로움이 묻어나는 이 곡과 함께 따뜻한 차를 즐겨 보자. 겨울이야말로 기타 선율을 느끼기에 딱인 계절 아닌가!

힐데가르트 폰 빙겐, 오르도 비르투툼
Hildegard von Bingen, Ordo Virtutum

내가 보았던 비전은 꿈속에서 얻은 것도, 정신적 혼란 상태에서 얻은 것도 아니다. 육신의 눈으로 보거나 외적 인간의 귀로 들은 것도, 외진 곳에서 본 것도 아니다. 깨어 있는 상태에서 맑은 정신으로, 인간 내면의 귀로 그리고 하느님이 원하시듯 보통 사람들이 드나드는 곳에서 얻었다. — 폰 빙겐, 『세계와 인간』

최초의 여성 작곡가는 누구일까? 각종 야생 과일을 채집하면서 흥얼거리던 그 여성은 누구였을까. 인류 최초로 음악을 만든 여성에 관해서는 전혀 아는 바가 없지만, 최초의 여성 작곡가로 '역사에 기록된' 여성은 잘 안다. 힐데가르트 폰 빙겐은 작곡가뿐만 아니라 철학자였으며, 의사이자 예언자였다. 이외에도 여러 직업이 있었는데, 대표 직업을 뽑자면 수녀였다. 새삼 얼마나 똑똑했으면 중세 유럽의 수녀가 이러한 족적을 남겼을까 싶다. 그가 작곡한 음악이 남아 있는 것은 기적이다.

천 년 전에 살았던 사람이라 기록을 무조건 믿으면 안 되겠지만, 전해지는 바에 따르면 그는 태어날 때부터 신의 아이로 점지되었다. 그의 부모는 꿈에서 받은 계시에 따라 그를 베네딕트회 수도원에 보냈고, 평생을 그곳에서 살았다. 힐데가르트의 대표작인 『오르도 비르투툼』은 최초의 도덕극으로, 악마에 대항해 싸우는 각종 덕행을 담았다. 재미있는 것은 등장인물이 '인물'이 아니라 '개념'이라는 것이다. 이중 가장 큰 역은 다름 아닌 '겸손'이다.

● **알렉산드르 스크랴빈, 24개의 프렐류드 작품11 Aleksandr Skryabin, 24 Preludes Op.11**

> 음악은 이 세상 전체를 바라보는 유일무이한 계획과 연결될 때만이 비로소 메시지가 되고 중요성을 갖지. ─ 스크랴빈이 친구에게 보낸 편지

쇼팽은 오늘날에도 사랑받는 불후의 음악가이지만, 당대 음악가들의 음악가이자 스타이기도 했다. 스크랴빈은 베개 아래에 쇼팽의 악보를 넣어 놓을 만큼 그를 존경했는데, 『24개의 프렐류드』는 쇼팽에 대한 사랑이 극에 달했을 때 작곡했다. 그렇다고 해서 그가 쇼팽을 맹목적으로 따라한 것은 아니다. 그 안에는 분명한 스크랴빈의 흔적이 보이고, 심지어 매력적이다. 그래서 내가 이 곡에 느끼는 아쉬움은 쇼팽의 프렐류드(10월 26일 자)에서 느낀 것과 비슷하다. 바로 한 곡 한 곡이 너무 짧다는 것!

프렐류드를 작곡한 전기보다 신비주의에 흠뻑 빠졌던 후기의 음악이 더 자주 언급되는 것은 후기 음악이 '신비 코드'*와 같은 화성법 역사에 길이 남을 소리를 담고 있기 때문이다. 스크랴빈 스타일 하면 후기의 곡을 예로 드는 것 역시 같은 맥락에서다.

어느 시기의 스크랴빈을 더 선호하는지는 취향의 문제겠지만 나는 젊을 때의 음악이 더 좋다. 말년의 스크랴빈은 레만 호수 위를 걷다 익사할 뻔하는 등 각종 엽기적인 행보를 보였다. 가끔 쇼팽을 닮은 그의 전기 음악을 듣다 보면 '어쩌다 이런 분이 하늘에까지……'라는 생각이 든다(아내와 함께 하늘을 나는 실험을 한 것은 유명한 이야기다).

---

* 3도로 쌓인 기존 화음과 달리 감4도, 완전4도, 증4도 관계의 음정을 4도로 쌓아 올린 화음. 관현악곡 「프로메테우스 작품60」에 처음 쓰여 프로메테우스 코드라고도 불린다.

클로드 볼링, 바로크와 블루
Claude Bolling, Baroque and Blue

"어디로 가지요?" 키잡이가 묻자 슈투프스가 대답했다. "두 시 방향! 동, 서, 남, 북 쪽으로!" "알겠습니다!" 키다리 마티아스 갈리가 소리쳤다.
— 미하엘 엔데, 『니젤프림과 나젤큐스』

클로드 볼링의 크로스오버곡 「바로크와 블루」의 주제 선율은 언제 들어도 유쾌하다. 장 피에르 랑팔의 화려한 플루트 연주가 귀를 감싸는 순간 꿈속을 걷는 듯한 기분이 드는 것이다. 그래서 학교 다닐 땐 이 곡에 많이 의지했다. 꿈속이라고 위로하지 않으면 도저히 발걸음이 떼어지지 않았기 때문이다. 학교 앞에 서면 한숨이 푹푹 나왔지만, 겨우겨우 강의실로 나를 이끈 것은 대충 7할이 이 음악이었다.

콜센터 통화대기음이나 라디오 오프닝곡으로 자주 쓰여 익숙한 이 곡은 최근 유튜브의 배경음악으로도 각광받고 있다. 특히 지식 전달 콘텐츠의 단골 배경음악이라 '이 곡이 정통 클래식보다 지적인 이미지를 주나?' 하는 생각을 잠깐 하기도 했다. 어쨌든 재잘거리는 듯한 음악이 여러 군데에서 들려오니 참 좋다. 크로스오버곡인 만큼 재즈도 클래식도 아닌 애매한 작품이라는 이미지도 있지만. 뭐 어떠랴, 클로드 볼링은 클래식 피아니스트였다가 재즈 피아니스트로 정착한 음악가이니 그의 음악도 그런 거겠지 생각하고 말았다.

얼마 전 볼링이 세상을 떠났다. 사랑스러운 음악을 만들던 사랑스러운 사람들이 자꾸 어딘가로 돌아가는 것이 마음 아프다. 그러나 음악만큼은 불후의 클래식 명곡처럼, 재즈 스탠더드처럼 오래 기억되어 누군가의 등굣길을 책임져 주었으면 한다.

카미유 생상스, 서주와 론도 카프리치오소
Camille Saint-Saëns, Introduction et Rondo Capriccioso

그럼에도 불구하고 싯다르타, 너를 높이 생각한다. 그토록 오랜 세월을 어리석게 보내고도 갑자기 자각하고, 무엇인가 하고, 가슴속의 새가 노래하는 소리를 듣고 그 새를 쫓아간 것에 대해 높이 생각한다. ― 헤르만 헤세, 『싯다르타』

대부분의 음악은 들을 때마다 감상이 달라진다. 감상은 개인의 역량이니 곡을 듣고 어떻게 느끼든 혹은 아무것도 느끼지 못하든 큰 상관이 없다. 그날의 기분, 몸 상태, 심지어 먹은 음식과 장소에 따라서도 달라진다. 지난번에 듣고 울림을 경험한 곡을 다시 들었다 그때의 감정을 느끼지 못해 실망한 적이 한두 번이 아니다. 그러나 12월 16일에 듣는 「서주와 론도 카프리치오소」는 저절로 숙연한 감상이 이어진다. 비단 생상스의 기일이어서만은 아니고, 계절이 주는 우울함도 한몫하는 것 같다. 게다가 연말이다. '무언가의 끝'이라는 시간개념이 주는 공허함은 더 크고 가까이 다가온다. 속이 텅텅 비어 시끄러운 깡통마냥 왕왕대기는 하는데 도통 제대로 하는 것 없이 올해를 마무리하는 것 같다.

생상스가 전설적인 바이올리니스트이자 작곡가 파블로 데 사라사테에게 헌정한 이 곡은 사라사테가 4월, 그러니까 한창 봄에 초연한 곡이다. 하지만 나는 12월 16일만 되면 기일을 기리듯 이 곡을 듣는다. 아무리 들어도 질리지 않는 데다가 역동적이라 그런지 여전히 생상스가 어딘가에서 음악을 만들고 있을 것만 같은 착각이 든다. 왜 낭만주의 시대의 수많은 철학자가 음악을 절대적 진리를 넘어서는 초월적인 예술로 인식했는지 이해가 된다.

● **알렉산드르 글라주노프, 동양풍의 광시곡 1번** Aleksandr Glazunov, Oriental Rhapsody No.1

하루하루가 아니라 매 시간 실력이 늘고 있다. — 림스키코르사코프

내가 만약 어느 분야에서 눈에 띄는 천재라면 '천재 소녀!'라는 수식을 달고 각종 매체에 나가 방송인이 되거나 학업에 정진해 대한민국 최초의 노벨물리학상(맹세코 물리학자가 되고 싶었던 적은 없다, 그냥 있어 보여서 적어 봤다) 수상자가 되었을지도 모르겠다. 엄청난 온라인 플랫폼을 만들어 세계적으로 영향력 있는 사람이 되는 것도 괜찮은 옵션이다. 상상은 언제나 즐겁지만 안타깝게도 천재로 태어나지 못했기에 다음 생을 노리는 수밖에.

글라주노프는 틀림없이 천재였을 것이다. 사제지간으로 출발해 훗날 음악적 동료가 된 림스키코르사코프는 글라주노프를 두고 매 시간 실력이 느는 재원이라고 말했다. 실제로 글라주노프는 악보로 남아 있지 않던 보로딘의 『이고리 공』을 단 한 번 듣고 기보해 내기도 했다. 모차르트도 성당에서 한번 들은 곡을 오로지 기억에만 의존해 완벽하게 기보했다고 한다. 그 덕에 성당이 오랜 시간 봉인해 온 신비스러운 음악이 세상에 알려졌다니, 이런 걸 보면 천재끼리는 비슷한 일화를 공유하는 것도 같다. 비록 알코올중독자로 좋지 않은 말년을 보냈지만, 작곡가로서 글라주노프의 가치는 우리가 그를 기억하는 것보다 훨씬 뛰어난 듯하다. 덧붙여 림스키코르사코프의 교향곡 『셰에라자드』를 흥미롭게 들은 사람이라면 분명 이 곡도 좋아할 것이다.

모리스 라벨, 볼레로
Maurice Ravel, Bolero

나는 일을 천천히 조금씩 했다. 그리고 그걸 조각조각 찢어 버렸다. — 라벨

나는 음악가인 부모 밑에서 자라 현재 음악을 공부하고 있다. 덕분에 부모님이 다른 직업을 가진 친구들보다 음악을 좀 더 친숙하고 다양하게 접할 수 있었다. 살아온 환경은 그 사람의 성향을 결정하는 중요한 요소가 된다. 작곡가의 경우 그것이 음악에 나타나기도 하고, 연주자의 경우 연주 스타일에 반영되기도 한다.

라벨의 어머니는 스페인계였다. 라벨이 태어난 곳도 스페인과 프랑스 경계 근처의 작은 마을이었고, 그는 어렸을 때부터 스페인 음악을 친숙하게 접하며 자랐다. 드뷔시를 잇는 프랑스의 작곡가로 자리 잡은 그는 스페인에서 영감을 받은 작품도 종종 작곡했다. 그중 하나가 「볼레로」인데, 볼레로는 스페인과 쿠바에서 유래한 춤곡이지만 춤곡답지 않게 느린 박자가 특징이다.

라벨의 「볼레로」는 스네어드럼의 반복적인 리듬으로 시작된다. 이 리듬은 곡의 처음부터 끝까지 배경처럼 자리하며, 뒤따라 등장하는 플루트가 음악 전체에 걸쳐 반복되는 주제 선율을 연주한다. 계속해서 같은 리듬, 같은 주제 선율이 반복되기 때문에 감상하는 사람의 뇌리에 강하게 남을 수밖에 없다. 춤곡이라는 것이 믿기지 않을 만큼 느리고 반복적인 이 작품은 놀랍게도 원래 발레 공연을 위해 작곡되었다.

프레데리크 쇼팽, 에튀드 작품25 11번
겨울바람 Frédéric Chopin, Étude Op.25 No.11 Winter Wind

> 피아노를 연주하기 위해 무익하고 지루한 연습법을 익히는 것은 산책을 하기 위해 머리로 걷는 법을 배우는 것과도 같다. — 쇼팽

언젠가 피아노를 전공하는 친구가 이 곡을 연주하는 모습을 보고 홀딱 반해 나도 연습하겠다며 난리를 피운 적이 있다. 음원이 아닌 라이브로 음악을 감상한 그 순간이 중학생 때였음에도 생생하게 기억난다. 첫 네 마디의 잔잔함과 완전히 대비되는 이후의 움직임이 어린 나이에도 강렬하게 다가왔다.

연주회에서도 종종 만나 볼 수 있는 쇼팽의 에튀드 11번 「겨울바람」. 에튀드는 본래 연주용이 아닌 연습용으로 작곡되었다. 그중에서도 가장 유명한 것이 바로 쇼팽의 에튀드로, 그 인기 때문에 사람들은 종종 쇼팽이 에튀드라는 장르를 창시했다고 오해한다.

비록 쇼팽이 에튀드의 창시자는 아니지만, 에튀드에 미친 영향은 창시자보다 더 클지도 모른다. 그가 에튀드를 개인 연습실 밖으로 끌어냈기 때문이다. 그의 에튀드가 잘 알려진 이유는 연습곡임에도 공연에서 연주될 만큼 예술적 요소가 더해졌기 때문이다. 그가 이렇게 한 장르의 위상을 바꿔 놓은 것은 비단 에튀드만이 아니며, 발라드를 포함한 여러 장르가 쇼팽에 의해 대중에게 널리 알려졌다.

이 곡을 작곡할 당시 쇼팽은 폐결핵을 앓았고, 그로 인해 연인이었던 보진스키와도 헤어져 매우 힘든 시간을 보냈다. 정신적 육체적으로 힘들었을 쇼팽은 내면에 바람이 휘몰아치는 고통을 음악에 온전히 담아내려 하지 않았을까.

윌리엄 볼컴, 우아한 유령
William Bolcom, Graceful Ghost

> 당신만이 나의 음악에 날개를 달아 줄 수 있었지. 이제 모든 것은 끝났어. 위대한 나의 밤의 음악은. — 가스통 르루, 『오페라의 유령』

이 곡의 제목을 알게 된 것은 음악을 처음 접하고 한참이 지나서였다. 어딘가 구슬프면서도 당김음이 많이 사용되어 미국의 대중음악 장르 래그타임의 느낌이 드는 이 곡은 연주자가 앙코르 무대에서 종종 선보이는 곡이기도 하다.

제목은 몰라도 어디선가 한 번쯤 들어 봤을 이 곡의 작곡가는 바로 볼컴. 메시앙에게 작곡을 배웠지만 보수적인 분위기를 탈피하고 새로운 음악을 작곡했다. 오늘의 곡에서도 느낄 수 있듯 대중음악과 결합해 작곡하기도 하고, 발을 구르고 악기를 치는 등 흥미로운 작품도 작곡한다.

'우아한 유령'이라는 제목처럼 이 곡은 혼자 남아 춤을 추는 듯한 유령의 모습을 그린다. 해괴망측한 유령이 아닌 어두운 공간에서 슬픈 얼굴로 외로이 춤을 추는 유령 말이다. 그의 모습 뒤에는 어딘가 눈물이 느껴지는 듯하다.

외르크 비트만, 클라리넷 독주를 위한 환상곡 Jörg Widmann, Fantasie for Clarinet Solo

> 나는 단지 스스로를 반복하지 않으려고 노력하는 것입니다. — 비트만

비트만은 클라리넷 연주와 작곡, 지휘 등 다양한 음악 활동으로 오늘날 가장 주목받는 작곡가로 꼽힌다. 음악가는 아니지만 음악에 관심이 많았던 부모 밑에서 자라 어린 나이부터 음악을 친숙하게 접했고, 클라리넷을 배우며 정식 음악교육을 받았다. 그의 음악에는 독특한 점이 있는데, 음악의 색이 모두 다르다는 것이다.

누군가는 스타일이라 부르고 누군가는 타성에 젖었다고 하는 음악가의 성향은 작품에 반영되기 마련이다. 그러나 비트만의 음악은 그것이 불가능하다. 모든 음악이 새로운 아이디어로 가득하며, 한 가지 스타일을 고수하기보다 항상 다른 곳에서 영감을 찾는다. 자연, 일상, 과거의 음악가 등에서 음악적 아이디어를 얻는 그는 스스로를 반복하지 않으려 노력한다고 말한다. 창작자라면 누구나 공감할 '스타일'과 '타성'의 경계에서 완전히 벗어나 스타일을 만들지 않는 스타일을 만든 것이다. 심지어 그의 제자도 "선생님은 늘 새로운 아이디어로 가득 차 있습니다"라고 말할 정도이니, 그가 얼마나 열심히 자신이 만들어 놓은 틀을 깨고자 시도했을지 실감이 난다.

● **에밀 발퇴펠, 스케이터의 왈츠 작품183**
Émile Waldteufel, Les Patineurs Waltz Op.183

> 아무도 걷지 않은 눈 위를 걷는 데에는 무언가 아름다운 면이 있다. 그것은 당신 자신을 특별하다 믿게 만든다. ― 캐럴 리프카 브런트, 소설가

연말이 기대되는 이유 중 하나는 북적북적한 분위기와 함께하는 음악 때문이 아닐까? 크리스마스캐럴이 365일 플레이리스트에 상시 대기 중인 나에게 연말 행사음악은 겨울에 느끼는 행복의 전부다. 파티와 행사에서 만나는 사람보다 그곳에 가득한 음악 소리가 더 강렬하게 기억되며, 그 추억을 오래도록 꺼내 본다. 이렇게 행사 음악으로 사람들에게 행복과 설렘, 떨림을 전하는 작곡가가 있다. 음악으로 행복한 기억을 선물할 수 있다는 것이 작곡가가 가진 최고의 능력이라고 생각한다.

  발퇴펠은 무도회 음악을 주로 작곡한 작곡가로, 그의 음악은 상류층이 경쾌하게 춤을 추는 분위기를 조성한다. 「스케이터의 왈츠」 역시 사람들이 겨울을 즐기는 행복한 순간을 함께한다. 지금 밖에 눈이 온다면, 눈을 밟으며 들어도 좋다!

● **자크 카스테레데, 휴가에서의 플루트**
Jacques Castérède, Flûtes en Vacances

12 · 23

> 모래 한 알에서 세계를 보고 들꽃 한 송이에서 천국을 본다. 손바닥 안에서 영원을 거머쥐고 찰나 속에서 영원을 붙잡는다. — 윌리엄 블레이크, 「순수를 꿈꾸며」

아무리 생각해도 정식 휴가가 1년에 한 번뿐이라는 것은 문제가 있다. 프랑스의 휴가는 몇 달이나 된다는데, 왜 한국 직장인의 휴가는 1년에 단 한 번, 단 며칠뿐일까. 이런 고민은 아주 어릴 때부터 해 왔다. 8월 초, 부모님 휴가에 맞춰 가족 여행을 떠나곤 했다. 극성수기라 차에서 휴가의 반을 보내야 했음은 물론이고, 딱 3박 4일간 놀고 나면 다음 해를 기약해야 했다. 오케이, 백 번 양보해서 분기별로 쉬는 것이 어렵다면, 학생 때처럼 여름에 한 번 겨울에 한 번 쉬는 것도 좋겠다. 이제는 놀기 위한 휴가가 아니라 살기 위한 휴가가 필요하다.

만약 겨울 휴가가 주어진다면 가장 먼저 할 일은 노트북을 덮는 거다. 쌓여 있는 메일과 전화를 뒤로하고 쿨하게 세상과 단절하겠다. 그리고 그간 하지 못했던 '순수한 음악 감상'을 마음껏 하고 싶다. 음악도 일이 되면 피곤하니까.

자크 카스테레데는 프랑스 작곡가다. 휴가철 파리에 가면 주차요원도 휴가를 떠나 주차비가 무료라는데, 그런 걸 보면 프랑스 사람들은 쉴 권리를 제대로 안다. 휴가를 잘 아는 사람의 음악은 뭐가 달라도 한참 다르리라는 기대를 안고 그의 『휴가에서의 플루트』를 내 겨울 휴가 플레이리스트에 넣어 본다.

올리비에 메시앙, 아기 예수를 바라보는 스무 개의 시선 Olivier Messiaen, Vingt Regards Sur l'Enfant Jésus

> 나는 신앙 행위인 음악에서 하느님의 영향을 벗어나지 않는 범위 내의 모든 주제를 다루는 음악을 쓰고 싶습니다. ― 메시앙

드디어 크리스마스가 하루 앞으로 다가왔다. 오래전에 사람들은 하루를 전날 해가 질 때부터 다음날 해가 지기 전까지로 생각했다고 한다. 24일 저녁부터 25일 저녁 전까지를 의미했던 크리스마스는 셈 방식이 변하면서 이브와 당일로 나뉘었다. 원래 하루였던 것이 이틀이 되었으니 휴일이 늘어나 좋기는 하다.

누군가의 생일이 이렇게 온 세계 사람들의 행사가 되었다는 것이 한편으로는 신기하면서 이 책조차 석가탄신일은 안 챙기고 크리스마스는 이틀에 걸쳐 챙긴다는 것이 재미있다. 석가탄신일을 위한 클래식 음악을 찾을 수 없었다고 한다면 변명일까.

메시앙의 음악 대부분에서 우리는 가톨릭적 믿음을 확인할 수 있다. 독일 음악학자 지글린드 브룬은 메시앙을 두고 "종교음악을 교회에서 연주회장으로 데려온 장본인"이라며 그가 종교음악에 미친 영향을 강조했다. '아기 예수를 바라보는 스무 개의 시선'이라는 제목처럼 스무 곡으로 이루어진 이 피아노곡에서 우리는 2천 년이 넘도록 많은 사람의 무한한 애정을 받는 아기 예수와 그 사람들의 시선을 느낄 수 있다. 해피 버스데이, 예수!

게오르크 프리드리히 헨델, 메시아
George Friedrich Händel, Messiah

> 이 연구에서 밝혀진 흥미로운 사실은 사람들이 무슨 일을 하든 딴생각을 하지 않고 그 순간의 일에 집중할 때 가장 큰 행복을 경험한다는 사실이었다. — 최인철, 서울대 심리학과 교수

크리스마스 시즌이면 많은 공연장에서 헨델의 오라토리오 『메시아』가 들려온다. 『메시아』는 내가 생각하는 종교음악의 전형이다. 높은 차원의 숭고함과 더불어 이 음악을 연주하고 들어 온 이들의 세속성이 공존한다.

크리스마스에는 무조건 발레나 오라토리오 공연을 보러 가는 것이 나의 오랜 전통이다. 둘 다 보는 경우도 있지만 보통은 하나를 선택하는데, 별 기준 없이 다분히 즉흥적이다. 무엇을 택해도 행복한 크리스마스가 되리라는 확신이 있다.

크리스마스를 장식하는 두 장르 모두 극음악이라는 것이 흥미롭다. 헨델의 오라토리오는 발레나 오페라에 비해 소박하고 무대장치도 없지만 2시간이 넘는 공연 내내 긴장을 잃지 않는다. 시각적 효과 없이도 이렇게 멋진 공연이 가능하다는 사실에 과연 극음악의 귀재라는 감탄이 절로 나온다. 『메시아』는 1부에서 그리스도의 탄생을, 2부에서 그리스도의 고난을, 마지막 3부에서 부활과 영생을 노래한다. 이 거대한 작품은 놀랍게도 단 24일 만에 완성되었다. 신이 크리스마스를 위한 음악을 만들 장인으로 헨델을 선택한 것이 틀림없다.

구스타프 말러, 교향곡 4번
Gustav Mahler, Symphony No.4

열심히 노력하다가 갑자기 나태해지고, 잘 참다가 조급해지고, 희망에 부풀었다가 절망에 빠지는 일을 또다시 반복하고 있다. ― 고흐, 『반 고흐, 영혼의 편지』

대화형 플랫폼 클럽하우스가 유행한 적이 있었다. 차세대 카톡이라며 쏟아져 나온 기사가 무색하게 이 서비스는 몇 달 만에 화제성을 잃었다. 우리 글릿도 유행에 뒤처지지 않고자 클럽하우스 행사를 기획해 보았다. 결과는 대실패. 처음 접해 보는 신생 플랫폼에 갈피를 잡지 못하고 괜히 있어 보이는 제목을 붙였다 구독자에게 한소리 들었다. "이렇게 하면 아무도 검색 못 해요."

어쨌든 처음이자 마지막 클럽하우스 모임에서 나는 말러의 교향곡 4번에 대해 신나게 이야기했는데, 다들 1번하고 5번만 좋아하고 4번에는 관심이 없어 혼자 좋아해 왔다는 일종의 불만 토로였다. 사실 이 곡은 초연 당시에도 좋은 평을 듣지 못했다. 그전에 작곡한 교향곡이 어렵고 길었기에, 말러는 청중에게 즐거움을 주기 위한 목적으로 4번을 작곡했다. 그러나 말러다운 교향곡을 기대했던 청중석은 소란했고, 심지어 관객끼리 싸움도 벌어졌다.

4번의 열렬한 지지자로서 내가 정한 교향곡 4번의 하이라이트는 4악장에 등장하는 합창이다. 독일 민담시집 『어린이의 이상한 뿔피리』에서 가져온 텍스트는 4악장의 쾌활한 선율과 만나 아름답고 환희에 찬 천상의 모습을 구현한다.

● 볼프강 아마데우스 모차르트, 디베르티멘토 17번 K.334 3악장 미뉴에트 Wolfgang Amadeus Mozart, Divertimento No.17 K.334 3. Minuet

> 길이 하천처럼 센강을 향해 내려가고 있었고, 나는 그 길을 따라가기만 하면 됐다. 그런 모험심은 별로 느껴 본 적이 없었다. 잉크가 묻은 검은색 낡은 책가방을 메고 있었지만 걱정하지 않았다. 한 도시와 한 시간이 내게 주어졌고, 내가 차지하기만 하면 그만이었다. ― 프랑수아즈 사강

여태껏 맞이한 연말 중에 열한 살에서 열두 살로 넘어가던 겨울이 가장 기억에 남는다. 고급 호텔 숙박권이 선물로 들어와서 온 가족이 호캉스를 누렸는데, 엄마가 거기에 포함된 스파 이용권을 알차게 사용하는 동안 나랑 아빠와 동생은 청계천을 걸었다. 형형색색의 조명과 조형물로 아름다웠던 청계천은 서울이 이토록 아름다운 곳이었음을 상기시켰다. 우리는 내가 입고 있던 빨간 모직 코트만큼 코가 빨개질 때까지 걸었다. 그러다 들어간 레스토랑에서 모차르트의 디베르티멘토 17번 중 「미뉴에트」가 흘러나왔다. 지나온 크리스마스와 다가올 새해를 염두에 둔 설렘 가득한 음악이었다. 식사가 꽤 근사했는지 여전히 기억에 남아 있다. 꼬맹이 둘을 데리고 나온 젊은 아빠의 피곤한 표정이 특히 생생하다.

바로크와 전고전주의에 걸쳐 각종 음악회와 축제에 사용되었던 여흥 음악인 디베르티멘토는 20세기에 들어 다시 부활했다. 부소니나 스트라빈스키 같은 음악가가 디베르티멘토를 작곡했고, 그때마다 비교되거나 하다못해 언급이라도 된 것이 바로 모차르트의 디베르티멘토이다. 친한 귀족 가문 자제의 대학 졸업을 축하하기 위해 쓴 곡이 이렇게 좋을 일인가 싶다.

● **제르맨 타유페르, 클라리넷과 피아노를 위한 아라베스크 Germaine Tailleferre, Arabesque for Clarinet and Piano**

작곡을 할 수 없다면 차라리 죽는 게 낫다. ― 제르맨 타유페르

1892년 파리 출생의 작곡가 제르맨 타유페르는 두 살 때 들은 음악을 피아노로 연주하는 등 음악에 특출한 재능을 보였다. 하지만 타유페르의 아버지는 그가 음악원을 다닌다는 사실을 알게 되자 수녀원에 보내 버릴 만큼 음악 공부에 심하게 반대했다. 사실 그의 성은 타유페스Taillefesse로 rr이 아닌 ss였는데, 자신의 길을 반대한 아버지에 대한 반발심으로 성을 바꾸었다. 다행히 타유페르의 선택을 응원해 준 어머니 덕분에 열두 살에 파리 음악원에 입학해 명성을 떨치는 작곡가로 성장했다.

프랑스 6인조의 유일한 여성 작곡가였던 그는 다른 6인조 작곡가에 비해 곡에 대한 비평이 많지 않다. 사실 현재까지도 여성 작곡가의 작품은 발굴 대상이지 비평 대상이 아니다. 발견되지 않은 곡도 많기에 비평은 할 수조차 없는 것이다. 아버지부터 남편까지 가장 가까운 이들이 작품 활동을 방해한 그에게 창작이란 다른 작곡가보다 더 큰 의미를 지닌다.

그런 의미에서 타유페르의 곡은 나에게 더욱 특별하게 다가온다. 아름답고 서정적이지만, 주변의 반대에도 불구하고 묵묵하고 단단하게 자신의 길을 걸어간 그의 모습이 보이기 때문이다.

도메니코 스카를라티, 건반소나타 A장조 작품208 Domenico Scarlatti, Keyboard Sonata in A major K.280

> 피아노 앞에서 신체를 자유롭게 움직이는 것은 음악적이고 정신적인 자유와 맥을 같이한다. ― 겐리흐 네이가우스, 피아니스트

바로크음악 하면 떠오르는 두 작곡가가 있다. 헨델과 바흐인데, 둘은 태어난 해가 같고 죽은 원인도 같아 흥미로운 관계성으로 주목받곤 한다. 스카를라티 또한 두 사람과 동갑이다. 바흐와 헨델이 독일 출신이라면, 스카를라티는 이탈리아 출신이다.

여느 바로크 작곡가가 그렇듯 그도 많은 작품을 남겼다. 특히 건반악기에 관심이 많았던 스카를라티는 주로 하프시코드를 위한 곡을 많이 작곡했는데, 건반소나타 작품만 550여 곡에 이른다. 이를 두고 어떤 음악학자는 "한 곡을 550곡으로 남겼다"고 말하기도 한다. 한마디로 자가복제했다는 것인데, 동시대 작곡가 비발디도 비슷한 맥락에서 비판받곤 한다. 그러나 음악을 '창작품'으로 보는 개념이 베토벤 시대에 생겨났음을 고려할 때, 바로크 작곡가의 음악을 조금 다른 관점에서 바라봐야 하지 않을까 싶다.

바로크 시대의 건반악기 소리에 그 시대가 문득 궁금해지는 연말이다. 스카를라티의 수백 개 소나타 중 한 곡이 당신을 바로크로 데려가 줬으면 하는 바람이다.

● 플로렌스 프라이스, 교향곡 3번 2악장
Florence Price, Symphony No.3 2. Andante ma non troppo

> 플로렌스 여사는 피아노협주곡과 교향곡을 통해 공동체의 음악적 관용어를 표현하고 있으며 권위를 가지고 있습니다. ―『디트로이트 프리 프레스』에 실린 평론

2020년 미국은 엄청난 혼란을 겪었다. 특히 조지 플로이드 사건으로 인종차별 담론이 미국은 물론 우리나라에서도 폭발적으로 터져 나왔다. SNS를 열 때마다 등장했던 한국인 여성들의 연설도 고무적이었다. '흑인 생명도 소중하다'Black lives matter에서 Black은 흑인만이 아닌 소외된 모든 사람을 의미한다는, 동양인 여성으로 자신도 차별받은 경험이 있으며 우리 모두가 똘똘 뭉쳐 하나된 목소리로 당연한 권리를 주장해야 한다 등 여러 이야기에 나도 인종에 관해 깊이 생각해 보게 되었다.

플로렌스 프라이스는 흑인 여성 작곡가다. 흑인 여성 최초로 교향곡을 작곡했고, 그의 교향곡과 피아노협주곡은 언론에서도 좋은 평가를 받았다. 이 곡이 미국에서 대공황이 한창일 때 공공사업진흥국의 요청으로 작곡되었다는 점 또한 놀랍다. 그것도 흑인 노예해방선언이 있고 채 100년도 안 된 1940년에 말이다. 그래서 더욱 마음에 와닿는 듯하다.

조지 플로이드 사건을 비롯한 여러 인종 관련 이슈를 보며, 그래도 사람들이 관심을 갖고 지지한다는 사실에 세상이 올바른 곳을 향해 나아가고 있다는 안도감이 들었다. 이 곡에서도 같은 느낌을 받았다. 그래도 세상은 올바른 지향점을 바라보며 변화해 왔고, 앞으로도 변화할 것이라는.

● **표트르 차이콥스키, 백조의 호수 작품20**
Pyotr Tchaikovsky, Swan Lake Op.20

사랑은 지배하는 것이 아니라 자유를 주는 것이다. ― 에리히 프롬

사랑은 모든 것을 넘어선다는 말이 있다. 예수가 전하는 가치도 사랑 그리고 성경에서도 믿음, 소망, 사랑 중에 사랑을 제일로 친다. 책과 예술 작품, 로맨스 영화 등 미디어가 비추는 사랑의 모습을 보며 나는 '사랑이 뭐기에'라는 생각을 했다. 부모의 내리사랑이나 연인 간의 사랑, 아니면 정말 성경에서 말하는 예수의 사랑 등 세상에는 수많은 형태의 사랑이 있지만, 내가 주체가 되어 사랑하는 것은 나에게 꽤 어려운 일이다.

한 해를 마무리하고 새해 카운트다운을 할 때마다 비는 소원이 있다. 내년에는 사랑이 무엇인지 알고 사랑을 할 줄 아는 사람이 되게 해 달라는 것이다. 차이콥스키의 『백조의 호수』에서 지크프리트 왕자는 로트바르트의 저주로 백조의 모습을 한 오데트 공주와 사랑을 한다. 둘은 사랑을 쟁취하는 과정에서 극심한 상심에 목숨을 끊으려는 시도도 한다. 그러나 모두가 알듯 사랑의 힘은 저주를 풀 만큼 강력했고, 지크프리트와 오데트는 영원히 행복하게 살았다는 결말로 마무리된다.

정말 사랑이 뭐기에 저주도 풀고 삶의 의지까지 뒤바꿔 놓을까. 내년은 사랑을 경험해 보는 해가 되었으면 좋겠다. 모두 사랑 가득한 한 해 보내기를 바라며! Happy New Year!

하루 클래식 공부
: 1일 1곡, 나의 취향을 찾는 음악 감상 습관

2022년 2월 24일　초판 1쇄 발행
2025년 1월 24일　초판 4쇄 발행

지은이
글릿

펴낸이　　　　**펴낸곳**　　　　**등록**
조성웅　　　　　도서출판 유유　　제406-2010-000032호(2010년 4월 2일)

　　　　　　　　주소
　　　　　　　　경기도 파주시 돌곶이길 180-38, 2층 (우편번호 10881)

전화　　　　　**팩스**　　　　　　**홈페이지**　　　　**전자우편**
031-946-6869　 0303-3444-4645　 uupress.co.kr　　uupress@gmail.com

　　　　　　　　페이스북　　　　**트위터**　　　　　**인스타그램**
　　　　　　　　facebook.com　　 twitter.com　　　instagram.com
　　　　　　　　/uupress　　　　　/uu_press　　　　/uupress

편집　　　　　**디자인**　　　　　**조판**　　　　　　**마케팅**
김은우, 류현영　이기준　　　　　　정은정　　　　　　황효선

제작　　　　　**인쇄**　　　　　　**제책**　　　　　　**물류**
제이오　　　　　(주)민언프린텍　　 다온바인텍　　　　책과일터

ISBN 979-11-6770-022-3　03670